Écrits politiques
de Michel van Schendel
est le huit cent trente et unième ouvrage
publié chez
VLB éditeur
et le septième de la collection
« Les champs de la culture »
dirigée par Robert Laliberté.

VLB éditeur bénéficie du soutien de la Société de développement des entreprises culturelles du Québec (SODEC) pour son programme d'édition.

Gouvernement du Québec – Programme de crédits d'impôt pour l'édition de livres – Gestion SODEC.

Nous reconnaissons l'aide financière du gouvernement du Canada par l'entremise du Programme d'aide au développement de l'industrie de l'édition (PADIÉ) pour nos activités d'édition.

Nous remercions le Conseil des Arts du Canada de l'aide accordée à notre programme de publication.

ÉCRITS POLITIQUES

Du même auteur

Poèmes de l'Amérique étrangère, poèmes, Montréal, l'Hexagone, coll. « Les Matinaux », 1958
Variations sur la pierre, poèmes, Montréal, l'Hexagone, 1964
Veiller ne plus veiller, poèmes, Saint-Lambert, Éditions du Noroît, 1978
De l'œil et de l'écoute, poèmes, Montréal, l'Hexagone, coll. « Rétrospectives », 1980
Autres, autrement, poèmes, Montréal, l'Hexagone, 1983
Extrême livre des voyages, poèmes, Montréal, l'Hexagone, coll. « Poésie », 1987
Rebonds critiques I – Questions de littérature, essais, Montréal, l'Hexagone, coll. « Essais littéraires », 1992
L'impression du souci ou l'étendue de la parole, poèmes, Montréal, l'Hexagone, coll. « Poésie », 1993
Rebonds critiques II – Questions de littérature, essais, Montréal, l'Hexagone, coll. « Essais littéraires », 1993
Jousse ou la traversée des Amériques, récit, Montréal, l'Hexagone, coll. « Fictions », 1996
Bitumes, poèmes, Montréal, l'Hexagone, coll. « Poésie », 1998
Quand demeure, poèmes, Montréal, l'Hexagone, coll. « Poésie », 2002
Un temps éventuel – Histoire d'un homme et de plusieurs, I – Les apprentissages, récit, Montréal, l'Hexagone, 2002
Choses nues passage, poèmes, Montréal, l'Hexagone, coll. « L'appel des mots », 2004
Poèmes de flèche et de plume, poèmes, Montréal, Trait d'union, coll. « Vis-à-vis », 2004
L'oeil allumé. Contes de la colère triste, Montréal, VLB éditeur, coll. « Le soi et l'autre », 2004
Mille pas dans le jardin font aussi le tour du monde. Poèmes divers, Montréal, l'Hexagone, 2005
L'oiseau, le Vieux-Port et le charpentier. Poèmes pour enfants devenus grands, illustrations de Martine Audet, Montréal, l'Hexagone, 2006
Rebonds critiques III – L'épars et le continu, essais, Montréal, VLB éditeur, coll. « Le soi et l'autre », 2006

En collaboration

La poésie et nous, essais, Montréal, l'Hexagone, 1957
Traduction : deux voix, dialogue, avec Lucia Bonato, Rome, Bulzoni, coll. « Biblioteca dei Quaderni del Novecento francese », 1995

MICHEL VAN SCHENDEL

ÉCRITS POLITIQUES

Préface de Jean-Marc Piotte

vlb éditeur

VLB ÉDITEUR
Une division du groupe Ville-Marie Littérature
1010, rue de La Gauchetière Est
Montréal (Québec) H2L 2N5
Tél. : (514) 523-1182
Téléc. : (514) 282-7530
Courriel : vml@sogides.com

Maquette de la couverture : Anne-Maude Théberge
En couverture : 1re photo : 1958 ? ; 2e photo : 1975, Université du Québec à Montréal. Service des archives et de gestion des documents. Fonds d'archives du Service des communications (45U-218 : F3 : 0790/1) ; 3e photo : 2005, Gabor Szilasi

Catalogage avant publication de Bibliothèque et Archives Canada
Van Schendel, Michel, 1929-2005
Écrits politiques
(Les champs de la culture)
Comprend des réf. bibliogr.
ISBN 978-2-89005-969-6

1. Gauche (Science politique) – Québec (Province) 2. Québec (Province) – Histoire – 20e siècle. I. Titre. II. Collection : Champs de la culture.

FC2925.2.V36 2007 971.4'04 C2006-942127-7

DISTRIBUTEURS EXCLUSIFS :

- Pour le Québec, le Canada et les États-Unis :
  LES MESSAGERIES ADP*
  955, rue Amherst
  Montréal (Québec) H2L 3K4
  Tél. : (514) 523-1182
  Téléc. : (450) 674-6237
  *Filiale de Sogides ltée

- Pour la Belgique et la France :
  Librairie du Québec / DNM
  30, rue Gay-Lussac
  75005 Paris
  Tél. : 01 43 54 49 02
  Téléc. : 01 43 54 39 15
  Courriel : direction@librairieduquebec.fr
  Site Internet : www.librairieduquebec.fr

- Pour la Suisse :
  TRANSAT SA
  C. P. 3625, 1211 Genève 3
  Tél. : 022 342 77 40
  Téléc. : 022 343 46 46
  Courriel : transat-diff@slatkine.com

Dépôt légal : 1er trimestre 2007
Bibliothèque et Archives nationales du Québec, 2007
Bibliothèque nationale du Canada

ISBN 978-2-89005-969-6

Liste des sigles

AFL	American Federation of Labour
BSQ	Bureau de la statistique du Québec
CIA	Central Intelligence Agency
CIC	Commission internationale de contrôle
CIO	Congress of Industrial Organizations
COMECON	Council for Mutual Economic Assistance
CSD	Centrale des syndicats démocratiques
CSN	Confédération des syndicats nationaux
CTC	Congrès du travail du Canada
CTCC	Confédération des travailleurs catholiques du Canada
FNL	Front national de libération (Viêt-cong)
FRAP	Front d'action politique municipale
FTQ	Fédération des travailleurs et travailleuses du Québec
GMR	Groupe marxiste révolutionnaire
GST	Groupe socialiste des travailleurs
LCMLC	Ligue communiste marxiste-léniniste du Canada
MLF	Mouvement laïque de langue française
MLP	Mouvement de libération populaire
NEP	Nouvelle politique économique
NORAD	North American Aerospace Defence Command
NPD	Nouveau Parti démocratique
ONU	Organisation des Nations unies
OTAN	Organisation du traité de l'Atlantique Nord
PCF	Parti communiste français
PCO	Parti communiste ouvrier
POSDR	Parti ouvrier social-démocrate de Russie
PQ	Parti Québécois
PSQ	Parti socialiste du Québec

RCMP	Royal Canadian Mounted Police (Gendarmerie royale du Canada)
RIN	Rassemblement pour l'indépendance nationale
SGF	Société générale de financement
SPD	Sozialdemokratische Partei Deutschlands (Parti social-démocrate allemand)
SPUQ	Syndicat des professeurs de l'Université du Québec
TUC	Trade Union Congress
UN	Union nationale
URSS	Union des républiques socialistes soviétiques

Préface
L'intellectuel Michel van Schendel

Les interventions politiques de Michel van Schendel s'échelonnent sur cinquante ans, de 1956 à 2005[1]*. On peut distinguer trois grandes périodes dans cette écriture.*

La Révolution tranquille et Parti pris

La première, de 1956 à 1970, est essentiellement marquée par la Révolution tranquille, le rôle qu'il y joue en tant que journaliste de La Presse, *puis le travail qu'il effectue à la revue* Socialisme *en vue de dégager une orientation politique qui ne serait pas gauchiste comme celle de* Parti pris *et qui se démarquerait de l'empirisme de plus en plus conservateur des principaux dirigeants de* Cité libre.

Je n'étais pas le seul lecteur de La Presse *à attendre avec impatience et à dévorer les articles que Michel van Schendel consacrait aux luttes de pouvoir autour des réformes de la Révolution tranquille. Ses analyses de fond nous permettaient de comprendre les enjeux différents poursuivis par les diverses tendances et factions à l'œuvre. Michel avait fait des études en droit et en sciences économiques à Paris. Mais c'est davantage sa formation marxiste, acquise tant par ses lectures que par son expérience de militant au Parti communiste français, qui lui permettait de rendre compte de façon aussi limpide de ce qui se tramait, par exemple, lors du processus de la nationalisation de l'électricité.*

La Révolution tranquille n'aurait pas été possible, dit Michel, sans l'appui accordé à l'aile progressiste du gouvernement libéral par le mouvement

1. Michel, peu avant sa mort, a lui-même dressé la liste de ses articles politiques qu'on trouvera en annexe. Les *Écrits politiques* en ont retenu une large sélection.

syndical, la nouvelle technocratie qui se met en place à Québec et par des intellectuels de différents milieux (journalistes, animateurs de revues, artistes…). Michel van Schendel démissionne de La Presse *en 1965, les patrons ayant décidé de mettre au pas la rédaction et, en l'absence de toute riposte syndicale, de réduire à la portion congrue l'information critique. Un an plus tard, la défaite du Parti libéral ralentit considérablement la Révolution tranquille qui, selon Michel, s'était achevée deux ans plus tôt lorsque René Lévesque et Eric Kierans avaient perdu leurs ministères économiques.*

La Révolution tranquille s'accomplit sous l'égide et au profit de la bourgeoisie nationale qui accroît ainsi sa faible marge d'autonomie. Mais, au-delà ou en deçà du caractère de classe de cette « Révolution », Michel appelle les gens de gauche à en reconnaître les avancées, à comprendre que certains instruments mis sur pied, dont Hydro-Québec, pourraient servir dans une éventuelle et lointaine victoire des forces socialistes.

Il s'oppose ainsi aux critiques unilatérales des intellectuels de Parti pris, *notamment dans « La maladie infantile du Québec », titre-pastiche de l'ouvrage de Lénine,* De la maladie infantile du communisme : le gauchisme, *que peu de Québécois connaissaient, y compris parmi les lecteurs de la revue. Il demande aux partipristes de chercher à combler le fossé qui les sépare des masses et de la classe ouvrière, d'œuvrer à nouer des liens avec les contestataires des générations précédentes et de s'efforcer à penser les articulations nécessaires entre Montréal et l'arrière-pays. Sur le premier et le troisième points, dès 1962, à la suite des gains électoraux imprévus du Crédit social, Michel s'oppose aux Jean Marchand et Gérard Pelletier qui condamnent le vote qu'accordent de « larges masses ouvrières et semi-rurales » au parti de Réal Caouette. Ce vote d'ignorance au profit d'un parti réactionnaire recouvre un profond mécontentement populaire envers les nantis, particulièrement contre « les requins de la finance », ces compagnies de finance qui exploitaient les milieux pauvres en prêtant de l'argent à des taux usuraires*[2]. *Face aux jugements moralisateurs de ces deux futures Colombes, van Schendel réitère la nécessité de comprendre cette colère, de l'expliquer, afin de pouvoir lier nos idées à ce mécontentement, afin d'unir les intellectuels montréalais aux masses vivant hors de leur ghetto.*

2. Quelques années plus tard, une loi limitera ces taux.

Michel van Schendel n'est pas nationaliste. Il ne l'a jamais été. Pour lui, le nationalisme est une idéologie qui s'appuie sur des réalités nationales et les amplifie au point de nier les classes sociales et leurs luttes, qui sont au fondement de toute société et de toute histoire. Mais Michel n'a jamais nié la réalité nationale québécoise : toutes ses analyses partent du Québec, de la formation sociale québécoise, dont il rend compte en termes de classes sociales, en soulignant le rôle dominant qu'exercent, en plus de la bourgeoisie nationale, la bourgeoisie anglo-canadienne et, surtout, l'impérialisme américain.

Remarquons enfin que Michel aborde fréquemment la question du développement économique du Québec, développement qu'il juge compromis par la présence envahissante du capital américain, deux thèmes malheureusement disparus des débats actuels de la gauche québécoise.

La théorie marxiste-léniniste

En 1970, dans Socialisme québécois, *Michel van Schendel publie avec Emilio de Ipola un éditorial qui définit la nouvelle orientation de la revue, fortement influencée par le duo Althusser-Poulantzas. La revue s'affirme comme marxiste-léniniste, traçant une démarcation nette avec tous les courants de gauche qui ne le sont pas.*

Michel publiera deux longs textes dans cette perspective, l'un sur l'impérialisme et l'autre sur les luttes de la classe ouvrière. Même si ces écrits renvoient au cas québécois et si l'éditorial affirme que c'est sur le terrain de la conjoncture que doivent s'articuler la « science » marxiste-léniniste et la pratique politique, il faut bien reconnaître que ces deux analyses, à l'instar des travaux des deux grands maîtres intellectuels dont elles s'inspirent, sont essentiellement théoriques.

Le marxisme-léninisme n'est jamais défini et Michel échappera à cette nouvelle et éphémère orthodoxie dans l'analyse qu'il consacre aux luttes ouvrières : il oppose le léninisme au stalinisme (Staline est l'auteur de la définition du marxisme-léninisme) et l'interprète à la lumière de Gramsci.

Après cette analyse qui paraît dans la revue belge Contradictions *en 1973, il y a une période de douze ans où l'intellectuel van Schendel n'intervient plus sur la scène politique. Et je ne saurais dire pourquoi. Toutefois, il s'investit sur la scène syndicale, en militant au syndicat des professeurs de l'Université du Québec à Montréal (SPUQ), et dans ce cadre publiera un certain nombre d'analyses, entre autres sur la réforme Després qui visait à soumettre l'enseignement et la recherche universitaires aux desiderata technocratiques. De plus, en 1980, recevant le prix du Gouverneur général pour la littérature, il en fait un événement politique, en donnant le montant du prix en parts égales aux grévistes de Radio-Canada (en souvenir de sa propre grève à Radio-Canada en 1958-1959) et à la résistance salvadorienne.*

Michel reprendra sa plume d'intellectuel dans les dernières vingt années de sa vie, et ses interventions, moins fréquentes que dans le passé, seront aussi percutantes que brèves.

Désolation et espérance

En 1985, il publie dans Conjonctures et politique, *qui deviendra* Conjonctures, *un conte-poème écrit un an plus tôt, en riposte à la conférence de presse dans laquelle François Mitterand confirme le tournant néolibéral pris par le gouvernement socialiste en mars 1983. C'est un cri de douleur et de désespoir qui exprime ce que tant de gens de gauche ont ressenti à l'époque.*

Au début de l'an 2000, à l'occasion de la publication d'un entretien d'Eric J. Hobsbawm avec Antonio Polito, il commente cette autre grande défaite du mouvement ouvrier : l'effondrement des pays « communistes ». On comprend alors entre les lignes que Michel est demeuré fidèle au mouvement ouvrier et au marxisme, malgré tous ses déboires, par fidélité à tous ces militants communistes « qui ont renoncé à une carrière professionnelle pour travailler sans relâche et vivre dans une relative pauvreté, comme permanents du parti, payés à un salaire d'ouvrier », à ces hommes et ces femmes qui « sont morts pour cette cause, qui ont enduré la prison et la torture, aussi bien de la part des régimes communistes que capitalistes ».

Pourquoi toutes ces défaites ? Pourquoi la classe ouvrière, moteur de l'histoire selon Marx, a-t-elle été incapable d'empêcher l'asservissement du gouvernement Mitterand aux forces néolibérales ? Pourquoi n'a-t-elle pu empêcher la prise du pouvoir par les bureaucrates du parti dans les sociétés où l'État avait supprimé le marché ? Michel exprime sa douleur, nous dit sa fidélité, mais n'explique pas ces défaites.

Michel déplore que les intellectuels, qui ont joué un rôle si important durant la Révolution tranquille et qui étaient fortement présents dans les milieux universitaires au début des années soixante-dix, soient une espèce en voie de disparition. Les universitaires, de plus en plus réduits à se démener pour arracher des subventions ou des commandites, oublient leur rôle d'intellectuel, leur devoir d'intervention sur la scène publique, laissant toute la place à cette intelligentsia des médias pour qui l'expression des feelings *tient lieu de pensée, pour qui l'information, la formation et les débats doivent impérativement divertir.*

Michel van Schendel admire Eric Hobsbawm qui était non seulement un grand intellectuel et un grand historien, mais également, tant dans ses écrits polémiques que dans ses ouvrages scientifiques, un grand écrivain. Ce commentaire de Michel reflète ses propres exigences : tous ses écrits, qu'ils soient poétiques, sémiologiques ou politiques, étaient soumis à l'exigence du style.

Michel reprend son combat contre les nationalistes québécois, qui lui reprochaient son déracinement, dans le très beau texte « Là où est la main ». Il indique qu'une plante ou un arbre n'a pas une racine ou une souche, mais plusieurs radicelles ou rhizomes qui l'alimentent. De même, toute femme ou tout homme a plusieurs appartenances, plusieurs solidarités. Cette référence des nationalistes à la racine ou à la souche québécoise est une des manifestations de la méfiance de trop de Québécois envers l'autre, l'Anglais, les étrangers, un indice de leur mépris larvé pour les Amérindiens et les Haïtiens.

Je suis, dit Michel, « un citoyen du pays où je vis, où je travaille, où j'aime ».

Le citoyen est un combattant. Le citoyen est celui qui combat pour la dignité du peuple et s'oppose aux néolibéraux, au capitalisme sauvage, à l'arbitraire patronal. Une citoyenneté n'est pas un état : elle s'acquiert, tant pour les natifs que pour les immigrants. Le marché réduit le citoyen à l'état de consommateur : lutter pour devenir citoyen, pour instaurer la démocratie, pour inventer une république de citoyens, exige de combattre le capitalisme.

Mais, attention, dit Michel, cette voie de la résistance contre le capitalisme requiert une immense intelligence, des connaissances approfondies en temps réel, une fine maîtrise d'un développement stratégique, de la ruse. Par cet appel à la lutte, il renoue avec l'espoir, sans lequel l'existence n'a pas de sens, qui lui avait jadis permis de rejeter politiquement le très beau film de l'ex-communiste Alain Resnais, L'année dernière à Marienbad. *Il réitère de plus l'appel fait à* Parti pris *à développer une stratégie qu'il appelait alors la* guérilla politique :

Le guérillero est celui qui fond sur l'adversaire à l'improviste, qui est devant en même temps que derrière […] Sur le plan politique, c'est la même chose. La guérilla politique peut être […] le moyen de faire son profit de tous les coups qui se donnent, à tous les niveaux, à tous les paliers de la vie désorganisée d'un pays susceptible de trouver dans cette stratégie le noyau d'une nouvelle existence. Dans cette optique, tous les combats politiques, même ceux qui n'ont qu'un objectif provisoire […] offrent des moyens de marquer des points, de consolider des positions.

JEAN-MARC PIOTTE

L'espèce de conscience qu'il fallait

Le moment n'est pas de se draper dans une dignité à la fois lucide et misanthrope et de déclarer que les dernières élections fédérales[1] font la preuve de l'inexistence de la démocratie au Canada. Car si l'on veut prendre les choses de haut, qu'au moins on les prenne de très haut et sur une longue période. Il y a beau temps que rien ne va plus. La parodie de démocratie fait partie du système dans lequel nous vivons, elle en est l'un des attributs permanents. L'obligation où se sont trouvés les gouvernements fédéraux successifs depuis au moins la fin de la guerre de masquer à l'électorat les véritables problèmes économico-politiques auxquels le pays doit faire face et qui sont l'expression d'une dépendance semi-coloniale *sui generis* aux États-Unis entraîne d'une façon toute particulière au Canada la nécessité de donner le pas aux formalités de la démocratie traditionnelle sur son contenu progressivement appauvri. Je dirais même que le formalisme obligé de la sorte de démocratie qui nous est imposée est devenu depuis vingt ans l'un des principaux moyens mis en œuvre pour alourdir l'aliénation collective des Canadiens, les empêcher de voir qu'ils vivent dans un machin truqué dont ce formalisme lui-même est tout à la fois l'image et la clé.

Si l'on veut faire le procès de la démocratie, qu'on le fasse donc par rapport à toute l'évolution historique récente, celle qui a le plus compté dans l'histoire du Canada puisque c'est elle (plus que l'acte de la Confédération de 1867 et l'ancienne sujétion économique à la Grande-Bretagne) qui a déterminé tant la nature politique des relations fédérales-provinciales que la position dominée du Canada dans le monde

1. Les élections fédérales du 18 juin 1962 ont mené à la constitution d'un gouvernement progressiste-conservateur minoritaire, dirigé par John Diefenbaker. Le Crédit social, dirigé au Québec par Réal Caouette, a obtenu 11 % des suffrages exprimés au Québec et y a fait élire 26 députés. (Sauf mention expresse, toutes les notes sont de l'éditeur.)

occidental. Ce n'est pas une élection particulière plutôt qu'une autre qui offre l'occasion privilégiée d'un tel procès. Celui-ci me semblerait d'autant moins justifié dans le cas présent que le scrutin du 18 juin fait plutôt la preuve du contraire : non pas du recul de la démocratie, dans l'exacte mesure où les secteurs et les provinces névralgiques de la société canadienne (l'opinion ouvrière et Québec, Colombie-Britannique, Ontario même) ont donné tort soit en bloc aux vieux partis, soit à celui des vieux partis avec lequel s'est identifiée depuis quelques années la conduite des affaires publiques.

Je n'ai guère plus que quiconque de titre évident à donner des conseils en matière de pensée politique ou à mettre en garde contre une hypocondrie théoricienne, spécialement contre celle qui trouve trop facilement l'occasion d'une sombre lucidité dans la dénonciation des tartufferies « démocratiques ». Mais quiconque a un peu réfléchi aux problèmes politiques de l'heure et du lieu a le devoir de prendre la parole si son explication, valant ce qu'elle vaut, peut aider à débrouiller la confusion par elle-même très grave qui nous assaille aujourd'hui de toutes parts et que l'on pourrait résumer d'une étiquette : Crédit social.

Je me méfie de toutes les hypocondries, de toutes les impuissances de la pensée. Je me tiens le plus possible à l'écart de toute généralisation sentimentale ou faussement théorique qui, plus qu'à expliquer, songe à dénoncer et n'y parvient d'ailleurs le plus souvent qu'au prix d'une sorte de métaphysique politique. Celle-ci, loin d'aider à la lutte, tend au contraire à accroître la confusion et, quand elle est le fait de théoriciens socialisants ou de gauche, à propager la méfiance à leur endroit. Il est d'ailleurs piquant de constater que ce travers est idéologiquement un héritage de la droite, le fait d'une droite en quelque sorte invertie, réduite à la négation morale de ce qu'elle est mais continuant à lui emprunter ses structures de pensée, ses catégories, son langage excommunicateur et idéaliste, sans plus aucune des justifications historiques de la droite à associer à son efficace duplicité d'exploiteuse l'utilisation concrète de la métaphysique politique. La droite capitaliste est formaliste avec quelque logique. La gauche socialiste ou socialisante ne peut l'être, lors même qu'elle dénonce le formalisme sans verser dans une contradiction qui tue son effort de pensée. Dénoncer la démocratie formelle, au Canada ou ailleurs, cela peut être utile. Néanmoins, c'est constater une vérité élémentaire qu'elle en paraît immobile, c'est ainsi tomber dans un immobilisme qui (1) conduit à couvrir d'un manteau de moralisme et par conséquent de formalisme l'action politique et (2) entraîne par conséquent des erreurs d'appréciation quant à l'évolution concrète des événements politiques.

Le danger est particulièrement réel dans un pays comme le Québec où la pensée socialiste naissante reste à bien des égards le produit d'une attitude que les suites de l'échec de 1837 et les conséquences répétées d'un endiguement intellectuel et social par les forces conservatrices ont contraint les milieux disons radicaux de la province à observer depuis plus d'un siècle. Pour survivre, pour se sauvegarder et ainsi faire la part de l'avenir, il leur fallait fuir en quelque sorte, se réfugier dans la vertu éminemment positive de la négation qui, en persistant, a engendré des réflexes malsains de pureté, d'idéal théorique et de désabusement pratique, de « je-l'avais-bien-dit ». Plus exactement si les balbutiements de la pensée socialiste québécoise d'aujourd'hui ne sont pas à proprement parler le produit d'un tel réflexe, ils risquent constamment d'y trouver leur point de chute.

Le risque est grand aujourd'hui, pour les théoriciens, de céder une fois de plus à la tentation. Le risque est grave aussi. Car si l'on se montre incapable de séparer le grain de l'ivraie des résultats du scrutin, et si l'on ne voit pas que le grain est peut-être plus important que l'ivraie, si l'on incline à croire à une victoire uniforme de la droite, à répéter que les dés sont pipés et la « démocratie » faussée, à imposer le schéma de nos déceptions à une réalité qui nous échappe une fois de plus et à maquiller cela de couleurs théoriciennes qui nous donnent raison, enfin si l'on ne comprend pas que les ouvriers des régions semi-urbaines ou en voie d'industrialisation rapide ont voulu exprimer par leur vote une inquiétude identique à la nôtre mais l'ont fait à partir d'une expérience différente, d'une sensibilité à des facteurs peut-être moins subalternes qu'il ne nous paraît, surtout à partir d'un enracinement quotidien qui fait défaut depuis un siècle à la « gauche » canadienne-française, – alors une grande chance aura été perdue et un grand danger sera devenu menaçant. La chance, c'est que d'une façon très imprévue mais clairement indiquée par *les* raisons objectives du choix électoral un progressisme politique est rendu possible quelque peu orthodoxe qu'il soit. Le danger, c'est que, faute par nous de faire le premier pas, la droite profite du mécontentement populaire, donnant ainsi curieusement raison à notre aveuglement. Mais il est à craindre alors que ce retour en force de la droite soit plus dévastateur que jamais et même, dans un climat de crise, carrément fascisant.

Il faut comprendre qu'en un sens les classes populaires ont toujours raison même quand elles ont tort. Car ce tort ne leur est pas imputable, elles ont été simplement fourvoyées mais parviennent toujours en fin de compte à se dépêtrer, quelque tortueuses et ténébreuses que soient les avenues de leur libération. Historiquement, elles ont raison.

Ainsi, il y a deux façons, je pense, de juger le succès du Crédit social. Elles sont toutes deux également justifiées, bien que l'une ne tienne pas compte de l'essentiel qui est la réalité.

D'une part d'un schéma théorique. Pierre Vadeboncoeur dit que les ouvriers canadiens-français se sont laissé duper, et il a raison, tout comme Jean Marchand a raison. Gérard Pelletier explique dans *La Presse* qu'il ne peut pas comprendre comment des ouvriers ont pu voter pour un parti qui combat le syndicalisme et prône, entre autres théories anachroniques, le retour pur et simple à la libre entreprise. Il a parfaitement raison. Mais justement, en partant de ce pas, on ne peut pas comprendre ce qui se passe. Ou alors, si l'on comprend quelque chose, c'est plus grave : on refuse de simplement considérer les raisons peut-être positives que de larges masses ouvrières et semi-rurales ont eues d'accomplir un tel geste pour nous si aberrant. Il n'y aurait pas à en tenir compte s'il s'agissait d'un geste fasciste. Mais ce n'est pas le cas et l'on ne peut pas, je pense, s'appuyer sur les précédents allemand (1933) ou italien (1922) pour y chercher une éventuelle similitude. Les fascismes d'avant-guerre se sont manifestés dans des pays depuis longtemps travaillés par le socialisme, éclairés par une élite ouvrière nombreuse et politiquement très consciente. D'une certaine façon, le fascisme n'a pu parvenir à ses fins qu'en raison de cette lutte socialiste dont il a pris les oripeaux. Rien de tel ici. Bon nombre des ouvriers qui ont voté Crédit social étaient peut-être syndiqués. Mais on n'aura jamais su mieux que maintenant que le syndicalisme n'est pas le socialisme. Leur vote est un vote d'ignorance, et même d'indifférence quant à la doctrine du parti pour lequel ils ont voté. Assez paradoxalement, j'irais jusqu'à dire que là est l'espoir.

Car alors, ce qui compte, c'est le sens du vote, ce sont les raisons objectives pour lesquelles des gens sans presque aucune instruction et sans rudiment de formation politique ont néanmoins trouvé l'espèce de conscience qu'il fallait pour dire ce qu'ils avaient sur le cœur.

C'est la deuxième façon de considérer les choses. Je trouve remarquable qu'André Laurendeau, ce nationaliste (peut-être parce qu'il est nationaliste, parce qu'il bénéficie plus que les socialisants d'une longue tradition de perméabilité au sentiment populaire, lequel historiquement s'est surtout exprimé à travers la revendication nationale), ait été pratiquement seul de toute la presse à considérer les choses de cette manière.

Il faudrait aller plus loin. Il faudrait analyser l'orientation positive qui peut être donnée au geste populaire du 18 juin, tout en sachant fort bien qu'il n'y a pas plusieurs centaines de milliers de créditistes dans la province. Je me contente pour l'instant de croire qu'il peut y avoir toutes les raisons du monde, si la gauche accepte de redéfinir ses tâches, pour que les néo-créditistes d'occasion donnent à leur parti une couleur dont Caouette n'a pas voulu. Cela ne se fera pas tout seul ni en un seul jour… Si cela finit cependant par se faire, nous serons à la veille d'assister à la formation d'un nouveau parti socialiste où les théoriciens de gauche et les ouvriers du Québec seraient réconciliés. La violence des aspirations populaires n'interdit pas de le penser.

Situations, juillet 1962.

Les vertiges de Marienbad

Si je veux tenter de cerner le réel, je vis, j'agis. Et, comme résultat de cette expérience directe, je laisse travailler en moi deux instruments mentaux : le concept et l'image. J'essaie, selon mes aptitudes et mon pouvoir personnel de synthèse, de les utiliser tous deux et de les intégrer au point de rendre totalement compte de la réalité nouvelle que je découvre par transposition et qui n'est en moi que le reflet du réel.

Une œuvre d'art est toujours la découverte et la création de ce processus. Mais elle ne l'est pas toujours de façon rigoureusement consciente. Disons même qu'il est rare que l'artiste éprouve le besoin de recourir aux méthodes de la pensée conceptuelle.

L'œuvre d'art, a-t-on accoutumé de dire, trouve mort et damnation dès l'instant qu'elle fuit dans cette zone de silence abstrait qu'est le concept, celui-ci amortit les rythmes les plus élémentaires de vie au profit d'une progression purement linéaire de l'idée. À la vérité, en disant cela, on identifie la pensée conceptuelle à la seule forme déprimée qu'on lui ait longtemps reconnue, la logique droite, statique, qui prétend corseter le réel dans une série d'enchaînements pieux mais supposés. On prend ainsi le carcan pour la vie qu'il opprime et l'on cherche ailleurs la vie. On est alors entraîné par un système de croyances tout aussi arbitraire, tout aussi dualiste, à rechercher une autre forme de progression et à s'échiner à y enfermer la pauvre vie. Mais celle-ci a de douces vengeances : elle s'absente tout simplement.

Ce qu'on ne voit pas, c'est que le concept est lui aussi une *image* de notre vie. Qu'à ce titre il est mobile, ouvert à la chair même. Qu'il ne se sépare pas, en tant que procédé d'abstraction, des images proprement visuelles que notre cerveau multiplie et dévore à un rythme effarant et dont notre pensée respire. Qu'il existe de ce fait une alliance constante et organique entre deux familles d'images mentales qu'on ne peut distinguer que pour la commodité du langage. Et que de cette alliance découle une sorte de poésie qui invente le réel à mesure qu'elle le découvre et pour le découvrir.

Mais foin de ce langage ! Il ne m'est utile que pour pressentir théoriquement une vérité nouvelle ; je la crois importante par elle-même. C'est pour avoir tenté d'en organiser le cheminement visuel que *L'année dernière à Marienbad*[1] m'intéresse, – bien que je mette en doute certains aspects de ce film.

Cependant, il est malaisé de parler d'une telle entreprise. Pour peu qu'une œuvre d'art représente un effort complet et conscient d'intégration de deux modes de perception mentale du réel, elle devient, à l'instar de celui-ci, une réalité presque aussi indéchiffrable. Alors, en effet, elle est complète, homogène, réductible à nulle autre. Toute interprétation la fausse, car aucune expression de ce qu'elle est ne saurait la cerner entièrement. À moins d'en prendre son parti. C'est-à-dire de la moduler librement à travers soi, comme on ferait d'un chant. Car c'est d'un chant qu'il s'agit, lequel appelle d'autres images et d'autres lentilles, légèrement vibrantes comme le trombone. L'expérience que j'en tire la découvre sur un autre mode, reflet en moi du réel qu'elle illumine et qu'ainsi, par mes propres voies, j'épouse.

Je ne saurais ici que risquer des ellipses de pensée, – des images, oui. *L'année dernière* est pour moi, d'abord une Bible de l'intérieur. Une Bible, parce qu'elle est une littérature complète et parce que, vraiment, toutes les interprétations de ce qu'elle enseigne sont plausibles. Mais déjà je me trompe : la Bible n'enseigne pas. Elle profère. Elle est. Dire : « *Marienbad* est un rigoureux traité de logique dialectique par le regard » est vrai mais est aussi faux que ces autres vérités : « *Marienbad* est une histoire d'amour… ou de jardins et de dédales poursuivis entre les murs et les escaliers… *Marienbad* volatilise le temps et l'espace en les faisant s'affronter comme deux amoureux… *Marienbad*, c'est le Labyrinthe. » Je dis, moi : c'est une Bible. Job est pauvre ou riche selon le sens que vous donnez à la parabole. La Genèse est l'histoire d'une lente décréation, ou au contraire la création et la croissance, ou mieux : le démenti le plus formel qu'un esprit puisse concevoir de l'idée de

1. Film d'Alain Resnais de 1961, scénario d'Alain Robbe-Grillet et du réalisateur.

création. La seule évidence charnelle est la parabole à laquelle il faut se résigner comme à la vie même.

Mais je dis aussi : cette Bible vaut de l'intérieur. Et elle est datée. Elle est celle, visuelle, d'une certaine existence mentale en 1961. Je la regarde parcourir ses longs versets voyageurs qui mesurent d'un seul geste continu de la caméra l'espace du regard. Je la vois aussi déchirer ses vêtements, comme une plainte, dans de brusques assauts d'images coupées au beau milieu de leur lumière blanche ou noire. J'admire et je comprends l'économie de ce langage qui force les statues, les jardins, les murs, les couloirs, leurs ors, leurs vêtements surannés, leurs personnages désuets à se fixer, à s'immobiliser dans la déperdition mouvante du regard alors obligé à chercher non plus son image visuelle mais son image mentale qui devra, peut-être, découvrir un monde différent de cette désuétude. Car tout ici est volontairement, tragiquement, mortellement désuet. Faux même. Mais parce que cette vie, celle du décor et de ses personnages, est fausse, et vraiment condamnée. Condamnée comme ce langage qu'ils ont tous pareil aux murailles qui les habitent et qu'ils habitent semblablement : paroles mornes, discours neutralisé, coupé – arbitrairement ? –, d'autres discours de même neutralité.

Il en résulte pour moi un sentiment irrépressible d'étouffement. C'est une fascination, c'est un vertige. Jamais je ne quitterai ces murs que par la décision hasardeuse mais arbitraire d'ouvrir la porte, comme le font si facilement Elle et Lui au soir du film. C'est là le mouvement de l'œuvre. Un rythme de vertige qui l'emporte à mes yeux sur l'histoire (d'amour ?) qu'invente le vertige.

C'est là aussi sa limite. C'est là ce qui, une fois le mirage éteint et les lumières rallumées, me fait trouver à ce film un intérêt certes grand mais guère plus que de l'intérêt, et y puiser des souvenirs dont je m'aperçois combien il est facile de les intellectualiser. Après tout, cela veut peut-être dire que je suis bon public et que, grâce à la délicatesse émue d'Alain Resnais, je me laisse prendre au piège tendu par Alain Robbe-Grillet.

Comment dire qu'à la fois j'aime et n'aime pas *Marienbad* ? Que je l'aime pour ce que je suis bien obligé de m'avouer comme l'image d'un développement inéluctable me conduisant au seuil de la découverte d'un monde nouveau. Mais que je ne l'aime pas, tant est qu'il s'immobilise en deçà du seuil et ne franchit rien d'autre en définitive que la porte imaginaire poussée par les deux amants possibles. Que je l'aime pour sa rigueur. Mais que je ne l'aime pas pour l'image d'inutilité d'existence dont il porte témoignage. Elle et Lui incarnent tant cette image que je n'ai pas à me soucier d'eux. Je tente de franchir le seuil.

Situations, juillet 1962.

La maladie infantile du Québec

Le mot « Québec » est depuis 1837 le nom d'une maladie. On peut l'appeler de bien d'autres noms : champignon, sclérose, eczéma provoqué par une longue allergie à l'humiliation. On peut l'appeler aussi tuberculose. Comme celle-ci naguère, la maladie « Québec » exige un traitement prolongé à base de volonté et de ruse. Et, bien qu'elle ne soit pas mortelle, elle force le patient à un combat incessant contre la coalition du microbe, ennemi de l'extérieur, et de ses propres appétits de destruction, faute de quoi, en effet, la mort est menaçante. Il faut le dire, c'est assez épuisant.

Ce l'est d'autant plus que cette maladie évoque une image de stagnation. Depuis la révolte de 1837, il existe au Canada français une conscience nationale qui, parfois, coïncide avec une conscience de progrès. Mais, constamment rebutée par une paralysie de l'action qui fait la trame des systèmes coloniaux et semi-coloniaux, cette conscience a pris l'habitude de se manifester à cent coudées au-dessus de l'expression quotidienne des luttes avortées. Champ clos d'un purisme historique, legs des élites successives socialement condamnées à l'embourgeoisement (cela peut valoir aussi pour *Parti pris*), elle n'a pas eu prise sur le développement concret des situations québécoises. Avec un déterminisme quasi biologique, l'histoire a donc été laissée entièrement libre de raffermir le triomphe de forces plus réelles qui eurent beau jeu alors de mettre le Québec entre parenthèses, de l'isoler dans une réserve coloniale.

Ces forces, qu'elles vinssent de Toronto et Ottawa ou de Boston et New York, dressèrent les parenthèses de notre histoire sans réellement le savoir, sans vraiment le « vouloir » – la volonté ne se situe pas au niveau des relations diffuses et contradictoires qui ont caractérisé leur intervention. L'absence de « volonté » leur offrit un luxe moral extraordinaire : elles rejetèrent sur les Canadiens français la responsabilité d'une situation qu'elles avaient elles-mêmes créée. Ainsi s'expliquent les propos repris de bouche en bouche, et du *Globe and Mail* par la RCMP, jusqu'au trésorier du Parti libéral québécois, ce grand « ami » des Canadiens français qu'est M. Peter N. Thompson, président de la Power Corporation : « *Le Canadien français est un produit de son propre système, d'un système qu'il a lui-même contrôlé depuis le début et auquel le Québécois de langue anglaise n'a rien eu à voir*[1]. »

Quant à la conscience nationale, elle resta embarrassée d'elle-même. Comme l'idéologie allemande du début du siècle, mais avec infiniment moins de prestige, elle prit peur du peuple et de l'histoire. Si elle ne se réfugia pas dans un idéalisme philosophique à la construction duquel rien ne la préparait – une intelligentsia autonome lui faisant défaut –, elle se contenta du moralisme.

Le moralisme, c'est l'idéalisme des sous-développés. Il a le même sens profond : un effort essentiellement conservateur pour maquiller, adoucir ou même nier l'événement, en lui proposant une dimension mythologique, en refusant de l'expliquer, en l'isolant dans le corset du fait brut qui le rend inintelligible. Croyance absolue en certaines valeurs morales chargées de régir le cours de l'histoire, le moralisme est l'axe commun des encycliques locales et des opinions angoissées de l'ancienne équipe de *Cité libre*. Il peut aussi bien servir à découvrir dans la « race » canadienne-française une transcendance quelconque que, à l'autre extrême, à refuser tout nationalisme au nom d'une idée passablement ennuyeuse de la Justice et de la Démocratie. Passant par des phases cycliques d'affirmation et de négation, il ne parvient pas à dépasser la contradiction plus apparente que réelle de deux égales impuissances. Il traduit de fait les embarras de la conscience nationale.

Celle-ci est longtemps demeurée prisonnière de ses hauteurs. Elle réduisit l'histoire du Québec à celle de ses propres modes de penser et de sentir, elle crut être la « conscience » du Canada français – ce qu'elle était, en effet, d'une certaine façon. Elle prit l'habitude d'admettre ou

1. *Le Devoir*, vendredi 7 février 1964.

d'exclure les conflits historiques du Québec en fonction de sa propre aptitude, non pas à les comprendre, mais à se comprendre elle-même à travers eux. En guise de compensation à cet égocentrisme qui frappe toujours l'adolescence de l'esprit, et qui atteint particulièrement les déracinés du sous-développement sous quelque latitude qu'ils se trouvent, elle crut atteindre à un véritable sens communautaire (sinon national) en collant sur le visage des Canadiens français sa propre fiche de maladie et en s'abîmant dans la contemplation d'un « nous » boy-scout qui n'était qu'un « je » pluriel.

Elle ne se laissa aller, naguère, à parler de « pluralisme » que pour défendre son droit à soutenir des opinions différenciées. La reconnaissance de ce droit est sans doute très nécessaire. Elle l'est d'autant plus que les régimes précédents l'ont durement nié. Mais l'euphémisme de l'appellation avait quelque chose de savamment arbitraire. Ceux qui y recoururent jouèrent au pluralisme en en faisant une nouvelle catégorie de leur esprit foncièrement sectaire. Le réclamant, ils l'isolèrent d'une revendication plus fondamentale concernant les structures nationales, sociales et économiques du Québec. Ils croyaient, certes, en la nécessité d'une refonte de ces structures... qu'ils n'avaient cependant pas éprouvé le besoin d'étudier dans leur perspective historique ; de toute façon, cela prenait rang dans un tiroir distinct de leur étrange philosophie. Ils ouvrirent ainsi carrière à un nouveau formalisme aristocratique de la pensée qui laissa irrésolus les besoins réels des Canadiens français.

Une conscience dessaisie

Ainsi, à différentes époques et jusqu'à aujourd'hui, ce qui servit de conscience nationale se condamna au dualisme. Au dualisme du cycle. Celui que traduisent les oscillations périodiques entre deux tendances qui, sur le plan intellectuel, recoupent en gros l'aller-retour traditionnel de l'Union nationale et du Parti libéral. Ce dualisme est neutralisant. En fait, il condamne la pensée à l'immobilisme historique. Comme tel, il fait partie du système ; il reflète les ambiguïtés d'un fédéralisme semi-colonial qui met au ralenti toute politique québécoise.

La conscience nationale est, au Québec, une conscience dessaisie. Cela comporte de graves conséquences. Car il n'est pas d'action politique de grande envergure sans une relation étroite entre la pensée et l'action, entre les intellectuels et les masses. C'est leur rapport qui seul fonde tout à la fois une doctrine révolutionnaire et une arme de progrès. Quand ce rapport ne se manifeste pas, quand la communication est rompue en même temps dans chacune des trois zones élémentaires de l'action politique – au niveau social, entre intellectuels et manuels, – au niveau historique, entre la tâche à entreprendre et le travail des générations qui, arbitrairement soustraites les unes après les autres à la conscience de traditions positives, ont eu le sentiment, hier comme aujourd'hui, qu'il fallait tout reprendre non pas à neuf mais à zéro, – au niveau des populations enfin, entre les diverses régions de la province –, quand le bras gauche ignore ce que fait le bras droit, alors il se produit ce qui s'est passé au Québec. Sur son tréteau, la conscience immobile joue à la Pythie. Le public du parterre ne la comprend pas. La pièce est manquée. Le public sort dans un brouhaha de mécontentement. Car alors il se démène, il se sent enfin en veine d'agitation. Il a droit à sa sortie hors de l'histoire. C'est le seul droit qu'on lui laisse et il en profite avec une fébrilité qui témoigne de son goût de vivre. Dehors, il se retrouve seul, tout comme la Pythie. Il ne reste à l'un que des hardes, à l'autre qu'une défroque. L'ordre règne à Québec.

Cette pièce-là s'est jouée depuis 1837 avec une constance déconcertante. Les décors changeaient d'une fois à l'autre, mais c'était bien la même pièce. Qu'on s'acharnât à la jouer, cependant, dit assez que les forces étaient présentes et l'espoir robuste : que ne peut-on faire de tant d'impatience accumulée, si l'on parvient à l'expliquer, à la rassembler et à l'armer. En même temps, les reprises étaient un signe de stagnation. Les marécages avaient toujours le dernier mot. Oui, le Québec était une maladie des marais. C'était une malaria. L'eczémateux, le sclérosé, le tuberculeux était aussi un paludéen.

L'est-il encore ?

Cela revient à demander si les causes profondes de la maladie sont disparues. Elles ne le sont pas. Quelles sont ces causes ? Et est-on en voie de prodiguer les remèdes convenables ? Au fait, quels sont ces remèdes ?

Un outil doctrinal

Il est plus important que jamais de caractériser la société canadienne-française, de donner une représentation à la fois concrète et abstraite de la situation qu'elle occupe par rapport à son histoire et par rapport aux forces extérieures de conservation et de progrès qui déterminent largement son évolution. C'est aujourd'hui le premier devoir de tout progressiste québécois. Non pour se perdre dans la contemplation morose de ses lacunes et évacuer une fois de plus le champ de l'histoire. Mais pour produire un outil doctrinal que les masses populaires du Québec pourront s'approprier dans leur lutte.

Un tel effort doctrinal – celui-là même qu'a entrepris *Parti pris* – suppose l'abandon de tout dualisme de la pensée. Il ne doit s'agir ni d'un nouveau provincialisme, ni d'un nouvel universalisme sans racines. Ni d'une enquête en vase clos du type de celles qui, par le passé, ont conduit trop souvent à prendre la défense ou à faire le procès d'une société dont l'archétype commode était la paroisse. Ni d'un recours prétendument avant-gardiste à la fine fleur des expériences révolutionnaires de l'étranger qui, survenues à des niveaux différents d'évolution ou de conscience et d'autre part présentées de façon provocante dans un cocktail local, ne pouvaient que rencontrer la méfiance et renforcer les positions les plus conservatrices. Dans un cas, la méthode suivie aboutissait à faire fi des pressions extérieures, américaines par exemple, dans l'étude des conflits intérieurs. Il en résultait quelque chose d'irréel qui faussait les problèmes d'ordre interne tout en donnant parfois de l'allant au moralisme de certains réformateurs, lesquels prenaient les aspects seconds (ignorance, patronage, corruption) pour les causes premières. Il fallait bien, il est vrai, finir par se coller le nez sur les activités locales de l'impérialisme. Mais, comme on ne les avait pas expliquées, force était de les considérer comme une série de faits accomplis qu'il fallait prendre avec le dos de la cuiller… Dans le deuxième cas, de prétendus révolutionnaires, exaspérés par les subtilités jésuitiques de nos réformistes, formaient et reformaient leurs petits cénacles politiques sur la tête de l'URSS, de Cuba ou de l'Algérie, au gré des circonstances. Ces pays-là avaient bonne tête et surtout bon dos.

L'effort à faire aujourd'hui est un effort d'unification de la pensée, au profit d'un véritable réalisme révolutionnaire capable ensuite de dépasser, dans l'expérience des masses, l'ambiguïté du régime. Ce qu'il s'agit de faire, j'imagine, c'est sur le plan politique ce que quelques sociologues québécois font depuis plusieurs années sur le plan de la recherche.

C'est un chemin semé d'embûches.

Sur le plan politique, dès que l'on s'efforce de caractériser la société canadienne-française, on se heurte à des notions ambiguës. Telles sont les notions de colonialisme et de sous-développement. La maladie « Québec » guette aujourd'hui ces mots-là. Elle tente d'en appauvrir le sens. Ce n'est pas que l'intuition politique ne justifie pas leur emploi. Mais, faute d'une réflexion sur la façon exacte dont le colonialisme et le sous-développement opèrent au Québec, on risque de se laisser aller à des généralisations sommaires qui nous embarquent une fois de plus dans un universalisme sans racines. Il est vrai qu'il existe une ressemblance fondamentale entre tous les cas de colonialisme. Mais, pour les englober tous, cette ressemblance prend une hauteur abstraite qui est impuissante à elle seule à convaincre de la réalité d'aucun d'eux. Politiquement, l'analyse des différences entre les systèmes coloniaux a plus de poids que la vision globale, *urbi et orbi,* des mécanismes colonialistes. Il y a un rapport vivant, fécond, entre l'analyse concrète et la pensée abstraite. C'est ce rapport qu'il faut chercher à exprimer. Sans quoi la pensée abstraite, insuffisamment informée, fait du colonialisme un modèle mort, presque l'une de ces catégories mentales qui ont invariablement fait la fortune des théoriciens schizophrènes du conservatisme. Il est à noter que les représentants des systèmes impérialistes n'ont jamais nié l'existence du colonialisme, mais qu'ils en ont toujours contesté l'application dans les cas particuliers qui les concernaient. Pour tout dire, un conservateur canadien identifie le colonialisme avec l'image violemment déchirée qu'en donnent l'Amérique du Sud et l'Afrique. Dans ces conditions, lui parler d'une oppression coloniale au Québec, sans définir avec précision ce qu'on entend par là, c'est lui tendre la perche. Car il aura beau jeu de convaincre tout le monde que, le Québec n'étant pas l'Angola, le colonialisme en est absent.

Une exploitation déguisée

De fait, il est extrêmement difficile d'élaborer une pensée cohérente et d'agir efficacement au Québec. Car l'exploitation qui pèse sur ce pays obéit à des règles tout à fait singulières. Il existe un type d'exploitation capitaliste qui, bien que diversifiée, vaut à des hauteurs différentes pour l'ouvrier d'Allemagne, de France, d'Angleterre, de l'Ontario et même des États-Unis. Il existe un type d'exploitation coloniale ou néocoloniale qui se retrouve à grands traits de misère physiologique, de sous-développement absolu et d'analphabétisme, des Andes à l'Indus. Il s'agit de types plus ou moins classiques. Les cas d'espèce ont tendance à suivre la règle générale. Et l'histoire de la classe ouvrière ou celle de la libération des peuples coloniaux offre des modèles que, en prenant sans doute beaucoup de précautions, il est possible d'adapter aux conditions particulières de la lutte. Il existe une tradition. Il existe des références. De ce fait, la tâche des classes ou des pays dominants est rendue plus ardue, parce qu'ils trouvent en face d'eux des « interlocuteurs valables » conscients de leur force et connaissant le problème souvent mieux qu'eux.

Le cas du Québec est très différent. L'exploitation dont il souffre est terriblement déguisée. Il est juste assez capitaliste pour oublier qu'il est colonisé, et juste assez colonisé pour oublier qu'il est victime du capitalisme.

Politiquement, la confusion fédéraliste lui donne suffisamment de pouvoirs pour lui faire oublier qu'il n'est pas libre, mais moins de pouvoirs, cependant, que les pays asservis d'Amérique latine.

Économiquement, les capitaux étrangers ont fait la part plus belle à la « bourgeoisie nationale » québécoise qu'ils ne l'ont faite et ne continuent de la faire à la bourgeoisie locale des autres pays dépendants. Ils ont ainsi mis en place un « capitalisme autochtone » (bien avant que n'en parle M. Filion[2]) suffisamment vigoureux pour qu'il se lance de temps à autre dans des campagnes d'autonomisme, mais en réalité à

2. Gérard Filion, directeur du *Devoir* de 1947 à 1959, a été le premier président de la Société générale de financement (SGF) du Québec en 1963.

ce point dépendant qu'il ne peut compter sur ses seules forces pour s'empêcher de glisser vers les branches non rentables de la production ou pour résister aux absorptions de compagnies.

Ce capitalisme, c'est la cour des miracles, c'est l'Opéra de Quat'Sous. C'est effectivement un capitalisme de mendicité, avec tout ce que cela comporte de grotesque mais aussi d'impitoyable. Les requins de la finance au pied bot, les petits capitaines d'industrie, les capitalistes du « patronage », c'est au Canada français qu'on les trouve. Parce qu'ils sont petits et mal faits, et par-dessus le marché incompétents, ils ont plus de raisons de frauder et moins de chances de réussir que les nantis de l'étranger. Ceux-ci s'offrent le luxe de leur laisser « tenter leur chance », tout en occupant solidement, rue St-Jacques, les places fortes du haut desquelles ils se scandalisent d'échecs effectivement scandaleux, genre « United Loan » en 1960. Cela fait partie du système.

Il est vrai qu'aujourd'hui cette bourgeoisie autochtone est forcée, pour trouver des appuis, de faire appel à l'État québécois. Mais celui-ci, privé de grands moyens d'action, doit son existence à l'alliance de groupes et de personnes hétérogènes, alliance essentiellement précaire qui agit en sens divers ou qui, plus souvent qu'autrement, se neutralise. De là, un certain attentisme gouvernemental, une hésitation énervante devant les grands projets (caisse de retraite, sidérurgie[3]), beaucoup de demi-mesures. Cela aggrave la confusion permanente d'un système où l'on ne sait trop ni ce qui appartient à quoi, ni quoi à qui. Cela ralentit ou même paralyse l'utilisation des moyens déjà réduits dont le gouvernement dispose. La « bourgeoisie nationale » reste plus ou moins en carafe à l'intérieur de ce régime qui est cependant le reflet fidèle de sa propre situation.

Quand, d'aventure, on crée une Société générale de financement destinée à dédouaner le « capitalisme autochtone », le jeu du système se répète à l'intérieur d'un scénario rituel. On lui permet de « tenter sa

3. La Régie des rentes et la Caisse de dépôt et placement du Québec seront créées l'année suivante, en 1965. La sidérurgie, malgré la création de Sidbec, ne se développera jamais autant qu'on l'avait initialement imaginé.

chance ». On met à sa disposition un capital initial assez restreint, afin que les gaffes du début n'aient pas de conséquences trop dramatiques. Mais il suffit de quelques actes discutables commis par quelques individus inexpérimentés ou incompétents – cela fait partie du scénario – pour compromettre les chances de croissance de la SGF et pour qu'à la bourse, baromètre quotidien de la respiration du système, ses actions baissent de façon significative. On peut craindre que tous les hasards, les étranges « hasards » de l'histoire, ne se soient ligués pour déboulonner les rails de la SGF et pour lui signifier qu'elle est « née pour un petit pain ».

Ah ! évidemment, il y a l'Hydro-Québec. C'est une réussite incontestable. C'est un facteur important de développement et, déjà, de localisation industrielle. Mais l'opération-nationalisation n'est qu'une émancipation bien relative, et elle n'est pas la « clé du royaume » si cette clé n'ouvre aucune porte. Il suffirait même de bien peu de chose pour que l'Hydro-Québec devienne, contrairement aux ambitions de René Lévesque qui joue sur la corde raide, l'instrument d'une dépendance accrue envers le capital étranger et ses impératifs politiques. Ici, cependant, il faut distinguer. L'installation de compagnies américaines, celle par exemple de la Reynolds Extrusion Sales à La Malbaie, est une bonne chose si l'opération signifie notamment la première défaite d'un cartel tout-puissant (dans le cas présent, celui de l'aluminium), c'est-à-dire d'une coalition d'intérêts, tous américains de près ou de loin, dont le bloc compact et dictatorial était l'un des signes formels de la dépendance québécoise. Dans les circonstances, c'est une victoire significative.

Mais cette victoire n'a qu'une valeur tactique. Elle n'est pas une garantie en elle-même. Elle n'en sera une que si elle est suivie d'autres gestes encore plus significatifs. Et pour qu'elle le soit, il faudra bien que le fameux complexe sidérurgique vienne épauler les efforts de l'Hydro-Québec. Sans cela, la mémorable clé ouvre sur le vide et l'Hydro sera obligée de s'adresser, pour ses fournitures, à des marchés plus abondants et mieux organisés que le Québec, sans profit durable pour celui-ci. La sidérurgie, c'est surtout un moyen d'organiser un marché local. Ce n'est au fond que cela. Mais la sidérurgie n'est pas une panacée. On peut très bien en être dépossédé. De ça, comme de tant d'autres choses jusqu'à présent. Il suffit que le cartel de l'acier ou que les intérêts étrangers dont le concours financier est sollicité imposent leur loi. De quel recours disposerait-on ? Cette fois encore, on joue sur la corde raide. Il n'est évidemment pas possible de faire autrement et l'on ne peut assez insister sur le courage de ceux qui, à tout instant, risquent de se casser le cou. Mais il est caractéristique du système que, pour esquisser le moindre pas en avant, il faille aussitôt tendre sur le vide une corde avec laquelle on peut bien se faire pendre.

Se faire pendre, en effet. L'aciérie est un moyen économique d'édifier quelque chose qui ait du sens. Mais, pour que ça ait vraiment du sens, il ne suffit pas d'empêcher des contrôles étrangers incompatibles avec l'organisation autonome du marché. De toute façon, dans les circonstances actuelles, on ne pourrait y réussir pleinement. Il faut encore que, une fois sur mer, le bateau ne prenne pas eau de partout et qu'il soit dirigé par un pilote astucieux. Cela signifie un plan d'ensemble et une équipe de planificateurs compétents. La planification québécoise, c'est encore une autre affaire ! En attendant qu'on sache exactement de quoi il s'agit, car personne ne l'a encore dit, il est loisible d'imaginer avec quelle force légale et quelle puissance matérielle les autorités fédérales et les détenteurs de capitaux pourraient entraver ou détourner le pouvoir de décision d'un gouvernement québécois désireux de planifier. Car, sans argent, sans droit de regard sur les mouvements de capitaux, sans aucune possibilité d'empêcher l'épargne locale de prendre le chemin de Toronto ou des États-Unis (sauf par le truchement de la caisse de retraite, mais quelle sera la puissance réelle de cette caisse dont la création semble devoir être retardée ?), sans pouvoir d'émission monétaire, livré à ses bailleurs de fonds, empêtré dans des juridictions concurrentes, de quels rouages essentiels à une planification le gouvernement québécois dispose-t-il ? Pendant ce temps, l'État fédéral lance sa caisse de retraite avec la collaboration des provinces riches. Il met en mouvement, de concert avec elles, un programme confus de contrôles économiques et de développements régionaux qui, au nom de la « coopération », offriront gratuitement des voies de garage aux bonnes intentions québécoises.

Ce tableau est sombre. Il n'enseigne pas que la politique économique actuelle du Québec n'est pas nécessaire. Il ne signifie pas davantage qu'il est illusoire d'espérer marquer des points. Mais il fait voir une situation intenable de dépendance. La situation est à ce point intenable et la dépendance tellement profonde que tout progrès, au lieu de relâcher la tension, ne fera inévitablement que l'aggraver. On peut déjà en juger rétrospectivement, par ce qui s'est passé depuis trois ans. Le combat deviendra de plus en plus subtil, de plus en plus insidieux, entrecoupé d'actions brutales. Jusqu'à ce qu'une partie déterminante de la population instruite par l'expérience et par l'éducation s'aperçoive que des tranchées de la politique économique il faut passer à la politique tout court. À la politique avec un grand P... Le moment sera alors venu de la formation d'un mouvement de masse, cohérent et durable, qui donnera un sens aux espoirs écrasés de tant de générations de Canadiens français.

Ce ne sera certes pas l'intervention d'un quelconque *deus ex machina*. Dans ce domaine, il n'y a pas de génération spontanée. Le pire serait d'ailleurs de laisser se précipiter l'évolution sans donner le temps aux cadres et aux éducateurs politiques de se former en nombre suffisant à travers le Québec. La situation échapperait à tout contrôle, pour le grand dommage des masses vouées à leur perte. Dans cette perspective, toutes les actions à entreprendre, à quelque niveau que ce soit, sont des actions utiles de retardement et de consolidation. D'étude.

Aucun affranchissement, aucun mouvement collectif de progrès n'a jamais pu être réalisé sans une étude acharnée, scrupuleuse des conditions historiques qui le rendaient possible ou nécessaire.

Ici, nous sommes loin du compte. L'examen de la maladie « Québec » est d'autant plus impératif que la maladie est multiforme. Nous sommes dans une situation essentiellement fluide. Les éléments se dérobent dès qu'on veut les saisir. C'est là l'une des explications de ce sentiment de dépossession dont souffrent la plupart des Canadiens français et c'est précisément pourquoi leur situation est intenable.

Un système à trois visages

Effectivement, ce n'est pas l'une des moindres aberrations du système que d'avoir développé aux yeux des Québécois une image insaisissable de leur identité et de leur histoire. Cette aberration est l'une des caractéristiques psychologiques fondamentales du colonialisme. Elle est, à la base même de la vie sociale en pays aliéné, une source permanente de névrose. La proportion inquiétante de maladies nerveuses chez les Canadiens français, l'expression souvent schizophrénique de leur pensée ou leur difficulté à s'exprimer sont probablement plus que simples coïncidences.

Cette insaisissabilité de leur histoire est d'autant plus grave qu'elle n'est pas psychologique en premier lieu. Elle est profondément inscrite dans les faits. Le travailleur canadien-français peut bien avoir l'intuition des motifs de sa dépendance. Il peut incriminer un capitalisme bâtard qui le réduit au chômage un mois sur douze en moyenne. Il peut incriminer une espèce de colonialisme qui fait de lui un ouvrier non qualifié ou un homme à tout faire. Il peut incriminer un système fédéralisant dont l'existence entretient une sorte de racisme linguistique en fonctionnant au profit de ceux qui voient dans le *Canadian French* l'équivalent d'une couleur. Mais il lui sera extrêmement difficile d'accéder à une connaissance rationnelle de ces divers facteurs de sa dépendance et surtout de leur relation intime. La structure du système est telle que chacune des accusations sera déboutée par une défense habile à faire valoir le vice de forme ou l'erreur sur la personne.

Le travailleur accusera-t-il le capitalisme ? On lui demandera de quoi il se plaint. Son salaire est l'un des plus élevés du monde. Mais comment se fait-il que le salaire québécois moyen est sensiblement inférieur (de 27,5 %) à celui de l'Ontario ? Il oublie que l'Ontario est industrialisé depuis bien plus longtemps et a sur le Québec une avance de quelque cinquante ans… Mais expliquez-moi comment une avance aussi considérable a pu être acquise ? Est-ce qu'elle ne démontre pas que tout a fonctionné à sens unique ? Mon cher, c'est un phénomène purement économique, ne cherchez pas à mettre Ottawa en cause, il n'y est pour rien ; et n'oubliez pas que nous avons profité de l'immense développement industriel de la région américaine des Grands Lacs ; et puis, si votre salaire moyen est inférieur, plaignez-vous-en à votre bourgeoisie canadienne-française qui continue de payer à ses ouvriers des salaires de famine…

Le travailleur québécois est ébranlé. Toutes ces réponses lui semblent raisonnables. Il constate qu'effectivement la bourgeoisie canadienne-française… Mais quelque chose le chipote, il ne sait pas bien quoi.

Il est sur le point d'abandonner la partie, quand il se remémore une dure certitude. Le chômage, que faites-vous du chômage ? – Je ne l'oublie pas. Mais c'est une situation nord-américaine. D'accord, vous en souffrez davantage dans le Québec. Mais n'en accusez personne d'autre que vous-mêmes. Si vous aviez consenti de plus grands efforts d'instruction, vous n'en seriez pas là.

Sur le coup, le travailleur québécois ne songe pas à rétorquer que la « situation nord-américaine » du chômage n'est pas une excuse et qu'au contraire elle est plutôt une circonstance aggravante. Quant au « manque d'instruction, cause de chômage et d'insécurité », cet argument le frappe tellement, il en a tant éprouvé la gênante vérité dans sa petite vie individuelle, qu'il oublie que, tout à l'heure, son interlocuteur lui a fourni une autre explication, peut-être plus déterminante, de son infériorité : celle-ci est un phénomène purement économique. Est-ce que ça ne pourrait être également une raison historique de son manque d'instruction, de ses écoles mal foutues ? Est-ce que ça ne pourrait pas expliquer que, par le jeu d'un régime traditionnellement conçu en fonction de l'industrialisation des autres et de la langue des autres, il n'y a jamais eu d'argent pour un système démocratique d'éducation ? Ou que, quand il y en avait, un provincialisme étroit suscitait toujours des complicités providentielles et des lignées de Duplessis pour en faire un usage dérisoire ou pour imposer les limites au-delà desquelles il était interdit de s'aventurer ? Ou encore que, quand les besoins devenaient trop criants et que les volontés mitigées commençaient à se manifester jusqu'au sein du gouvernement, il se trouvait invariablement de puissantes institutions financières en position de monopole pour s'alarmer du « crédit de la province » et, au besoin, ameuter le marché ?

Si notre travailleur québécois s'avise de poser ces questions, on l'interrompt, il n'y est pas du tout. On lui fait observer qu'en vertu de la constitution la responsabilité de l'éducation incombe aux provinces et donc au Québec... Il faudrait tout de même savoir ce que vous voulez... vous avez toujours tenu aux droits sur l'éducation comme à la prunelle de vos yeux... alors, ne nous accusez pas de votre propre incapacité à en assumer l'exercice... ou, si vous voulez vous-mêmes redresser la situation, arrangez-vous pour trouver les fonds... le marché, ça existe… ah ! évidemment, s'il se montre dur d'oreille, nous n'y sommes pour rien, c'est le marché… Ottawa, dites-vous ? De nouvelles concessions fiscales ? Soyons sérieux, le gouvernement fédéral a de vastes besoins, où voulez-vous qu'il puise s'il vous donne la moitié de son eau ?

La logique du cloisonnement

Avant même que d'avoir pu toucher le fond de ces problèmes touffus, notre travailleur québécois est inexorablement débouté. D'une porte on le renvoie à la suivante, mais toutes se ferment les unes après les autres. Les multiples cloisons du système le coincent dans une immense salle des pas perdus où il dispose de suffisamment d'espace pour se croire autonome.

Cette logique est inattaquable. Il est impossible de contester chacune des vérités particulières qu'elle exalte. Mais elle est absurde. Car elle repose sur le principe du cloisonnement. Nous sommes innocents du péché dont vous nous accusez, allez voir chez le voisin. Par un système habile de domaines réservés et d'exceptions, un fédéralisme boiteux, un capitalisme bâtard et une moitié de colonialisme se passent le mot pour, à la fin, accabler en chœur celui qui a le malheur de poser des questions. C'est précisément là que rien ne va plus. Car, en procédant ainsi, le système se charge de définir lui-même la solidarité primordiale de ses trois éléments et de démonter la logique du cloisonnement à laquelle il a recours.

Seulement, il s'agit de s'en apercevoir. Or, notre travailleur ne dispose pas d'informations suffisantes sur les données de la vie québécoise. S'il en avait, il se rendrait compte que les réponses qu'on lui a données sont en grande partie truquées. Non qu'elles soient inexactes. Mais elles voilent certaines réalités qui modifient considérablement leur portée ou qui leur donnent même une signification opposée.

Ces réalités-là, le travailleur québécois, l'intellectuel québécois ne les voient généralement pas, bien qu'elles soient déterminantes. Car ils sont eux-mêmes victimes de la technique du cloisonnement. Ils ne le sont pas seulement en tant qu'habitants du Québec, en tant qu'habitants d'une île irréelle et fautive. Ils le sont aussi entre eux-mêmes et en eux-mêmes, dans toutes les activités essentielles au développement d'une nation.

Sous la haute surveillance de leur clergé, on a censuré leurs traditions les plus inquiétantes, c'est-à-dire les plus fécondes, pour les changer en un folklore bonasse qui lève le cœur. De génération en génération, ce fut un réflexe de santé que de s'en détourner. Mais alors, que restait-il, que reste-t-il ? Rien, de plus en plus, rien. Sauf un avenir précaire qui, chaque fois, est à réinventer jusqu'à ce que le syndicat du silence, *crime syndicate* local, le supprime une fois de plus.

On les a distraits de leur mémoire. On les a aussi soustraits à leur ressemblance.

Le fonctionnement subtil du système a en effet permis que les communications psychologiques soient progressivement réduites d'une région à l'autre du Québec. Il semble que ces communications avaient plus de constance il y a cent ans, en un temps où, cependant, les communications matérielles étaient peu développées. Ceci en raison exactement inverse de cela. Quand presque tout un peuple se définit par un mode de vie agraire relativement simple, qui n'a pas encore subi l'effet de désorganisation que les techniques industrielles exerceront sur lui, il n'est nul besoin pour un Beauceron d'aller en Gaspésie ou en Mauricie. Il sait, ou il peut s'imaginer sans beaucoup se tromper, qu'on y vit de la même façon que lui, qu'on y a les mêmes problèmes, les mêmes raisons d'être, les mêmes croyances. Un réseau psychologique fondé sur une commune expérience relie les unes aux autres les diverses régions et relègue au second plan les différences, les lois particulières.

Mais quand, à partir du pied-à-terre montréalais, les capitaux anglais, ontariens et américains se lancent à la recherche du bois et du minerai, creusent des routes et posent des rails pour y arriver, ouvrent à leur profit les greniers de la main-d'œuvre rurale, la brèche est ouverte. Les différences s'accentuent. Le sentiment d'appartenance s'estompe. La désorganisation s'installe. Dans des villes bâties ou agrandies en hâte pour servir d'ateliers et de dortoirs, le cultivateur d'hier tente maladroitement de modeler son âme avec les nouveaux outils qu'on lui a mis dans la main. Il n'y parvient pas. Il se sert d'une technique importée, qui n'est pas née de son génie et qu'on n'a pas éprouvé le besoin de lui expliquer à fond (… pour le service qu'on attendait de lui). Il ne l'a pas intégrée. Mais, en même temps, il est séduit par les apparences d'un confort tout neuf, par les objets merveilleux dont la commercialisation de sa vie lui donne le goût sinon, déjà, les moyens. Ce dépossédé va enfin posséder quelque chose, quelque chose qui le rendra comparable à ses colonisateurs. Il en entretient l'illusion. Celle-ci achève de le déposséder. Il ne s'appartient plus. Dans cette aliénation grossière qui fait de lui un être qui n'est pas d'ici, mais qui n'est pas d'ailleurs non plus, il a perdu le sentiment de ce qu'il est réellement. Certes, il conserve le souvenir de ce qu'il était. Mais ce souvenir est lui-même déguisé par les histoires revues et corrigées qu'on lui raconte sur son passé. Il lui reste un symbole. C'est en quelque sorte un fétiche. Il lui est indispensable. Mais il n'est pas trop certain de sa signification. Le plus souvent qu'il peut, il passe devant en évitant de le regarder en face. Comme une peau de chagrin, le Québec s'est rétréci aux horizons de son étrange misère peuplée des luxueux objets épars auxquels sa conscience, une conscience qu'il s'est achetée à crédit, essaie de donner une signification. Il a perdu le contact. Il a perdu la communication.

Fort heureusement, les nécessités de sa nouvelle vie, faisant de lui l'objet collectif de l'exploitation capitaliste, lui font connaître le travail en atelier. Il y apprend une solidarité toute neuve au contact de camarades traités, tout comme lui, doublement en inférieurs comme ouvriers et comme Canadiens français. À leurs côtés, il refait l'histoire du syndicalisme. Il puise dans cette lutte les éléments d'une culture moderne. Celle-ci lui permet de réagir. Car la culture nouvelle qu'il se forge dans les grèves vient peu à peu étayer un besoin de réaffirmation nationale que produit, sur les lieux mêmes de l'exploitation, la négation quotidienne de sa nationalité.

Il est grand temps. Peut-être même est-il un peu tard. Quand il trouve en lui suffisamment d'énergie pour reprendre contact avec ses compatriotes, il découvre qu'il ne les connaît plus. Montréal n'est pas la province. Montréal ne ressemble pas au Québec, bien que le tiers des Canadiens français du Québec habite Montréal. On les a mis sur une île, sur une île physique comme pour mieux les proclamer habitants de l'île Québec. L'illusion a été parfaite, elle s'est substituée pour un tiers à la réalité. Mais le réseau psychologique s'est également rompu à travers la province : Sept-Îles n'est pas le Lac Saint-Jean.

Un colonialisme que masquent des truquages

C'est alors que les truquages apparaissent. On a été bernés. On a été faits et refaits. La rage éclate. C'est une rage silencieuse qui s'exprime par des votes. Les solidarités élémentaires, les souvenirs tronqués, les rancœurs confuses, l'expérience de l'exploitation, l'humiliation nationale se rassemblent dans un mouvement qui transforme ces débris, ces infirmités en une réalité dynamique. Le plus urgent est de renouer la communication à travers la province. C'est pourquoi le Crédit social, porteur de toutes les blessures, balaye le Québec aux élections fédérales de juin 1962. Cette révolte est sans doute très approximative dans sa forme. Elle est éphémère puisque, un an plus tard, le parti créditiste québécois volera en morceaux. Mais, en tant qu'il est fait de toute la colère populaire, le Crédit social, loin d'être réactionnaire, est au contraire la première expression intuitive globale de données révolutionnaires au niveau des masses québécoises. Ceux qui lui font confiance traduisent spontanément le lien entre un vieux mécontentement anti-capitaliste, une expérience des luttes syndicales, une humiliation de colonisés et un ressentiment à l'endroit du régime fédéral (les députés fédéraux du Crédit social n'étant en effet que des messagers chargés de dire à Ottawa ce ressentiment). Il n'est pas jusqu'à l'idéologie formellement réactionnaire du créditisme qui ne traduise à sa façon des origines essentiellement populaires : c'est une idéologie de pauvres, d'ignorants, d'exploités culturels, elle n'a même pas une élémentaire cohésion logique. Comment le président de la Confédération des syndicats nationaux a-t-il pu, à l'époque, voir dans une semblable idéologie une menace immédiate et durable ? Sans doute parce que, à l'instar des bourgeois libéraux, il se trompait sur les causes et les traits fondamentaux du mouvement et prenait la forme pour le fond. Ce qui est grave, c'est cette méprise.

Dans une perspective historique, le créditisme a rendu un grand service. La commotion qu'il a provoquée, la colère qu'il a incarnée ont libéré des énergies. Elles ont également dévoilé les facteurs les mieux cachés de la dépendance et du sous-développement québécois.

Résumons-les rapidement.

Montréal est un phénomène essentiellement colonial, un îlot de sécurité relative à l'intérieur duquel les infériorités économiques réelles sont estompées. On peut y gagner assez bien sa vie, somme toute à peu près aussi bien qu'à Toronto ou Vancouver. La classe ouvrière y est évidemment exploitée, mais elle ne l'est ni plus ni moins que par le jeu du système capitaliste. Toutes proportions gardées, Montréal fait penser aux luxueuses grandes villes d'Amérique du Sud, d'Afrique du Nord, ou d'Afrique noire – Rio de Janeiro, Tanger, Casablanca, Dakar, paradis artificiels de la colonisation dont l'opulente distinction réussit à cacher la misère environnante, les lisières immédiates de la ville. L'îlot masque le sous-développement de l'arrière-pays. Il existe évidemment une différence essentielle entre Montréal et ces élégantes monstruosités. D'une part, en effet, Montréal fait montre d'un luxe plus prudent, assez discret au fond. D'autre part, elle offre à une population indigène, relativement plus importante par rapport à l'ensemble du pays, un niveau de vie décent. Elle est la capitale d'un colonialisme mitigé dont les méthodes d'intervention sont remarquablement subtiles.

Sortez en effet de Montréal. Allez de 50 à 100 milles au nord. Allez également en Abitibi, en Mauricie, au Lac Saint-Jean, dans le Bas-du-Fleuve, en Gaspésie. Vous y trouvez d'immenses étendues socialement désorganisées, économiquement délabrées. Le revenu moyen y est souvent de plus de la moitié inférieur à celui de Montréal. Le taux de chômage est fréquemment de 20 à 30 % de la main-d'œuvre. Phénomène caractéristique d'une désorganisation de type colonial, dans de nombreuses régions les structures sociales traditionnelles se sont gangrenées, les paroisses ont pourri sur pied, le mariage lui-même, ce symbole élémentaire de l'organisation cellulaire de toute société, n'a plus de sens : des familles entières, dans de fortes proportions, s'en passent… Les écoles disparaissent… Il faut très sérieusement se demander si le clergé, régent jaloux de la vie individuelle et collective et maître d'école exclusif, n'est pas devenu de fait l'un des grands désorganisateurs du Québec, l'un des principaux agents de la désagrégation coloniale, – comme cela se passe du reste dans tous les pays coloniaux.

Ces régions-là sont lépreuses. On y trouve de grandes taches de pourrissement où l'on vit de moins en moins, où l'on meurt de plus en plus. Car ces zones de pourrissement n'ont plus de survie économique et ne parviennent pas à pallier l'affaissement des marchés par des solutions artisanales telles que, dans les Laurentides, la vente de fruits et légumes au bord des routes touristiques. Les jeunes, incapables de fixer leurs espérances dans des coins pareils, se sauvent. Ils vont se réfugier dans des centres industriels régionaux qui ne sont pas préparés à les accueillir. Ils y deviennent chômeurs ou journaliers, ou…

Ce n'est que depuis peu que l'on s'est penché sur l'examen de ces faits que le système avait réussi à isoler de la conscience des Canadiens français grâce à la présence de couches protectrices formant écran. Ces couches protectrices, le Québec les fournissait lui-même sans qu'il fût besoin d'intervenir directement de l'extérieur. Les partis politiques et les journaux offraient à cet égard une aide précieuse.

Une technique insidieuse de paupérisation

Mais le système ne s'est pas contenté de calfeutrer le sous-développement régional. Celui-ci ne serait qu'un demi-mal s'il n'existait vraiment aucun espoir de rescaper des régions arides et s'il était possible d'organiser l'évacuation, le relogement et le remploi de leurs populations, – ce qui n'est pas le cas. La paupérisation s'est faite de façon plus insidieuse encore. On s'est attaqué à la source même de la combativité des travailleurs syndiqués. On a trouvé le moyen de diminuer durablement le revenu réel que leurs luttes syndicales avaient permis d'arrondir. Par le truchement des sociétés de prêts, on s'en est pris méthodiquement aux familles, à la gestion du budget familial.

Le travailleur québécois a d'autant plus de besoin de confort qu'il est un être profondément dépossédé et qu'il produit lui-même les articles de ce confort, mais qu'il le fait à l'aide d'une technique empruntée et pour le compte d'intérêts étrangers. Cela vaut aussi, bien entendu, pour le travailleur américain et l'ouvrier ontarien. À ceci près que les moyens d'existence de ceux-ci sont nettement plus élevés. Au surplus, la technique qu'ils utilisent est tout de même un peu leur chose, car ils l'ont eux-mêmes produite. Elle est l'expression de leur génie. Ils sont ainsi moins gravement, moins essentiellement dépossédés que le travailleur québécois. L'extraordinaire est que cette moindre dépossession leur crée relativement de moindres besoins non seulement de confort mais de luxe. À revenu supérieur, ils ont les mêmes besoins, ils achètent les mêmes choses. À revenu égal, ils se satisferaient de moins. On nous a pourtant appris, dès la tendre enfance, que le luxe était un besoin des riches. C'est faux. En fait, c'est surtout un besoin des pauvres. Dans un foyer américain et dans un foyer québécois, on trouve les mêmes appareils électriques, les mêmes appareils de télévision, les mêmes réfrigérateurs, les mêmes lessiveuses et presque les mêmes machines à laver la vaisselle ; dans le garage, une voiture de même marque... Il n'y a pas de différences. Il n'y en a qu'une, à vrai dire. Elle est à la fois économique et culturelle : quand l'Américain et le Québécois achètent le même objet, le Québécois le paie plus cher mais le choisit de moindre qualité esthétique, en manifestant sa préférence pour les ornements douteux, le clinquant, la parade, le signe extérieur de richesse... C'est le signe intérieur de la pauvreté culturelle, qui n'est elle-même que l'alphabet de la dépossession. Il est évident qu'en agissant ainsi, le travailleur québécois s'aliène davantage. Car les objets qu'il achète lui rappellent constamment qu'ils portent un autre nom et ont un autre visage que le sien. Ils témoignent douloureusement de la situation qui lui est faite, de sa propre incapacité à les inventer. En eux, par eux, il n'achète que l'illusion de sa capacité. Mais il est psychologiquement contraint de le faire. Son sentiment de dépossession le dépouille en effet de lui-même, le frustre abominablement. Cette frustration doit être compensée. Il y va de son équilibre immédiat. Il achète, donc, et il achète encore. Il achètera jusqu'à ce qu'il soit poussé à bout, jusqu'à ce qu'il n'ait plus rien à perdre, jusqu'à ce qu'il trouve autre chose...

Autre chose qui était, hier, le Crédit social. Demain, ce sera quoi ?

Mais aujourd'hui, entre hier et demain, notre travailleur va frapper à la porte de la société de prêt. Quand je dis le travailleur, c'est plutôt sa femme qui y va. Seule entre ses quatre murs, elle est encore plus sujette que lui à la névrose de la dépossession. Sa vie de ménagère ne lui permet pas de bénéficier des compensations élémentaires que fournit la solidarité du travail en atelier. Et puis, c'est elle qui gère les finances familiales et elle sait mieux que lui que leur revenu ne leur permet pas d'acheter comptant. La « compagnie de finance » lui prête évidemment l'argent mais exige le paiement des intérêts exorbitants que l'on sait. La mensualité à verser étant trop onéreuse, ou quelque autre achat étant à faire, le ménage va se présenter une nouvelle fois, au bout de quelques mois, à la porte de l'usurier moderne pour un nouveau prêt, plus onéreux encore. On connaît la suite. Combien de familles ont-elles dû, au bout du compte, faire déclaration de cessation de paiements, se faire saisir, réclamer la protection de l'assistance sociale ? Des enquêtes retentissantes l'ont révélé : dans certains endroits de la région du Lac Saint-Jean, jusqu'à 50 % des familles !

Ainsi, le système a mis au point un autre moyen de créer de la désorganisation. Il y a eu recours dans les régions industrielles, là où la situation était relativement meilleure qu'ailleurs. Et il l'a fait en s'attaquant à la famille, qui offre sur l'atelier ou le syndicat le grand avantage de ne disposer d'aucune arme de lutte. Le système a procédé à une manœuvre tournante. Le résultat pourrait en être, malgré le nouveau projet de loi sur les prêts à la consommation, de prendre à revers la seule expérience réussie des travailleurs québécois : le syndicalisme, leur seul titre de fierté, le seul domaine où, jusqu'à présent, ils aient reconquis leur dignité.

Une stratégie révolutionnaire : la guérilla politique

Au total, la situation est claire.

Le Québec souffre de tous les maux qui affectent, à des degrés divers, les États-Unis et la majeure partie du Canada. Mais il en souffre depuis longtemps et plus gravement. Cette différence de quantité devient une différence de qualité. C'est le système lui-même qui est différent. Et c'est globalement qu'il faut attaquer celui-ci au lieu de contester, à tour de rôle, chacune de ses manifestations. Seuls, en Amérique du Nord, les Noirs ont le droit de s'en prendre à une situation plus injuste, plus coloniale encore.

À cette condition québécoise, si le socialisme doit être un jour la réponse, il apparaît qu'il n'est pas une réponse déjà trouvée et déjà formulée. Car c'est à une situation tout à fait inédite et très ambiguë qu'il lui faudra se plier, à un casse-tête dont l'histoire des autres pays n'offre ni d'exemple ni de solution.

Mais ce n'est pas dans l'abstrait ni dans dix ans que ces problèmes se posent. C'est aujourd'hui, sur tous les fronts à la fois, en un moment où les forces politiques organisées sont insuffisantes en nombre et en qualité. Cette circonstance, la fluidité de la situation, mais aussi l'appartenance du Québec à un certain type de colonialisme définissent la stratégie à suivre. Je l'appellerais la *guérilla politique.*

Le guérillero est celui qui fond sur son adversaire à l'improviste, qui est devant en même temps que derrière. Il est le combattant d'une guerre d'escarmouches, fondée sur la durée, épuisante pour les nerfs de l'adversaire. Il est celui qui décide lui-même du moment, de l'arme et du lieu. Il est celui qui voit venir. Il est l'homme qui, par définition, conserve l'avantage.

Sur le plan politique, c'est la même chose. La guérilla politique peut être, pour une organisation consciente de ses possibilités restreintes mais aussi de sa force, le moyen de faire son profit de tous les coups qui se donnent, à tous les niveaux, à tous les paliers de la vie désorganisée d'un pays susceptible de trouver dans cette stratégie le noyau d'une nouvelle existence. Dans cette optique, tous les combats politiques, même ceux qui n'ont qu'un objectif provisoire, même ceux qui visent à satisfaire dans l'immédiat les ambitions autonomistes d'une bourgeoisie singulière, les grands projets gouvernementaux d'émancipation relative, mais aussi les luttes plus radicales qui se préparent, toutes les occasions de travailler dans ces grandes régions de la province qui sont de véritables ferments révolutionnaires, offrent des moyens de marquer des points, de consolider les positions. En attendant la naissance du mouvement politique qui fera l'unité des travailleurs et des intellectuels.

L'emploi de cette stratégie suppose une attitude révolutionnaire à l'égard du régime. Ce qui signifie plusieurs choses. Essentiellement, le système est son propre ennemi. Pour opprimer efficacement ses victimes, il recourt à une technique de confusion dont l'utilisation conditionne sa propre existence : il se voue lui-même à la confusion, il aliène ceux-là mêmes au profit de qui il fonctionne. L'attitude révolutionnaire consiste alors à retourner contre le régime l'étroite dépendance qu'il entretient à l'égard de lui-même. À se servir de ses propres cheminements pour lutter contre lui. Mais en conservant une totale disponibilité et une totale liberté de mouvement dont, empêtré dans la confusion et la lourdeur de ses appareils d'oppression, il ne peut s'offrir le luxe.

En quelque sorte, il s'agit de prendre l'exact contre-pied du système. Cela peut se faire sous les auspices de la dérision. C'est ce que, à l'occasion des récentes élections complémentaires, les promoteurs du « Parti Rhinocéros » ont bien compris. Mais la dérision n'est pas une arme suffisante. Si utile qu'elle puisse être dans un combat d'ensemble, elle est par elle-même trop littéraire pour agir efficacement au niveau des masses. Celles-ci, à l'occasion, sont fort capables de faire de l'humour, mais pas d'une façon désintéressée, comme si leur sort n'était pas en cause.

Pour lutter contre le système, il faut agir là où le système est en défaut. C'est-à-dire dans ces zones profondément perturbées dont, pour asseoir son empire, il tente de masquer l'existence ou à l'égard desquelles il s'efforce d'escamoter les solutions. Si le siège de l'action désorganisatrice du capitalisme colonial est Montréal, en revanche le point de départ d'une action révolutionnaire doit être la province, expression d'un sous-développement réel. C'est là, dans ces replis de la conscience profonde d'un peuple dépossédé, dans ces territoires arides où se livrent les nouvelles luttes de classes, où la colère est la plus forte, que peut se sceller l'alliance des travailleurs et des intellectuels progressistes du Canada français.

Si le socialisme doit être un jour défini, c'est probablement de cette façon qu'il pourra l'être.

Parti pris, mars 1964.

Le pénible avortement de la réforme à *La Presse* exprime éloquemment toute l'ambiguïté de la Révolution tranquille

Monsieur le Directeur,

Votre journal a publié, le samedi 10 avril, une nouvelle annonçant ma démission du personnel de rédaction de *La Presse*. Cette nouvelle se suffit à elle-même. Aussi bien n'est-ce pas pour la commenter que je vous écris. Mais les circonstances qui ont forcé ce geste et qui provoqueront peut-être à brève échéance la démission d'autres camarades sont mal connues, en dépit du triste intérêt que les événements survenus à *La Presse* viennent à nouveau de commander.

En ce qui me concerne, je précise que mon départ est moins directement le signe d'une protestation contre le congédiement arbitraire de Gérard Pelletier[1] que la conséquence du refus par la section syndicale des journalistes d'élever une telle protestation. Cette distinction est plus qu'une nuance. Elle permet de cerner le fond du problème posé aux journalistes.

Le « retour de l'île d'Elbe… »

Juste après le renvoi de Pelletier, n'importe quel reporter de *La Presse* pouvait bien se retrancher dans une protestation solitaire et claquer la porte en partant à son tour. C'eût été sans intérêt comme

1. Fondateur de la revue *Cité libre* (1950-1966) avec Pierre Elliott Trudeau, Gérard Pelletier était le rédacteur en chef de *La Presse* (1961-1965). Il sera, avec Trudeau et Jean Marchand, l'une des trois « Colombes » qui iront à Ottawa pour défendre l'unité canadienne contre les volontés émancipatrices de plus en plus de Québécois.

sans signification. Je fais évidemment exception pour Jean-V. Dufresne qui démissionna sur-le-champ. Il se trouvait au cœur du conflit entre Pelletier et l'administration, celle-ci ayant refusé de le nommer au conseil de rédaction par suite, vraisemblablement, de l'active participation de Dufresne à la publication de *La... libre* pendant la grève. Notre camarade n'avait guère le choix.

En dehors de ce cas, une démission individuelle n'avait pas de sens tant et aussi longtemps qu'on ne tenterait pas, collectivement, soit de lutter et d'opposer une solide barrière aux abus renouvelés des patrons, soit d'administrer la preuve définitive que *La Presse* des années 1958 à 1964 était morte. J'ai bien dit 1964, car *La Presse* de ces années-là est disparue bien avant le congédiement de Pelletier. On l'a étouffée le 3 juin dernier[2]. Le retour de grève n'a été que le retour de l'île d'Elbe, suivi des Cent Jours de la timidité. Personnellement, j'ai considéré que la décision des syndiqués de ne pas protester contre le congédiement nous privait du dernier moyen de lutte et que ce vote accordait aux affairistes de la rue St-Jacques et d'ailleurs la victoire formelle qu'ils avaient recherchée pendant la grève. Je suis donc parti, non sans réfléchir aux conséquences diverses, peut-être même contradictoires, de ce geste.

Qu'on me comprenne bien. Je ne tente pas, à mon tour, de ternir la réputation de mes camarades qui sont restés. On les a passablement éreintés, voire ridiculisés depuis quinze jours. Ils ne méritent pas un pareil traitement. Dans les milieux qui se croient affranchis, on s'est scandalisé du vote pris par les journalistes de *La Presse*, on n'a pas tenté de l'expliquer. L'indignation a pris la place de l'analyse. Au point que, indistinctement, on les couvre aujourd'hui d'un opprobre trop généralisé pour ne pas être suspect, pour ne pas cacher, même chez nos esprits forts, une vieille suffisance pharisienne à l'endroit de la piétaille du journalisme qui, néanmoins, tous les jours, apporte l'information et découvre la nouvelle dont nos aristocrates ont besoin pour lancer leurs

2. Les typographes de *La Presse* déclenchent un arrêt du travail le 3 juin 1964 qui sera suivi d'un lock-out touchant l'ensemble des travailleurs, dont les journalistes, lequel lock-out perdurera jusqu'au 23 décembre de la même année.

boutades politiques. Il ne faut jamais oublier qu'un journaliste est une sorte de prolétaire intellectuel, fier de l'être.

Je crois également que le procès d'intention que, au nom de la liberté, l'on est tenté de faire aujourd'hui à l'ensemble des journalistes de *La Presse* est dangereux. Car, l'objectif étant mal défini et les distinctions non établies, on risque d'apporter de l'eau au moulin de ceux qui ont intérêt à noircir la profession elle-même.

Le mythe Pelletier

C'est une vaste confusion qui explique l'inopportune décision prise la semaine dernière par la majorité des journalistes et auxiliaires de la salle de rédaction du journal, réunis en assemblée syndicale. Nous avons été pris au piège de sentiments contradictoires, alors que le sens politique faible chez nombre de journalistes comme chez la plupart des Québécois dont ils sont la copie conforme, nous commandait de neutraliser les excès de la sympathie et du ressentiment envers un homme. Nous aussi, adversaires ou partisans, nous avons tissé comme tout le monde le mythe Pelletier. Nous avons ainsi contribué à noyer le poisson.

Il reste que cette confusion s'explique. Elle est l'expression d'une vieille équivoque qu'un jour il faudrait raconter, celle de *La Presse* depuis 1958, celle du carrefour le plus typique de la Révolution tranquille. L'équivoque s'est exprimée dans le malaise des structures financières et administratives, intimement vécu au journal, dans le conflit mal exprimé de ces structures patronales avec l'information, dans l'opposition de deux conceptions du journalisme également réelles mais semblablement indéfinies, dans l'hésitation permanente des rédacteurs en chef successifs, que bornait l'indécision ambiante, mais qui l'aggravaient aussi, à définir une véritable politique de l'information. À ce niveau et quelles que soient les qualités individuelles des hommes en place, la moindre faiblesse de personnalité devient représentative d'une situation et peut la compliquer si des forces de compensation font défaut. C'est ce qui est arrivé, les journalistes étant eux-mêmes trop divisés pour instituer à l'intérieur du régime un rééquilibre suffisant. Ainsi Pelletier, par son honnêteté peu hasardeuse, par son goût de la polémique mais son insuffisance de connaissances documentées, par son ardeur émouvante à soutenir des réformes en même temps que par sa méfiance à s'engager sur des terrains qu'il contribuait à rendre glissants, Pelletier est devenu, à l'intérieur même de *La Presse*, l'incarnation d'une Révolution tranquille qui ne satisfaisait personne. Rien d'étonnant qu'aujourd'hui l'on puisse parler du mythe Pelletier et que les journalistes, à leur manière, y aient succombé.

Le refus d'un risque grave

Les circonstances se sont d'ailleurs chargées de révéler à quel point les tourments de la personne ont collé à la situation et même, dans une mesure relative, ont contribué à la dégrader. Je suis de ceux qui continuent de croire que, si Pelletier s'était prononcé publiquement pendant la grève, les choses n'auraient pu empirer au point qu'elles l'ont fait pendant et après le conflit. Il s'était probablement fait de celui-ci une opinion indépendante qui n'aurait pas entièrement plu au syndicat? Sans doute! Mais au moins, alors, un débat se serait engagé, on aurait pu s'expliquer, peut-être même aurait-on pu entrevoir une solution plus rapidement. Si, à ce moment-là, la direction avait sévi contre lui, son combat serait devenu le nôtre que nous aurions ainsi renforcé, avec plus de chances immédiates de succès. Quand un problème se trouve posé, on ne gagne jamais rien à le taire. Et congédiement pour congédiement, il valait mieux prendre le risque quand il en était encore temps.

Voilà pour l'explication de l'un des traits dominants du comportement passionnel de la majorité des journalistes de *La Presse*. Mais explication ne vaut pas justification. À mes yeux, la décision prise la semaine dernière par 59 journalistes crée une situation difficilement réversible.

L'impossible abstention

Après le renvoi de Pelletier, l'ensemble des membres de la salle de rédaction avaient le choix entre se taire et profiter de l'occasion pour définir clairement la mesure dans laquelle un congédiement arbitraire, fût-il celui d'un rédacteur en chef, c'est-à-dire d'un journaliste non syndiqué, les affectait dans leur profession. La première option eut ses partisans. Il n'était pourtant pas possible de se taire. Le vin était tiré, il fallait le boire. Ce vin était d'ailleurs le nôtre. Un fil mince mais continu allait de la grève qui nous avait été imposée durant sept longs mois au congédiement du rédacteur en chef. Les mêmes valeurs étaient en jeu, très concrètement la même liberté d'exercer notre métier, une première fois attaquée par une brutale mise à pied collective, une seconde par le bâillon qu'à travers le rédacteur en chef on tentait d'imposer à la profession.

Sans doute étions-nous protégés d'un congédiement ou d'une menace à notre emploi par la convention collective. Au strict point de vue de la sécurité du travail, il est donc vrai que nous n'étions pas mis en cause par la mesure visant Pelletier. Nous ne l'étions pas directement, on pouvait également compter que nous ne le serions pas non plus d'une façon trop manifeste durant un certain temps. Sur ce point, les partisans du silence, les défenseurs de la lettre du contrat collectif avaient raison. Mais autre chose nous concernait, une chose pour laquelle nous avions cru combattre, une chose qui, vue de la rue où nous avions été jetés, ne nous avait pas paru essentiellement distincte de la convention collective désirée. Cette chose, c'était la lutte pour nos droits professionnels au service du public, c'est-à-dire la possibilité d'informer complètement et d'expliquer en profondeur des nouvelles qui font mal à l'influent petit milieu dont les directeurs de *La Presse* ne sont que les fondés de pouvoir.

Comment d'ailleurs soutenir que notre intervention n'était pas de mise alors que, pendant la grève, nombre d'entre nous avaient reproché à Pelletier de ne pas intervenir publiquement ? Cette inconséquence ne se défend pas. Ne fallait-il pas plutôt, sans nier ce reproche, intervenir au nom du principe mis en cause ?

Il s'agissait donc de prendre position non sur l'homme, assurément discutable, mais sur les méthodes qui, employées contre lui, ne laissaient pas d'inquiéter quant à l'avenir de la profession. Il est vrai de dire que l'exécutif syndical l'avait, pour sa part, assez bien compris malgré de premières hésitations en partie attribuables à la peur de diviser gravement les journalistes. Cependant, le syndicat devait se prononcer, d'une manière ou d'une autre, fût-ce en proclamant comme il l'a fait, son refus de se prononcer. Le lait était en train de surir et les rancœurs, loin de se calmer aigrissaient de jour en jour davantage le tempérament si fragile de journalistes déjà énervés par une longue humiliation de sept mois.

Un simple gagne-pain

Si, de quelque manière, nous ne nous étions pas prononcés, la division redoutée – déjà ancienne, au fait – eût eu des effets moins immédiats mais à la longue plus néfastes. Au moins, maintenant, les bouches se sont ouvertes et tous les journalistes connaissent exactement le climat, les arguments dont de part et d'autre on s'est frappé, la gravité tangible de la division. La politique de la bouche close eût écarté le diagnostic. Elle eût installé en nous un cancer qui, pour être ignoré, n'aurait que plus sûrement détruit le sens professionnel. Nous savons qui en aurait profité, qui déjà en profite. Mais peut-être ne le savons-nous pas encore ? En ce cas, il est temps d'opérer, étant entendu que l'opération révélera publiquement l'identité des véritables profiteurs.

Nous en sommes là. La décision des journalistes syndiqués de *La Presse* est grave, disais-je, parce qu'elle ouvre la porte à des patrons pour qui l'information est souvent une chose à sens unique. Entendons-nous. Il me paraît assuré que l'équipe de rédaction de ce journal pourra continuer de donner consciencieusement la nouvelle officielle, de « couvrir » au jour le jour les conférences de presse et les déjeuners-causeries, de résumer les communiqués de presse (presque tous). Si c'est ça la liberté d'informer, elle est à peu près garantie, comme elle l'était au temps de *La Presse* grise des années noires. Mais la liberté d'informer, c'est davantage le droit de déterrer la nouvelle, d'être rigoureux dans son traitement et de l'expliquer sans égard pour personne. Cela, malgré toutes ses hésitations, le régime Pelletier nous l'assurait. L'actuelle Restauration ne le promet plus. À ses journalistes, *La Presse* n'offre plus qu'un gagne-pain. Gagne-pain pour gagne-pain, aussi bien chercher ailleurs.

Il est vrai que, la continuité du travail aidant, la porte n'est pas close à la publication d'enquêtes risquées qui font l'honneur du journalisme (comme celle que vient d'écrire Raymond Grenier sur l'Expo 67). Je ne vois pas en tout cas comment *La Presse* pourrait, du jour au lendemain, cesser d'en publier. Ce ne paraît pas être l'intention immédiate de l'actuel conseil de rédaction. Mais deux obstacles majeurs se présenteront dans un avenir plus ou moins proche. Enhardis par l'étroitesse syndicale que notre aveuglement vient de manifester, les « gens du quatrième » comme nous disons, c'est-à-dire la haute administration qui nage au quatrième étage de notre aquarium, n'attendent que l'occasion d'attraper les petits poissons rouges du troisième (c'est nous, ça, les petits poissons rouges). Ce n'est guère nouveau, ils l'ont toujours attendue, souvent prise. Pour résister à de tels assauts, d'autant plus puissants qu'ils ne sont pas nécessairement directs, il faut avoir de l'envergure et une bonne dose de clairvoyance. J'imagine mal la parade de l'actuel conseil de rédaction. Voilà pour le premier obstacle.

Le second est plus menaçant. Une enquête, une découverte, ça dépend d'un esprit, d'une ambiance et aussi d'une orientation. Il faut savoir l'accueillir, la stimuler, la réchauffer, la critiquer, parfois la commander. À ceux qui l'encouragent plus encore qu'à celui qui l'exécute, elle réclame un certain sens politique, du moins du souci d'aller de l'avant dans le domaine de l'information et la capacité d'analyser globalement les objectifs. Cette aptitude, hier pas très assurée, fait aujourd'hui largement défaut. Dans une perspective qui est celle du reportage uniquement routinier, on n'a pas intérêt à stimuler la découverte, la remise en question sans laquelle la découverte est vaine. À *La Presse*, le journalisme créateur va dépérir faute de moyens de survie.

Je ne me cache pas que ce jugement comporte des dangers d'erreur. Mais, dans des situations graves, chacun est obligé de faire pour lui-même une addition. J'ai fait la mienne. Voilà son résultat. Voilà son risque.

Le Devoir, 19 avril 1965.

L'essoufflement libéral ou l'apologue de la puce

Le Parti libéral du Québec est essoufflé. C'est pourquoi il met la charrue devant les bœufs en se cherchant des puces qu'il trouve du côté de l'assistance sociale. M. Lesage peut bien parler d'abandon des « priorités » économiques au profit des « priorités » sociales ; ces dernières, qui sont explosives, les lui remettront sous le nez.

Le Parti libéral du Québec est aujourd'hui comme un chien qui se mord la queue : il se cherche des puces et tourne en rond. Le mouvement qui l'anime lui fait déplacer beaucoup d'air ; on reparle de lui, il en avait bien besoin depuis quelque temps. Mais l'animal reste sur place. Qui sait même s'il trouvera ce qu'il prétend chercher ? Il est toutefois possible que ses efforts ameutent les bêtes du quartier (disons l'Establishment). Reniflantes et intéressées, elles approcheront, elles aboieront, elles déterreront l'os de la querelle. En définitive, l'on sait où commencent les histoires de puces, on ne sait pas où elles finissent et, les problèmes changeant de sens et de poids, il se peut que de la puce naisse un éléphant. Nous ne pouvons pas nous désintéresser d'un phénomène aussi québécois. L'essoufflement libéral est peut-être une histoire de puces. S'il l'est, c'est une chose importante, vraiment une affaire d'État.

Le piétinement du Parti libéral, évident depuis deux ans et gravement souligné par l'indécision du gouvernement dans l'affaire Sidbec, n'a pas trouvé dans la nomination tapageuse de MM. Kierans et Lévesque à des ministères « sociaux » un démenti convaincant[1].

1. En 1965, le premier ministre Jean Lesage fait un remaniement ministériel à l'occasion duquel Eric Kierans passe du ministère du Revenu à celui de la Santé, tandis que René Lévesque cède les Ressources naturelles pour les Affaires sociales.

Cette nomination paraît plutôt ponctuer l'essoufflement d'une politique et, à ce titre, lui confère le double caractère d'un risque et d'une chance.

Un risque, en effet. D'une « priorité » économique, qui n'a jamais été définie, M. Lesage passe sans autre forme de procès à une « priorité » sociale dont on voit mal comment elle pourrait se séparer de la première. L'absence de toute définition officielle d'une politique économique porte à croire que, dans le domaine dit de la sécurité sociale, on se contentera également de « forger des outils » et d'adopter un certain nombre de mesures non reliées au tissu que tramerait une politique globale définie comme une constellation dynamique. Sous le couvert d'une planification verbeuse, la conduite gouvernementale est en réalité le champ clos de l'improvisation. Celle-ci traduit une hésitation permanente que vient de sanctionner ouvertement la pose d'un cran d'arrêt à la politique financière et économique du cabinet Lesage. La valse-hésitation est bien sûr du folklore local. La danse sur place l'est encore plus. On ne saurait s'étonner d'y revenir après cinq ans de Révolution tranquille. C'est toutefois un folklore dont la répétition peut coûter gros.

Un risque, mais aussi une chance. Les formes actuelles du piétinement libéral sont le point de départ de conduites d'ajustement dont l'observance peut forcer par la bande les gouvernants à poser des problèmes qu'ils essayaient d'esquiver. En d'autres termes, une politique de sécurité sociale coûte cher. Les difficultés de son financement et les nécessités de son développement ne tarderont pas à mettre en cause, par-delà les méthodes financières du gouvernement et les ressources à sa disposition, les structures économiques et politiques du Québec dont ces moyens ne sont que l'expression administrative. La réflexion populaire que la question posée aux structures animera sera d'autant plus vive qu'elle prendra appui sur une organisation et donc un développement des besoins sécuritaires.

Ainsi, la recherche du *Welfare State* obligera peut-être à dépasser la société de bien-être. En elle-même, il est vrai, cette recherche s'accommode fort bien des latitudes autorisées par un capitalisme gestionnaire. Mais, l'enclave montréalaise mise à part, le Québec n'est pas la société développée et structurée dont l'épanouissement de ce système stipule l'existence. La profondeur des réformes requises dans un pays socialement émietté, l'ampleur de leur coût feront prendre conscience qu'il est impossible d'atteindre au *Welfare State* ou simplement d'esquisser une orientation cohérente en ce sens sans combattre les assises québécoises d'un capitalisme américain dont l'emprise tout à la fois empêche et postule le *Welfare State*.

Elle le postule. Car les entreprises américaines et anglo-canadiennes doivent trouver sur place, à bon marché pour elles, une main-d'œuvre capable de s'adapter au maniement d'ensembles productifs automatisés ou hautement mécanisés et de suivre le renouvellement incessant de la technologie, – donc une main-d'œuvre relativement instruite, que son nouveau savoir et le besoin que l'on a d'elle poussent à formuler des exigences pareillement complexes en matière de sécurité. Ce postulat de la grande entreprise explique sans doute dans une large mesure l'essor récent de l'éducation publique, notamment la mise en train d'un vaste programme d'enseignement technique, l'évolution d'un syndicalisme devenu lui aussi gestionnaire, enfin l'expansion d'une aire géographique, Montréal, qui est au centre du marché, au cœur de l'industrie de la transformation et des services, à l'écoute des Telstar new-yorkais et ontarien[2] dont elle est le relais.

Mais, du même mouvement qu'elle engendre le *Welfare State*, la grande entreprise le paralyse. Ce qu'elle donne d'une main, elle l'enlève de l'autre. Elle l'enlève par l'automation et les déplacements de main-d'œuvre dont l'effet singulier est d'accroître la population ouvrière de Montréal au détriment du reste de la province lors même que ce reste accapare une portion sans cesse croissante, depuis deux ou trois

2. À quel point, par exemple, Montréal est dépendant de l'Ontario, c'est ce qu'enseignent des statistiques récemment publiées par le BSQ (*Bureau de la statistique du Québec, 2e trimestre 1965*, vol. IV, nº 2, Ministère de l'Industrie et du Commerce, Québec, p. xv) : en 1961, la part montréalaise des expéditions manufacturières du Québec à destination des autres provinces était de 66,3 %. La somme représentée par cette proportion équivalait elle-même aux deux tiers environ de l'ensemble des expéditions manufacturières de Montréal. Or, on sait que le commerce du Québec avec les autres provinces est essentiellement axé sur l'Ontario. Enfin, il ne paraît pas douteux qu'une compilation de statistiques plus récentes exprimerait une nouvelle augmentation de pourcentage en faveur de Montréal. (*NdA*)

ans, de la hausse du taux d'augmentation des investissements productifs. Cette contradiction entre l'essor relatif des investissements à travers la province et la ponction de plus en plus accentuée des populations ouvrières au profit de Montréal s'explique par la différence de nature des opérations industrielles dans la province et dans la métropole. L'industrie primaire, siège d'un véritable pillage des richesses naturelles, profite du fruit de ce pillage et des progrès technologiques pour automatiser son exploitation. L'industrie locale n'étant pas diversifiée, de nouvelles couches ouvrières tombent en chômage ou se reclassent dans des centres régionaux qui, insuffisamment structurés, ne peuvent supporter ce fardeau supplémentaire et se voient contraints d'expulser à leur tour d'autres couches ouvrières. Par foyers successifs, les pustules de chômage viennent faire croûte à Montréal. De leur côté également les grandes entreprises de la métropole s'automatisent. Mais la diversification de leurs opérations et l'expansion économique dont elles sont les bénéficiaires directs leur permettent pour un temps de vider une partie de l'abcès. Pour un temps seulement. Dans un an ou deux, quand la prospérité battra de l'aile, que les marchés se rétréciront, le monstrueux appareil de congestionnement mis en place depuis 1961 deviendra l'instrument d'un lâchage général. Et il suffit de bien peu de chose, du dépassement d'une bien faible marge de recul à un certain niveau d'expansion, pour que les morceaux cessent de tenir ensemble. De toute manière, même dans les conditions optimums de l'heure actuelle, on ne parvient à brider qu'une partie de l'abcès, cependant que s'accentue une véritable déforestation de la population québécoise. Les effets sociaux viennent en aggraver le coût économique, selon un processus cumulatif dont on craint d'évaluer le poids prochain. Et tandis qu'à Montréal viennent se ramasser un prolétariat de misère et un sous-prolétariat de jeunes gens condamnés, l'arrière-pays dissout les promesses privilégiées du *Welfare State* dans la tristesse de l'assistance sociale.

Certaines apparences contraires sont néanmoins éclatantes. Mais l'empressement à les glorifier les rend douteuses. Par exemple, les libéraux ont vanté et continuent de vanter la supériorité de la progression du taux de croissance économique du Québec par rapport à celle du taux canadien en 1964. Ils y ont vu le signe d'un essor généralisé de l'économie québécoise. La supériorité de la progression paraît au contraire renvoyer essentiellement au développement des activités montréalaises dont l'exclusivité est le signe d'une aggravation des déséquilibres. En réalité, la situation ne dispose pas à l'optimisme. C'est ainsi que, malgré tous les discours sur une régionalisation économique qui ne correspond encore à aucun effort précis d'organisation (il faudrait d'ailleurs avoir déterminé au préalable les objectifs généraux à partir desquels une régionalisation peut prendre une forme contrôlée, ce qui n'a pas été fait) et en dépit de quelques tentatives éparses pour attirer une industrie manufacturière de qualité dans la région de Québec, la main-d'œuvre de cette région a continué de baisser. Plus que le chômage, plus que le nombre d'assistés sociaux, ce sont la polarisation exclusive vers une enclave et la perte continuelle de substance, l'épuisement graduel d'un pays qui sont graves.

Il faut voir cependant que la propension actuelle du capitalisme nord-américain à soutenir dans le Québec l'organisation d'un régime probablement composite de sécurité sociale et à en empêcher simultanément la généralisation aux plus défavorisés – car telle est bien la tendance actuelle – porte en germe une occasion prochaine de conflit, pour ne pas dire d'explosion. Un régime de sécurité sociale a en effet sa propre logique. Elle est très simple. Ou bien on l'adopte, ou bien on ne l'adopte pas. Il ne semble pas que l'on puisse ne pas l'adopter. Elle fait l'objet d'une revendication unanime et unanimement admise. D'ailleurs, les exigences de l'industrie ont aussi leur logique dont le cours, il est vrai, risque de s'écarter de leur seule satisfaction. Du moment que les grandes entreprises réclament un relèvement de la compétence technique de la main-d'œuvre, il faut que le système d'éducation s'en charge. Au niveau des écoles publiques, ce dernier ne peut pas faire de passe-droit; l'enseignement sera amélioré pour tous. Les efforts que l'on fournit pour préparer la génération suivante ont des effets immédiats sur la génération actuelle : elle est obligée de se montrer à la hauteur de peur de se laisser très bientôt distancer. Par conséquent, s'il faut attendre dix ans pour juger des résultats probants des nouvelles structures et des nouvelles méthodes d'enseignement, c'est dès maintenant qu'il convient d'en analyser l'incidence sur le marché du travail. On vient de créer un besoin massif, valable pour tous et aux effets immédiats. Que vont faire ceux qui, en possession d'une capacité nouvelle, de besoins intellectuels accrus, n'en sont pas moins rejetés brutalement hors du circuit de la production ? On ne pourra plus les renvoyer dans un fond de cour en les accusant de leur ignorance. On va créer une masse formidable de mécontentements actifs si on ne leur jette pas une proie acceptable. Pourquoi pas, après tout, une certaine forme de sécurité sociale ? On l'adoptera donc.

Seulement, si on l'adopte, c'est à ses risques et périls. Car, quel qu'il soit et quelles qu'en soient les gradations, un régime de sécurité sociale est applicable à tous. En face d'une disparité de situations apparaîtra une parité de critères de rétribution, un système de communes mesures qui rapprochera la totalité de la main-d'œuvre et qui, dans ce mouvement puissant de synthèse opérant par-delà les différences de métier et de syndicat, permettra à chacun d'instruire des comparaisons précises. Les disparités de condition, en particulier les disparités régionales, sauteront à la gorge si elles n'ont pas déjà commencé de le faire. Il faut donc s'attendre que les mouvements actuels de revendication et d'agitation, qui commencent à embrasser la totalité de la province, s'amplifient au point d'armer les revendications d'un fer de lance posant au régime actuel la question de son existence.

Car il y a plus. Il serait étonnant que le gouvernement Lesage, bien qu'il veuille se tenir dans le vent, acceptât d'aller jusqu'au bout des exigences de la sécurité sociale au Québec. Pour les raisons que nous avons indiquées plus haut, un programme cohérent coûte cher, plus cher encore lorsque les infrastructures sociales sont faibles ou disproportionnées. Même si la totalité des prestations devait provenir de fonds fournis par les cotisations des prestataires et de leurs employeurs, cette ponction, s'ajoutant à celle que va déjà effectuer la Régie des rentes, limiterait le potentiel de croissance des ressources financières de l'État. Or, celui-ci doit maintenir une courbe potentielle optimum s'il veut faire face à l'énorme augmentation prévue de ses engagements. Il lui faudra en particulier accroître ses ressources fiscales (il ne serait pas étonnant que le prochain rapport de la Commission d'enquête sur la fiscalité préconise des hausses sensibles afin de disposer d'une marge suffisante au budget ordinaire, qu'alimente l'impôt). L'absence d'une telle marge, aujourd'hui presque inexistante, compromettrait son pouvoir d'emprunt et donc la possibilité de financer ses énormes dépenses d'immobilisations.

Compte tenu d'une augmentation d'impôts, il n'aura pas trop de toutes ses disponibilités actuelles et futures pour satisfaire notamment aux exigences de l'éducation et de la voirie. Que sera-ce si l'assurance-santé, par exemple, vient indirectement limiter le pouvoir fiscal qu'il cherche à augmenter ? Encore faut-il noter qu'en ce moment nous ne raisonnons que sur les conséquences financières de programmes dont l'élaboration est officiellement prévue. Il n'est pas question dans tout ceci d'un programme complet de sécurité sociale. Pour faire face à cette dernière éventualité, le Parti libéral devrait envisager d'aller plus loin. Toute une gamme de mesures lui serait offerte, depuis la création d'un véritable impôt sur le capital jusqu'à l'intervention directe dans les secteurs de contrôle de l'économie (plutôt que dans les seuls secteurs primaires). Cette intervention lui permettrait en particulier d'agir sur les phénomènes régulateurs de la vie économique ; elle supposerait la définition d'une politique économique et donc d'un plan ; elle jugulerait l'hémorragie.

Mais cela, que réclamerait une politique de sécurité sociale, jamais les bailleurs de fonds du Parti libéral, jamais les syndicats financiers du gouvernement, jamais les grandes entreprises américaines qui possèdent le Québec, jamais Ottawa ne le permettront. Car de telles décisions impliqueraient au moins un certain rationnement de la souveraineté des grands intérêts. Elles commanderaient de la même manière un contrôle sur la monnaie et le crédit. Il n'est pas besoin de faire un petit dessin. On voit tout de suite les conséquences politiques.

Le Parti libéral, quant à lui, a pris bien garde de faire un petit dessin. La sécurité sociale étant dangereuse, il a décidé de ne pas entrer là-dedans. La preuve en est que M. Lesage a annoncé son intention de reléguer au second plan les questions économiques, dont la sécurité sociale aurait au contraire précisé le poids.

Mais il fallait quelque chose, un rien, une puce. C'est M. René Lévesque qui l'a apportée. Ce qui à première vue est étonnant. Il faut toutefois donner le bénéfice du doute. Avec son projet de réorganisation de l'assistance sociale et de récupération des allocations familiales, il n'engage au départ aucune dépense supplémentaire et ne transforme qu'un domaine économiquement marginal, même si un bon paquet de gens vivent dans cette marge-là. Cependant, tout ce qui touche aujourd'hui à la répartition du poids de l'oppression et spécialement tout ce qui se débat dans les grandes marges du Québec est de nature à réserver des surprises. Qu'on louche dessus et ça peut devenir un éléphant. Ce serait peut-être beaucoup supposer que d'attribuer une telle conviction à M. Lévesque, lequel a tout de même précisé qu'il fallait « commencer » par la réorganisation de l'assistance sociale. Il sait où commencer, sera-t-il en son pouvoir de savoir où finir ?

Socialisme 66, janvier 1966.

Le Québec à l'heure américaine

La controverse sur les investissements américains n'est pas près de s'achever. Relancée à la fin de l'année dernière par un ministre intelligent, énergique, mais libéral, elle durera et tournera en rond aussi longtemps qu'on n'aura pas défini une politique québécoise de développement, ainsi que les conditions politiques et économiques de son application. Les pages qui suivent proposent une première réflexion en ce sens. Elles constituent une « grille », un schéma d'interprétation, plutôt qu'un ensemble de conclusions.

Nous avouerons d'emblée une hésitation. Le titre de cet article prête à confusion. Il paraît évoquer l'étendue de la domination étrangère et les formes nouvelles de ses manifestations. Dans cette direction, il postule l'examen des transformations économiques et politiques que nous subissons et l'élaboration d'une politique capable de s'attaquer à leurs structures profondes. Mais il peut avoir un autre sens. Si nous sommes maintenant à l'heure américaine, c'est que nous n'y étions pas auparavant et qu'il suffira d'une légère correction d'horaire pour en sortir avant peu. Ce deuxième sens, somme toute assez confortable, paraît se dégager de la nouvelle polémique officielle sur la vieille question des investissements américains.

À vrai dire, notre proposition contient pareillement les deux interprétations. Elles correspondent aux deux analyses possibles de la situation actuelle. Si cette proposition est ambiguë, c'est que les deux analyses ne sont pas également connues et qu'en conséquence la conscience du problème demeure flottante. En ce sens, parler du Québec à l'heure américaine revient à comparer ces deux analyses. Mais, tandis que l'une est fort activement poussée depuis quelques mois, l'autre n'a pas encore fait l'objet d'une réflexion systématique. En tout cas, ce qui à sa place parvient aux oreilles du public, c'est de temps à autre une protestation indignée contre une mainmise américaine dont les mécanismes ne sont pas explorés et dont l'orientation n'engendre pas de certitudes plus convaincantes qu'une inquiétude globale mais touffue. Nous tenterons donc, pour notre part, de proposer quelques éléments d'interprétation et d'esquisser des voies de solution.

Autre précision : c'est du Québec qu'il sera surtout question dans ces pages. Le problème canadien ne nous est pas indifférent, il est vrai. D'ailleurs, les renseignements statistiques disponibles concernant surtout l'ensemble de l'économie canadienne, on ne pourrait faire autrement que d'en parler. En outre, les questions que le contrôle américain pose à l'échelle du Canada ne sont pas substantiellement différentes de celles que révèle l'examen de la situation québécoise. Mais il apparaît que celle-ci, à la frontière de l'abondance et du sous-développement, offre en gros plan un tableau des conséquences alternées de l'intervention américaine qui, dans d'autres provinces, ont tendance à s'estomper (Ontario) ou à s'apparenter au modèle classique des économies pauvres dominées (Nouveau-Brunswick). En ce sens, l'examen de la situation québécoise au regard des investissements étrangers permet de mettre en lumière les grands problèmes de structure de l'économie canadienne, tout en dégageant ce que l'économie québécoise a de spécifique. Inutile d'ajouter que le Québec paraît être ainsi un excellent terrain pour la confrontation des deux analyses possibles du problème des investissements américains.

I – L'ANALYSE NÉOLIBÉRALE[1]

L'une de ces analyses est aujourd'hui largement répandue. Il ne se passe guère de jour sans qu'un journal y fasse écho. Un ministre énergique et remarquablement informé l'a popularisée. Il y a rallié un premier ministre québécois qui, d'abord, n'osait pas trop se prononcer, mais qui s'est empressé d'y souscrire quand les réactions des milieux canadiens parurent donner raison à M. Eric Kierans. À Ottawa, le malaise de ces mêmes milieux força le ministère des Finances à entrer dans le débat,

1. Le néolibéralisme que critique Michel van Schendel préconise l'intervention de l'État dans le marché, contrairement au néolibéralisme actuel qui défend un marché libéré des entraves étatiques.

tardivement et comme à contrecœur : le Canada émettrait des contre-directives aux filiales américaines « si le besoin s'en faisait sentir ». Mais M. Paul Martin, rentrant de Washington où s'était tenue la réunion annuelle du Comité canado-américain, prit l'air de la plus vive satisfaction. Le ministre des Affaires extérieures proclama en effet que les ministres américains avaient donné l'assurance que la politique de restriction des investissements à l'étranger ne devrait pas nuire au Canada. Apparemment, cette incertaine promesse lui suffisait[2].

Il reste que, en haut lieu, on s'était alarmé des décisions de Washington, des directives prescrivant à 900 filiales américaines de diminuer leurs réinvestissements, d'accélérer les rapatriements de leurs dividendes et intérêts, d'augmenter leurs importations de composants (*components*). On y avait vu l'indice d'une sujétion inconditionnelle aux besoins de l'équilibre de la balance américaine des comptes courants, l'expression d'une autorité, politique en fin de compte, qui décidait pour les Canadiens de l'orientation à donner à leur économie. On avait certes raison de protester. Le diagnostic de M. Kierans était juste : l'atteinte à la souveraineté canadienne est évidente. Reconnaissons qu'il fallait un certain courage pour l'affirmer avant tous les autres. Ce courage fit impression. Il le fait encore.

Au terme d'une analyse fort pertinente des conditions de subordination auxquelles conduit l'application au Canada des décisions de Washington, M. Kierans proposa de sortir du cercle vicieux où ces décisions nous enferment. L'issue, dit-il, est dans la définition d'une politique économique indépendante qui permette de profiter des investissements étrangers et leur impose à cette fin des limitations auxquelles ne les soumettent encore ni les lois canadiennes, ni les lois québécoises.

Nous ne pouvons qu'être d'accord sur le principe. À l'échelle du Canada, la pierre d'achoppement a été l'impuissance du gouvernement

2. Depuis, le ministre du Commerce, M. Robert Winters, a annoncé des contre-directives fédérales aux filiales américaines. D'après les comptes rendus de journaux, elles paraissent reprendre en tout point les idées de M. Kierans, sauf qu'elles ne font aucunement mention de la nécessité de communiquer ces données importantes aux provinces. (*NdA*)

fédéral depuis quelque quarante ans à définir une nouvelle politique économique en remplacement de l'ancienne *National Policy* de la fin du XIXe siècle. On en a conservé les habitudes. Elles sont devenues des tics. C'est notamment le cas du protectionnisme tarifaire. On n'a pas vu que ces habitudes, autrefois justifiées par la mise en place d'une économie de développement à direction ontarienne centralisée, devenaient dans les conditions différentes du milieu du XXe siècle des instruments efficaces d'une subordination aux États-Unis. Sur ce point, la charge de M. Kierans contre les méfaits du protectionnisme classique est assez convaincante.

À l'échelle du Québec, le problème se réduit à sa plus simple expression. Il n'y a jamais eu de politique économique. Plus exactement, la seule qui existât n'avait aucunement le Québec pour centre d'intérêt. Elle était, non pas la *National Policy*, mais un résidu de la *National Policy*. Il semble en particulier que l'introduction du tarif dans le dernier tiers du XIXe siècle ait eu pour effet immédiat de protéger les industries qui, comme le textile, reposaient essentiellement sur l'utilisation du facteur main-d'œuvre et dont la structure capitalistique était faible. Ce type d'industrie ne favorise pas le développement à long terme. Son expansion peut même signaler une fragilité nouvelle de l'appareil économique, si elle ne s'accompagne pas du développement de secteurs plus rentables. Or, tandis que l'Ontario a pu bénéficier du voisinage des Grands Lacs pour se bâtir une sidérurgie lourde, le Québec a recueilli l'industrie à intensité de main-d'œuvre qui a servi de point d'appui à son industrialisation. Celle-ci s'est faite en ordre dispersé. Elle a manifesté longtemps une précarité dont nous subissons encore les conséquences. Pendant ce temps, les capitaux internationaux acceptaient, ailleurs, de se répartir par secteurs. Ils trouvaient notamment avantage à s'investir dans les secteurs secondaires (dans ce dernier cas, directement sous l'effet du protectionnisme, pour couper la différence entre le tarif extérieur et le prix intérieur). Dans une large mesure, ils ont accentué le développement de l'Ontario. Il n'en allait pas de même au Québec. Ici, en effet, l'investissement direct de capitaux étrangers, tenus à distance de l'industrie secondaire locale par la fragilité même de celle-ci, se faisait presque exclusivement au profit des secteurs primaires.

Apparemment, il est vrai, les temps ont changé. le Québec a profité ces dernières années d'un accroissement massif des investissements de toute origine sinon dans tous les secteurs de l'industrie secondaire, du moins dans l'industrie de la transformation brute et dans la construction. La découverte d'une politique économique devenait une première nécessité. Il fallait au moins savoir diriger ces investissements.

Mais le gouvernement, qui n'avait d'ailleurs aucune autorité en matière de commerce extérieur et pratiquement aucun moyen d'orienter les mouvements de capitaux par secteurs, se contenta d'accueillir la manne. Il disposait sans doute de certains moyens pour influencer la répartition géographique des capitaux et il fut trop heureux d'affirmer que leur distribution se faisait selon une politique de « régionalisation économique ». Cette politique est, de fait, inexistante. Elle devrait au moins reposer sur des prévisions d'équilibre interrégional. Mais à peine vient-on de tracer le cadre hypothétique de ces prévisions en définissant le territoire de 10 régions et de 25 sous-régions.

Pour le reste, le gouvernement s'imagina définir une politique suffisante par la création d'outils de développement. Ne reprenons pas ici les interminables discussions sur le rôle de la Société générale de financement, de la Caisse de dépôt et placement, de Sidbec. Rappelons seulement les pressions qui s'exercèrent dans chacun de ces cas sur Québec. Rappelons aussi l'étroitesse des marges de manœuvre qui restaient aux promoteurs, obligés de jeter du lest.

Conjoncture et développement

Ainsi, quand M. Kierans déclare urgent l'établissement d'une nouvelle politique économique, on ne peut que lui donner raison. Mais l'approbation est facile. Elle est purement académique. La question est de savoir quelle politique économique adopter. Celle que suggère M. Kierans mérite examen. Nous sommes en présence d'une synthèse intelligente dont l'intérêt particulier est d'offrir une application hardie de la pensée libérale dominante. Elle paraît néanmoins reposer sur des prémisses à la fois trop étroites et trop générales.

Les solutions que préconise l'ancien ministre québécois du Revenu sont de deux ordres. Elles s'inspirent de moyens juridiques, d'une part. Elles proclament, d'autre part, le respect global d'une ancienne théorie économique.

Les moyens juridiques à mettre en œuvre posent, dans la pensée de M. Kierans, le problème de la prévision économique indispensable à l'établissement d'une politique cohérente. Le ministre suggère de réformer les lois fédérale et québécoise sur les sociétés de manière à obliger les filiales américaines, dont tout le capital est détenu par les sociétés mères, à publier au Canada leurs états financiers. Dans la situation actuelle, où les sociétés mères contrôlent les secteurs-clés de l'économie canadienne et sont obligées de faire rapport sur leurs opérations au gouvernement américain, Washington connaît mieux nos problèmes que nos propres gouvernements. Il est évidemment impossible, dans de telles conditions, de prévoir l'évolution, de poser correctement les diagnostics.

La revendication de M. Kierans est donc juste. Elle ne correspond toutefois qu'à un minimum. La réponse positive qui peut y être faite ne garantit pas la solution du problème auquel elle est censée remédier. Plus exactement, elle risque d'apaiser des soucis de nature différente. La sorte de prévision à laquelle pense M. Kierans est nécessaire pour l'établissement d'une politique de développement. Elle l'est aussi pour la mise au point d'une politique conjoncturelle. Qu'en est-il d'abord de celle-ci ?

Une politique conjoncturelle est sans nul doute indispensable. Mais, destinée à définir un équilibre du revenu national à court terme, elle ne remet qu'accessoirement en cause les structures acquises, dont le contrôle américain est la donnée fondamentale. Dans l'ordre des préoccupations respectives d'Ottawa et de Québec, la politique conjoncturelle est, en outre, par tradition depuis 1940, le grand champ d'action économique du gouvernement fédéral. Celui-ci, en dépit de tentatives plus récentes pour s'intéresser à la logique du développement interne, reste accordé aux besoins de l'économie déjà développée des provinces riches. En tout cas, les tactiques fiscales et monétaires de sa politique conjoncturelle ont surtout bénéficié à ces provinces.

La revendication de M. Kierans ne correspond-elle pour autant qu'aux seules nécessités de la politique économique fédérale ? Sa requête n'est évidemment pas sans intérêt pour le Québec. En un sens, elle répond même à un besoin plus impérieux. Si les informations dont on dispose pour apprécier l'étendue du contrôle américain sont connues à l'échelle du Canada, elles ne le sont tragiquement pas à celle du Québec. Pour en avoir une idée, on est obligé de procéder par recoupements. Cette façon de faire n'offre pas une vision précise de l'ensemble. Il est bien évident, d'autre part, que les questions de conjoncture se posent également au Québec. Pour le gouvernement, il s'agit de définir et de gérer un budget qui, en 1965, atteignait le sixième du budget fédéral. Pour l'ensemble des entreprises fonctionnant dans la province, il s'agit de maintenir une relation avec la conjoncture canadienne et internationale par le soutien d'une activité de production ouverte à raison de 55 % sur le commerce d'exportation. Cependant, ces calculs conjoncturels sont déterminés à partir de données extérieures qui échappent totalement à notre contrôle. De plus, sauf en ce qui concerne la portion du PNB directement administrée par l'État, ils sont élaborés par des entreprises individuelles qui ne communiquent qu'à Ottawa – ou qu'à Washington – les renseignements essentiels à l'établissement d'une comptabilité nationale. Celles de ces entreprises qui exercent l'influence la plus pesante sur notre économie subordonnent d'ailleurs, en tout état de cause, la conduite de leurs installations québécoises à la politique des centres extérieurs de décision dont elles sont parties prenantes.

Dans les circonstances actuelles, par conséquent, la possibilité des définitions de conjoncture est chose très relative pour le Québec. Il se peut qu'avant longtemps le gouvernement parvienne à corriger la situation, grâce aux recherches du ministère de l'Industrie et du Commerce et par suite d'une collaboration plus étroite avec le Bureau fédéral de la statistique. Le problème de la connaissance se trouvera alors partiellement résolu. Mais l'efficacité de cette connaissance ne sera pas assurée pour autant. Car les décisions affectant le développement (et non pas simplement la conjoncture) continueront de se prendre ailleurs pour l'essentiel de l'activité économique. À cela ce n'est pas la prévision qui est susceptible d'apporter remède. Si l'on n'agit pas contre le système de la dépendance, la prévision ne peut être opérante que d'une manière marginale, en direction d'une activité contingente que le gouvernement s'efforce de promouvoir à l'intérieur de la dépendance.

Globalement, la réflexion conjoncturelle devient donc d'une utilité certaine, au Québec, dans la perspective d'une politique de surveillance à l'égard des secteurs les plus développés de son économie. Mais les mesures de contrôle posent un autre problème, celui du développement potentiel de certains secteurs (sidérurgie, chimie, électronique, biens d'équipement de manière générale). Il faut en effet être en mesure d'alimenter certains types choisis d'industrie de fabrication en biens d'équipement que ces industries ne peuvent trouver ailleurs ou qu'elles auraient avantage à se procurer sur le marché local. Un double objectif est alors visé : infléchir la politique de production dans un sens plus conforme aux besoins sociaux et économiques locaux, se donner une valeur d'échange à ce point spécifique et particulière qu'elle permette de percer sur les marchés internationaux les plus exigeants. En ce sens, le Québec n'a pas d'abord à résoudre un problème de conjoncture, mais un problème de développement. Cela change l'optique. La prévision, au lieu d'être la clé de voûte du système de pensée économique, n'en est plus que l'une des coordonnées. Coordonnée essentielle, il va sans dire, mais subordonnée à la décision économique. Celle-ci devient la pièce maîtresse d'une action socialisée que la prévision est alors chargée de corriger. Nous débouchons, qu'on le veuille ou non, sur une planification dont les moyens doivent sans doute tenir compte des nécessités de l'économie de marché, mais dont le contenu politique est à l'opposé du continentalisme de dépendance que les libéraux s'évertuent à moderniser. Nous reviendrons sur ce point. Pour l'instant, constatons simplement que la revendication d'une réforme – d'ailleurs limitée – de l'appareil légal des sociétés industrielles et commerciales implique la formulation d'une politique de développement avant même la définition forcément laborieuse d'un plan, comme une sorte de pré-planification indispensable. Constatons aussi que cette simple revendication reste en deçà d'une telle formulation.

Quelle est alors la politique que préconise M. Kierans ? L'examen des textes des causeries qu'il a prononcées depuis un an sur le sujet laisse voir une tendance à séparer deux ordres de questions que, pour notre part, nous croyons inséparables. Quand il parle du développement, il se situe résolument dans une perspective québécoise.

Mais quand il parle des remèdes à apporter à la politique américaine actuelle de restriction des investissements à l'étranger, il opte pour une position essentiellement commerciale à l'échelle du Canada tout entier. Il y a là un décalage qui rend malaisée la définition de ce qu'implique une politique de développement et de l'aire à l'intérieur de laquelle elle peut s'appliquer. Une politique de développement n'est-elle pas directement confrontée à la solution du problème des investissements américains ? Sans doute et M. Kierans en est conscient. Les deux lettres qu'il avait envoyées au début de janvier à Washington l'attestent. Il avait alors indiqué que, si les États-Unis persévéraient dans leur attitude de restriction, le gouvernement du Québec devrait songer à l'importation de capitaux européens et à la formation de sociétés d'État pour « l'exploitation des richesses naturelles et humaines ». Les circonstances de cette prise de position font se demander si une certaine part de « bluff » n'était pas de nature à la déprécier. Elle n'en est pas moins significative. D'ailleurs, elle exprime un point de vue dont la sincérité est éclairée par d'autres textes de M. Kierans.

Au fond, tout est clair. Le ministre est un interventionniste. Il conçoit certaines formes radicales d'intervention de l'État dans l'économie. Mais cet interventionniste est un partisan du libre-échange dans lequel il voit un mécanisme d'adaptation de l'économie nationale au marché international. La contradiction n'est qu'apparente. Elle est typique du néolibéralisme qui distingue deux niveaux d'action et établit entre eux une hiérarchie.

Un « étatisme » du développement marginal

À l'État est dévolue l'initiative du développement de certains secteurs de base. Il lui revient d'assumer l'organisation des infrastructures dont l'absence ou l'érosion faussent le fonctionnement de l'économie de marché. Cette tâche d'organisation peut prendre des appuis très divers en Amérique du Nord.

Dans une économie normalement diversifiée qui a atteint un fort degré de concentration, le rôle de l'État sera limité au renouvellement de certains équipements sociaux dont les entreprises ne peuvent plus se charger. Pour le reste, il définira les cadres du fonctionnement conjoncturel de l'économie.

Dans une économie largement dominée, inégalement diversifiée et partiellement développée, ce rôle est appelé à devenir, en période de croissance soutenue, à la fois plus exigu et plus important. Il sera plus exigu car, malgré des efforts de rattrapage que le rythme même d'une croissance imprimée de l'extérieur tend à neutraliser, le contrôle des définitions et des limites de fonctionnement continuera d'échapper aux autorités légales que l'économie globale empêche de jamais devenir la correspondance politique des centres de décision. En même temps, cependant, les néolibéraux réussiront à convaincre la grande entreprise étrangère que l'expansion dans un milieu insuffisamment préparé crée un vide à combler par des moyens nouveaux. Il sera donc utile de laisser à l'État non seulement la prise en charge de l'équipement humain (éducation) et territorial (régionalisation), mais même l'organisation supplétive, le plus souvent partielle, de certains secteurs de la production qui ont une influence directe, tantôt sur l'aménagement des ressources naturelles essentielles au maintien de l'économie d'exportation brute (rôle marginal de la Soquem, Société québécoise d'exploitation minière), tantôt sur la diffusion de la croissance et l'élargissement du marché interne (nationalisation de l'électricité, intéressement de l'État à la sidérurgie).

Rentable pour la grande entreprise, cette politique présente également l'avantage de satisfaire dans l'immédiat certaines revendications économiques du milieu national, de rencontrer une volonté latente de nationalisation. Celle-ci devient même, malgré des traditions contraires, une volonté d'étatisme lorsque l'État, agissant sous l'impulsion des forces externes d'expansion, est amené à assumer et mettre à jour l'idéologie économique traditionnelle du milieu dominé. Politiquement, l'ensemble de ce comportement néolibéral se traduit par un *autonomisme de conquête* qui contredit et en même temps prolonge l'ancien autonomisme juridique, en conférant une mobilité nouvelle aux zones d'action réservées tout en leur gardant un caractère de réserve. Cet autonomisme paraît ainsi avoir une signification précise au regard des tendances récentes du continentalisme expansionniste pratiqué par les États-Unis. Il en est l'une des expressions dérivées.

Dans de telles conditions, la politique de développement que conçoit M. Kierans est avant tout une politique d'occupation et de mise en place des « infrastructures » au profit de l'économie globale dont les maîtres sont les grands consortiums internationaux. Il est possible que l'on crée des sociétés d'État pour « l'exploitation des richesses naturelles ». Mais cela ne se fera que dans le domaine de la production primaire dont l'expansion est étroitement assujettie aux fluctuations des cours internationaux et à la politique de constitution de réserves à l'échelle mondiale que pratiquent les grandes firmes américaines, ainsi en mesure de « tenir » les stocks québécois et de contrôler leur utilisation. Encore ne se résignerait-on à la création de telles sociétés que pour l'exploitation du surplus laissé vacant par les restrictions d'investissement. C'est une politique subordonnée.

Pour l'essentiel, si l'objectif est d'organiser la diffusion de l'expansion et de structurer des marchés d'accueil (on peut comprendre les dimensions et la nature même du projet de sidérurgie dans cette optique), le développement obéit nécessairement à une logique territoriale. Il devient une simple politique de régionalisation, c'est-à-dire de répartition géographique du développement existant. Il n'a rien à voir avec un contrôle de celui-ci. Un tel contrôle impliquerait une définition des priorités à atteindre dans les domaines de croissance, c'est-à-dire dans les secteurs de production les plus « développants », technologiquement les plus avancés. De fait, il n'a rien à voir avec une politique de développement. On trouvera normal que ce qui en tient officiellement lieu devienne la responsabilité d'un État auquel est attribuée une action de plus en plus autonome dans les secteurs laissés vacants, situés à la périphérie de la croissance. Ainsi, la définition, la direction et l'exécution exclusives d'une « politique de développement » qui n'en est pas une vont de pair avec un étatisme dont les prestiges naissants masquent la faiblesse réelle. Une certaine conception de la défense des intérêts québécois passe obligatoirement par là.

Mais les néolibéraux ne peuvent établir la politique économique susceptible, à leur point de vue, de répondre aux aléas de l'investissement américain si leur champ de réflexion se limite aux responsabilités nouvelles de l'État en matière de développement. Car la vue qu'ils prennent de ces responsabilités et la définition qu'ils donnent du développement n'ont pas de prise sur les conséquences principales de l'investissement américain. Il leur faut s'engager au cœur du problème de la croissance, tracer une ligne de conduite à l'égard des phénomènes d'expansion de l'économie globale. Il leur faut le faire dès l'instant que la nouvelle politique anticyclique américaine risque d'affecter la croissance de l'économie québécoise, c'est-à-dire de compromettre la rentabilité de la « politique de développement » qu'ils ont conçue pour en assurer la diffusion. Le resserrement des marchés financiers a en effet des répercussions directes sur le coût des programmes d'équipement infrastructurel (éducation principalement) dont le ralentissement inévitable met en danger la conception néolibérale de l'étatisme et, par conséquent, la force du parti au pouvoir[3].

En somme, les tactiques économiques de courte période décidées à Washington pour prévenir des risques limités d'inflation, qu'une nouvelle escalade au Vietnam pourrait rendre moins facilement contrôlables, forcent le nouvel État québécois à interroger les fondements mêmes de son évolution en longue période. Rien ne révèle mieux la fragilité essentielle des équilibres politiques actuels et des idéologies d'ajustement qui les expriment. Les circonstances obligent nos néolibéraux à passer d'un niveau d'action étatique à un autre pour protéger celui où on les a situés, de la régionalisation à la prévision de croissance pour sauvegarder la régionalisation, de l'occupation des infrastructures sociales de l'économie à la définition de ses cadres de fonctionnement pour préserver leur action périphérique, de Québec à Ottawa pour défendre ce qu'ils croient être Québec, le rôle qui leur a été dévolu à Québec.

C'est en ce sens que l'on peut comprendre l'intention clairement manifestée et fréquemment réitérée par M. Lesage lui-même d'amener le gouvernement fédéral à discuter avec les provinces de sa politique commerciale, fiscale et monétaire. Cette revendication traduit sans doute l'apparition d'un nouveau rapport de forces entre l'État fédéral

3. En ce sens, il est à prévoir que l'un des grands thèmes que la prochaine campagne électorale provinciale tentera d'éviter sera l'Éducation. Le développement des perspectives, la croissance et le volume du coût des programmes gouvernementaux dans ce domaine expriment l'essentiel des effets et des difficultés du nouvel étatisme. (*NdA*)

et les gouvernements provinciaux. Il est bien vrai que des mécanismes de distorsion sont à l'œuvre entre l'économie unitaire pancanadienne, dont l'État fédéral est le garde-fou traditionnel, et l'économie fractionnaire qui, depuis une dizaine d'années principalement et surtout depuis 1961, prend son essor dans les provinces. Une maîtrise américaine écrasante sur les branches de l'industrie des biens de consommation qui sont en quête de marchés régionaux élargis a rapidement forcé un Québec sous-équipé à se lancer dans un vaste programme de dépenses. Il a fallu le payer cher. Les problèmes nés d'une conjoncture brusquement rapprochée, nous l'avons dit plus haut, sont donc devenus importants pour lui, même si le rôle qu'il peut espérer y jouer demeure marginal. En particulier, les oscillations du commerce extérieur canadien intéressent directement l'évolution de la productivité et du niveau de vie québécois, celle par conséquent de la capacité fiscale des contribuables. Elles concernent donc la gestion de budgets de rattrapage dont l'équilibre de plus en plus malaisé accuse une dépendance aggravée à l'égard des marchés financiers qui évaluent, jour après jour, les performances de l'économie. La revendication d'un droit de regard sur la politique commerciale du gouvernement fédéral reflète normalement la force des pressions nouvelles qui ont pesé sur l'économie québécoise depuis quelques années. Mais le resserrement actuel des marchés confère à cette revendication un caractère d'urgence. Il ne peut plus s'agir de quelque chose de théorique dès l'instant que les dépenses d'équipement social, déjà insuffisantes, sont mises en danger. D'ailleurs, fin mars, l'expression d'un vœu a fait place à l'affirmation d'une volonté. Le discours provincial sur le budget 1966-1967 y a trouvé son sens.

Il est évidemment loisible de questionner l'orientation d'une telle politique. Supposons que les ministres québécois l'emportent, qu'Ottawa accepte de discuter avec les provinces des modalités d'une direction commerciale et monétaire qu'il a toujours assumée seul. Supposons encore qu'on décide de convoquer des conférences fédérales-provinciales sur le sujet. Une chose est sûre : les représentants québécois trouveront en face d'eux un gouvernement fédéral et certaines provinces qui ont du foin dans leurs bottes. La structure industrielle et les intérêts commerciaux de l'Ontario, par exemple, sont autrement plus solides que ceux du Québec qui en dépend dans une bonne mesure. Le pouvoir de décision est sans conteste plus réel de ce côté-là.

Mais là n'est pas la question. Supposons encore que triomphe le point de vue québécois sur les caractères à donner à une politique commerciale. L'hypothèse n'est pas invraisemblable. Les représentants québécois, guidés par leur expérience d'une économie qui manifeste en gros plan et comme sur le mode majeur les grands problèmes de structure de l'économie canadienne dans son ensemble, ont peut-être plus de chances que d'autres de suggérer des réponses immédiatement avantageuses. Provisoirement, elles le seront pour eux. Provisoirement aussi, elles le seront pour les autres.

Le vieux libre-échange

Cependant, quelle politique vont-ils proposer ? Il est important de se rendre compte que, dans ce cas précis, ils retrouveront intact leur vieux libéralisme. Ils l'affirmeront avec un optimisme doctrinaire que l'on croyait depuis longtemps démenti. Car ils ont pu changer beaucoup au gré des circonstances. Ils ont pu même s'affirmer interventionnistes et provoquer une sorte d'étonnement craintif ou d'admiration hésitante. Jamais, toutefois, ils n'ont transigé sur le credo de leur bible : le cœur du dynamisme économique est régi par des relations de marché entre des quantités variables d'offre et de demande dont l'équilibre changeant réclame la prévision, tolère la direction, mais ne supporte aucune substitution. Pourquoi ne pas faire confiance aux mécanismes du marché si les entreprises sont fortement structurées et ont elles-mêmes les moyens d'établir, voire de coordonner leur *planning* et si, pour le reste, les raffinements de la politique monétaire et fiscale de conjoncture entre les mains de l'État suffisent à prévoir et à contenir les effets éventuellement perturbants de ces mécanismes ?

Sur le plan des échanges internationaux, cela donne en droite ligne le libre-échange. On y recourra. En tout cas, on le proposera. On le propose déjà. En cela, d'ailleurs, on ne fait que suivre le désir de la politique américaine à l'échelle mondiale.

M. Kierans fait valoir un avantage à longue portée. Le libre-échange, dit-il, aide à résoudre le problème de l'investissement direct américain. Car il supprime l'obligation pour le capital étranger de réaliser au Canada, dans l'industrie secondaire, le différentiel entre le tarif extérieur et le prix intérieur. Il lui est moins nécessaire de s'exporter. Les profits que crée le commerce de libre-échange permettent d'accumuler du côté canadien une capitalisation suffisante pour qu'il devienne possible de procéder au remplacement graduel des capitaux disparus. La question des méfaits du contrôle est alors automatiquement réglée.

Ces discussions nous placent dans une perspective décidément très continentale. Cela peut être, médiocrement, de l'intérêt d'un Canada qui s'est constamment efforcé de tirer profit de l'ombre américaine à l'intérieur de laquelle il voyait certains avantages à se loger. Une structure relativement développée lui permettra d'amortir plus ou moins les effets particulièrement réducteurs d'une telle politique. Mais à long terme il n'en va pas de même pour le Québec.

L'argument de M. Kierans ne paraît en effet que partiellement fondé. Il ne dégage que certaines conséquences de la libération des échanges entre le Canada et les États-Unis. Si l'on généralise l'exemple de l'accord de libre-échange sur les automobiles, les rapports de grandeur entre les deux appareils de production et entre les deux marchés joueront dans le sens d'une spécialisation ou, plus exactement, d'un morcellement des tâches au Canada. Celles-ci seront rigoureusement conçues en fonction des besoins de l'appareil américain. Plus étroit sera le morcellement, plus immédiatement rentable sera l'économie des frais de production qui en résultera pour le Canada, mais plus aussi sera exclusive la dépendance, déjà écrasante aujourd'hui, à l'égard du marché de consommation américain. De plus, cette spécialisation accroîtra vraisemblablement l'emprise des secteurs de biens de consommation de masse pour lesquels le morcellement de la production est le plus rentable. Ceux-ci comptent pour peu de chose le progrès technologique, dont le coût n'affecte donc pas la fabrication des « composants », produits en grande série et à bon marché. La structure canadienne des entreprises pourra, il est vrai, s'en trouver renforcée ; – ce n'est d'ailleurs pas sûr à longue échéance. Mais, comme ces entreprises tendront à devenir des unités minutieusement parcellaires, c'est de l'intérieur et jusque dans le moindre détail qu'elles subiront la volonté des centres américains. Le Canada paiera de ses propres capitaux d'investissement une sujétion que les États-Unis n'auront à payer qu'au prix réduit de l'achat des « composants », tandis que leurs capitaux mis en disponibilité seront libres d'aller renforcer les contrôles américains en Europe ou d'acquérir de nouvelles sources de matières premières à profit élevé. Au total, le Canada aura hypothéqué ce qui lui reste d'indépendance et aura aggravé la situation des pays encore susceptibles de contribuer au rééquilibre de sa propre position. Comment se fait-il que M. Kierans qui, apparemment, songe à la liberté du commerce en vue d'un accroissement des échanges avec l'Europe et l'Afrique, n'ait pas vu que l'effet direct du libre-échange serait une orientation plus entière de l'économie canadienne vers les États-Unis ?

Pour le Québec, la perspective nous paraît plus déprimante encore. Dans l'immédiat, il profiterait de la spécialisation qui tendrait à rehausser rapidement les barèmes de production de son industrie secondaire. Mais on ne tarderait pas à s'apercevoir que la qualité de celle-ci est d'une médiocre impulsion. L'on n'y aurait pas encore puisé les ressources nécessaires à l'établissement des véritables secteurs de développement, on n'aurait même pas achevé les efforts actuels de rattrapage que déjà le sort de l'industrialisation québécoise se trouverait fixé à un niveau inexorablement insuffisant pour nourrir une expansion prolongée. Nous serions sans espoir le parasite de la grande société de consommation dont il est encore possible de combattre la stérilité.

II – PHYSIONOMIE DE L'INVESTISSEMENT DIRECT AMÉRICAIN

Comment alors combattre la société de consommation ? On ne peut en avoir la moindre idée si l'on ne rappelle pas brièvement l'orientation des investissements directs américains au Canada. Malheureusement, les chiffres n'existent pas pour le Québec. Les données canadiennes parlent toutes seules et tout le monde les connaît. Mais il est curieux que les discussions publiques sur le sujet ne relèvent pas davantage certains faits. De statistiques déjà anciennes (1961) il ressort que, mis à part le pétrole et le gaz naturel (contrôle à 70 %), la mainmise américaine est sensiblement plus importante sur l'industrie des biens de consommation de masse et ses satellites (automobile, 95 % ;

caoutchouc, 89 %) et sur celle des biens d'équipement ou à grande valeur technologique (équipements électriques, 64 % ; industrie chimique, 50,1 %) que sur l'industrie extractive (52 % pour les mines) ou l'industrie de transformation brute (43 % pour la pâte à papier). C'est le secondaire qui les intéresse avant tout, mais pas n'importe quel secondaire. Ils semblent avoir une prédilection pour deux types majeurs dont l'orientation productive est soumise à des modèles différents de contrôle. L'industrie d'équipement et l'industrie à forte concentration du savoir technologique, qui sont la clé du développement moderne, paraissent dépendre étroitement des sociétés mères soit pour la livraison de composants, soit pour la finition, soit pour la recherche effectuée dans les bureaux d'études américains. Au contraire, la gamme des opérations productives est plus étendue et peut même être complète dans l'industrie des biens de consommation de masse. La signification de cet état de choses est manifeste. L'assujettissement se fait dans le sens de la soumission parasitaire à l'économie de consommation, en même temps que la production des biens d'équipement ultra-moderne est tenue de manière à limiter le développement. Cette tendance n'est peut-être pas intentionnelle. Mais elle est effective.

Pour les économies canadiennes développées – région montréalaise, fer à cheval ontarien, Alberta, Colombie-Britannique, – les conséquences n'en sont pas actuellement très graves. Ces économies-là sont en effet pourvues de mécanismes compensateurs (banques dont les caractéristiques canadiennes sont préservées, firmes canadiennes-anglaises dirigeant de grandes unités de production dans des secteurs où l'accent est mis sur le *know-how*, etc.) et ont une structure assez diversifiée pour pouvoir, sinon neutraliser l'économie de consommation, du moins la gérer. Dans leurs limites précises, la présence de succursales américaines, dont l'activité engendre une variété d'emplois, n'est pas un obstacle mais participe à l'épanouissement. Ces économies-là sont relativement subordonnées ; elles ne le sont toutefois pas assez pour ne pas bénéficier de leur subordination. Sans doute les dépenses personnelles de consommation y sont-elles élevées. (Travaillant sur des données établies par le Bureau fédéral de la statistique, le Conseil économique du Canada a calculé dans son premier rapport annuel que les dépenses personnelles atteignaient une moyenne de 68,3 % de la dépense nationale brute en 1962-1963. Cette moyenne est à peu près constante depuis quarante ans.) Mais la part élevée qu'elles prennent de la production nationale peut attester, et atteste effectivement une robuste capacité d'absorption. En réalité, la seule marque de satellisation inquiétante de ces économies, mais elle est de taille, est leur vive sensibilité, non pas à la présence de capitaux étrangers, mais à un ralentissement de leur flux. C'est ce qui explique l'émoi causé depuis décembre dernier par les directives américaines de restriction.

Seulement, ces satellites le sont assez – en tout cas au Québec – pour ne pas pouvoir distribuer d'eux-mêmes les fruits douillets de leur soumission dorée. Quand il est question de les distribuer, c'est que les grandes firmes internationales en prennent l'initiative. Initiative d'ailleurs équivoque qui s'exprime par l'implantation d'usines de pâte à papier ou d'installations minières qui n'ont qu'une capacité très réduite de rayonnement économique. Il y a là de quoi tempérer l'optimisme des campagnes de régionalisation.

Des chiffres illustrent cette incapacité. En 1964, au Québec, le rapport des dépenses personnelles au total des dépenses brutes (51 %, incluant la région montréalaise) était encore inférieur de 17 % à la moyenne canadienne de l'année précédente. Peut-être l'infériorité que voilà est-elle un signe rassurant ? Elle attesterait que le Québec est moins touché par l'économie de consommation. En réalité, dans son ensemble, il en subit les effets négatifs que signale la part énorme prise par les dépenses de simple subsistance. En 1964, les dépenses d'alimentation et de logement, à l'exclusion de l'habillement et des soins médicaux, se chiffraient par un total de 4401 millions de dollars sur un total de dépenses personnelles en biens et services de 7560 millions. En même temps, les ventes au détail d'automobiles, qui définissent aux yeux de certains économistes le degré de pénétration de l'économie de consommation, atteignaient le montant révélateur de 721,9 millions de dollars. Il suffit de comparer les deux chiffres : le degré de pauvreté moyenne que reflète l'ampleur des dépenses de simple subsistance n'a pas été un frein à la diffusion des produits types de consommation de l'industrie la plus prospère au Canada.

La structure particulière des contrôles américains et l'orientation qu'elle commande sont dans une bonne mesure responsables de la lourdeur relativement improductive des investissements. En 1962, le rapport des investissements fixes à la demande globale était de 17,17 % au Canada. Et c'était une bonne année ! Le rapport avait déjà été de 22,14 % en 1957[4]. On ne dispose pas de données correspondantes pour le Québec. Mais, à vue de nez, il ne fait guère de doute que la relation entre capital et production y est encore plus élevée. Bien sûr, des facteurs naturels de lourdeur des frais de production existent : faible densité de population, grandes distances, etc. Mais il y a aussi que la plupart des industries de contrôle qui définissent entre les mains des Américains les limites du dynamisme autorisé fabriquent avec un outillage coûteux, largement automatisé, des produits types qui n'intègrent qu'un faible développement technologique. C'est déjà vrai de l'auto. C'est encore plus le cas de la pâte à papier, si abondante au Québec.

III – QUELQUES ÉLÉMENTS D'UNE POLITIQUE DE DÉVELOPPEMENT

La réponse au problème latent des investissements américains est une politique de développement. Posons rapidement quelques principes.

Économiquement, cette politique doit reconnaître le fait que la force du contrôle étranger vient principalement de la mainmise américaine sur les secteurs les plus évolués et les plus « développants » de la production. Pour lutter contre une économie de consommation marginale qui nous fixe unilatéralement à l'industrie lourde des autres, le moyen n'est pas d'abord de mettre la main sur les richesses naturelles du bois ou de la mine, dont l'exploitation et la vente sont étroitement soumises aux besoins du marché américain et contribuent à maintenir, dans des conditions de non-diffusion de la richesse produite, la lourdeur et la désuétude de l'appareil productif. Le moyen n'est pas non plus de s'emparer d'une industrie de production en série de biens de consommation durables. Ce genre d'industrie n'existe que médiocrement au Québec. Voudrait-on en créer une grande et y parviendrait-on que les installations, faute d'un marché suffisant, deviendraient

4. Premier rapport annuel, Conseil économique du Canada, Ottawa, 1965. (*NdA*)

rapidement des unités satellisées d'entreprises américaines. Les effets de stimulation seraient immédiats mais risqueraient de ne pas se prolonger à long terme.

L'un des moyens peut être, en théorie, la construction d'un combinat sidérurgique placé sous le contrôle de l'État. La sidérurgie moderne est une industrie hautement dynamique qui intègre à sa production une technologie constamment renouvelée. Celle qui se spécialise dans la fabrication d'aciers plats et de tôles commande une industrialisation poussée dans le secteur de la transformation. Elle est plus avantageuse et régit un développement à plus longue portée que celle qui destine ses produits à l'industrie de la construction, dont la forte expansion québécoise paraît être le signe d'un gaspillage de richesse. (Il est à noter que nombre d'installations sidérurgiques canadiennes-anglaises au Québec alimentent essentiellement l'industrie de la construction.) Mais, au point de vue du développement, la sidérurgie des aciers plats est moins avantageuse que celle qui alimente l'industrie des biens d'équipement. En outre, les dimensions et la nature du projet actuel de sidérurgie (Sidbec) commandent essentiellement une politique de régionalisation dont les objectifs, mais aussi les moyens – encore indécis –, restent soumis à une impulsion extérieure.

Par ailleurs, il ne peut être question de céder à la vieille tentation de l'autarcie. Il s'agit, non pas de geler l'investissement international, mais de le faire servir au développement réel et donc de l'orienter. Pour y parvenir, il faut être en mesure de parler et avoir soi-même quelque chose à offrir.

La base d'une politique de développement doit être l'industrie des biens d'équipement, celle-là même que les Américains maintiennent au ralenti. Elle intègre des recherches élaborées ; sa capitalisation très lourde à court terme est moins onéreuse à longue échéance que dans les autres branches de la production, étant donné la productivité qu'elle engendre dans tous les secteurs.

L'appropriation ou la création d'une industrie lourde offre en théorie bien des avantages.

- Elle permettrait d'équiper une part croissante des installations minières et forestières, ce qui éviterait l'importation d'une machinerie coûteuse et contribuerait à une réorientation de la politique suivie en matière d'exploitation et de commercialisation des richesses naturelles.

- Elle suppose l'intégration et la création d'une technologie avancée, assurant ainsi les conditions d'un rapatriement des chercheurs formés au Québec et d'une immigration contrôlée de chercheurs étrangers. Elle contribue en ce sens à la formation d'un secteur tertiaire avancé, les bureaux d'études et les recherches qu'ils commandent prenant au moins autant de part à la production d'équipement que le personnel des ateliers.
- Elle crée les conditions d'une accumulation de capital dont l'intensité permet ultérieurement de concevoir une politique planifiée de développement par secteur et par région. (C'est à ce stade que l'on peut parler d'une politique efficace de régionalisation.)
- Elle repose sur le développement de la sidérurgie lourde, de l'industrie d'équipement électronique et de certaines sections de l'industrie chimique des matières plastiques, c'est-à-dire de branches dont des unités fonctionnent déjà au Québec. Le problème serait alors de savoir comment intégrer certaines de ces unités à une politique économique québécoise, comment réformer leur orientation productive, comment en créer d'autres si on ne peut les intégrer, sous quel contrôle les placer, comment assurer leur rentabilité, c'est-à-dire quels débouchés intérieurs et surtout extérieurs leur assigner, le marché interne étant trop exigu pour justifier le rendement d'unités très coûteuses. Ces questions posent de fait celle de la politique économique et de la politique commerciale à adopter. En pratique, elles exigent de choisir un nombre limité d'équipements spécialisés qu'il peut être avantageux de produire en fonction de notre espace économique et des besoins internationaux.

Si tel est l'objectif, sa réalisation suppose la définition d'une politique dont il nous faudrait au moins situer les étapes et les moyens.

Dans un premier temps, la politique à suivre correspond à une sorte de pré-planification dont le but essentiel est précisément de monter une industrie spécifique d'équipement. Cette pré-planification, cette politique d'urgence, n'est pas un ensemble mal défini de mesures provisoires dont l'application et l'enchevêtrement risquent de reporter aux calendes grecques l'élaboration d'un plan de développement. Au contraire, elle présente l'avantage de mettre en œuvre, à partir d'une situation dont les tendances essentielles sont connues, un groupe cohérent de mesures financières, de priorités économiques, de moyens d'une nouvelle politique de revenus et d'une nouvelle politique commerciale qui sont de nature à stimuler et à éclairer le travail des planificateurs d'ensemble. Cette méthode tourne le dos à celle du gouvernement libéral et du Conseil d'orientation économique. De peur de s'attaquer aux problèmes de structure, le gouvernement ne veut rien faire, sauf de la « régionalisation », avant d'avoir élaboré un système de comptabilité nationale et, hypothétiquement, un plan. La politique que nous préconisons s'attaque, sans plus tarder, aux structures.

De fait, une telle politique remettrait en cause pas mal de choses. L'objectif qui lui serait assigné étant le développement et, à long terme, le contrôle du développement, le résultat serait un équilibre du financement extérieur et intérieur, la définition d'une forme permanente de sélection des capitaux étrangers de propriété et de prêt dont le développement a besoin, de manière à subordonner ces capitaux au contrôle politique que M. Kierans recherche illusoirement. Mais cela ne pourrait se faire sans recourir aux grands moyens. Lesquels ?

On conçoit mal que l'implantation ou l'appropriation d'une industrie lourde se fassent sans l'intervention directe de l'État. L'occasion d'une telle intervention peut être banale. Peuvent la susciter, par exemple, des pourparlers en vue de la vente d'un service public sous propriété privée, dont l'importance est actuellement secondaire, mais dont la valeur potentielle sous l'angle de l'incitation au développement peut être capitale. Nous faisons allusion à l'affaire récente de la Québec Téléphone. Formulons une hypothèse, peut-être hasardeuse. L'État devrait alors intervenir dans la transaction, nationaliser ou racheter lui-même l'entreprise ou encore la faire racheter par une société nationale, telle l'Hydro-Québec. Le fait que l'entreprise à racheter ne fournisse un service qu'à une clientèle réduite peut se solder par un prix d'achat réduit. Le déboursé immédiat est donc supportable. Il est utile de l'effectuer si l'exploitation de l'entreprise en question, quelles que soient ses dimensions actuelles, requiert l'utilisation d'un équipement électronique perfectionné. L'expansion du service étatisé ou placé sous régie exigera un accroissement d'équipement. Cet équipement étant coûteux, il sera rentable à long terme d'acheter ou d'installer une usine de biens d'équipement électronique. Les dimensions projetées de l'entreprise peuvent ne pas justifier à elles seules une dépense aussi coûteuse. Mais la régie – ou l'État – peut utiliser pour ses propres installations une partie de l'équipement qui sortira de l'usine. Cela fournit une base de départ. Elle coûte cher. Comment la financer ?

C'est ici la grande question. Les occasions de mettre sur pied une usine d'équipement sont diverses, les sortes d'équipement souhaitable le sont aussi. Mais le problème du coût demeure, celui de l'étatisation ou de la mise en régie ou de la prise de contrôle. Car, quel que soit le parti au pouvoir, les conditions particulières qui sont faites au Québec empêchent l'État de recourir aux formes extrêmes de nationalisation. Cela semble aller de soi. Il faut de l'argent. Où le prendre ? L'État ne peut disposer de ressources suffisantes ou supporter un endettement supplémentaire s'il ne définit pas en même temps objectifs et priorités, politique de revenus, politique commerciale, etc. Par exemple, au profit de quel secteur et au détriment de quel autre fera-t-il la dépense, dans quel secteur inutilement gonflé ira-t-il chercher l'argent ? Nous songeons par exemple à l'industrie de la construction, qui commande actuellement une part très importante de l'activité économique, une part trop importante au regard de la productivité réelle de notre économie. La politique qu'elle poursuit, si l'on peut dire, témoigne d'ailleurs d'un gaspillage et d'une dissémination insensés qui ne peuvent faire l'affaire que des spéculateurs. Telle qu'elle est organisée, elle est sans doute l'un des facteurs de la fuite de richesses hors du Québec. Il faudrait l'imposer de façon graduée, en fonction des services effectifs qu'elle rend à la société, la forçant ainsi à mieux répartir ses activités. Pour l'État, le gain serait net.

Mais il serait illogique de se lancer dans une politique coûteuse de développement si l'on ne décide pas au profit de qui on va l'entreprendre. La réponse est évidente. Ce qui nous sert de bourgeoisie est l'expression sociale autochtone d'une économie de consommation qui, venue de l'extérieur, profite moins au Québec qu'elle ne rapporte à cette bourgeoisie. Ce n'est pas à elle, non plus qu'aux intérêts et couches tirant un profit direct de ce type d'économie, que la politique de développement doit s'adresser. C'est à toutes les autres couches.

Ici, il est important de voir que la façon dont elles peuvent en profiter est aussi le moyen principal du financement de cette politique. Nous pensons à un financement par l'épargne populaire, à quoi pourraient servir les coopératives de crédit (les Caisses populaires ont plus d'un milliard d'actifs), à quoi pourrait servir également une Caisse de dépôt et placement dont la constitution serait modifiée et dont le portefeuille serait grossi d'autres actifs que celui du régime de retraite.

La logique même d'un programme d'aussi vaste envergure implique une participation active des organisations de travailleurs industriels et ruraux et des associations populaires. La définition et la mise en œuvre de ce programme leur permettraient d'ailleurs de formuler l'objectif en quête duquel elles se trouvent actuellement. L'occasion les forcerait à renouveler leurs structures, à définir leur action politique, à concevoir les formes d'une démocratie de masse.

Ainsi, par une fonction inédite de l'État et des travailleurs, serait bouleversé le contenu politique de l'État, pièce maîtresse d'une politique qui ne pourrait être réalisée sans l'autorité réelle et la puissance de moyens qu'il recevrait de sa nouvelle définition sociale. De la même manière, pour les raisons particulières qui militent en faveur d'une politique de développement, c'est au Québec et par le Québec que celle-ci devrait être appliquée. Cela ne préjuge pas des liens à renouer ou à rajeunir, dans une perspective politique aujourd'hui inexistante, avec les autres parties du Canada. Mais, outre que les provinces qui définissent l'essentiel du pouvoir au Canada ont un besoin manifestement moins évident de développement autonome que le Québec, les structures actuelles du Canada sont l'expression, la permission politique de la dépendance économique réelle du Québec à l'égard des États-Unis et de leurs alliés canadiens.

Le moins qu'on puisse dire, c'est que les perspectives à long terme que l'on peut tirer d'un programme de lutte contre les contrôles américains n'ont rien à voir avec les analyses limitées qu'en font les néolibéraux du cru local.

Socialisme 66, mai 1966.

Ottawa est complice du massacre

Au Vietnam, comme partout ailleurs aujourd'hui, Ottawa fait la preuve d'une obéissance à peine déguisée aux États-Unis. Sa politique – ou son absence de politique – est un danger pour tous les habitants du Canada. Elle est néfaste pour le monde, car elle a fourni des alibis aux aventuriers de Washington qui, c'est vrai, n'en font même plus usage. Cette politique, il est nécessaire d'en changer et il est possible d'en changer. Elle n'est d'ailleurs plus utilisable : ce seul fait suffirait à condamner l'entêtement que l'on met à ne pas s'en départir.

Au Vietnam

La diplomatie de Paul Martin[1] au Vietnam est évidemment le cas flagrant.

Il est évident pour tout le monde que les États-Unis, qui ont là-bas 500 000 soldats, la VIIe Flotte tout entière, un arsenal écrasant de B-52 et de Phantom, toute la gamme des bombes de lourd calibre, des roquettes et des sadiques « ananas » (bombes à fragmentation), qui chaque jour font au-dessus du Nord-Vietnam plus de cent sorties aériennes, qui rasent systématiquement la brousse et les villages sud-vietnamiens sur toute l'étendue du pays, mènent une guerre d'extermination…

> … plus de 1 500 000 victimes civiles, selon des chiffres américains. Octobre 1966 : une commission internationale révèle : plus de 700 000 enfants infirmes. Fin 1966 : un plus lourd tonnage de bombes déversé

1. Paul Martin (1903-1992) (le père de l'autre Paul Martin qui a été premier ministre du Canada de 2003 à 2006) a été secrétaire d'État aux Affaires extérieures du Canada de 1963 à 1968.

en une année que sur le Japon de 1942 à 1945. Pour le mois de mai 1966, selon les chiffres de McNamara[2], 4700 sorties aériennes effectuées, soit 25 % de plus que prévu, pour un total de 50 000 tonnes de bombes, soit 2000 tonnes de plus, selon le *New York Times* du 21 avril 1966, que la moyenne mensuelle des bombes lâchées sur l'Europe et l'Afrique pendant toute la IIe Guerre Mondiale. (Et pourtant, certains raids américains au-dessus de Berlin faisaient en une nuit 20 000 morts.) Les premiers jours d'avril 66 sont pires que les 31 jours de mars, pires eux-mêmes que… McNamara dixit : « lors des premiers jours d'avril, le nombre de missions contre les lignes de communication du Vietnam dépassa celui de tout le mois de mars ». À l'époque, l'aviation n'attaquait pas encore toutes les semaines Hanoi et Haiphong. Qu'a donc dû être le bilan des premiers jours d'avril 1967 ? Mars 1967 : 77 000 tonnes de bombes, 48 000 de plus que pendant les pires moments de la guerre contre le Japon (*Le Monde*, 27 avril au 3 mai 67). Le port et la ville d'Haiphong sont complètement rasés sur plusieurs milles de longueur.

Il est évident pour tout le monde que les États-Unis perpètrent là-bas un génocide.

Il est évident pour tous les observateurs qu'ils ont refusé, avec dans le temps la complicité de Ngo Dinh Diem (assassiné depuis pour avoir été soupçonné de désirer négocier avec Ho Chi Minh un règlement de type neutraliste), de donner suite aux accords de Genève de 1954 qui prévoyaient la réunification des deux Vietnams après la tenue d'élections au nord et au sud. Il est évident qu'ils ont soutenu le régime Diem contre les premiers maquis sud-vietnamiens, puis contre leur regroupement dans le Front national de libération (FNL) qui n'était pas alors, et qui n'a jamais été depuis, composé en majorité de communistes. Il est évident qu'ils appuyèrent Kanh, puis Ky, partisans de la guerre à outrance. Il est évident que, sous le président Kennedy, ils commencèrent d'envoyer des conseillers militaires puis des troupes. Elles devaient, disait McNamara en octobre 1963, être retirées dans leur presque totalité avant la fin de 1965 : trois mois plus tard, Johnson annulait ce délai et promettait « toute l'aide nécessaire… pour atteindre la victoire ». Il

2. Robert McNamara (né en 1916), secrétaire à la Défense des États-Unis de 1961 à 1968.

est évident que, dès 1957, ils entraînaient des commandos sud-vietnamiens chargés d'opérer dans le golfe du Tonkin. Il est évident qu'ils lancèrent la première attaque aérienne contre le Nord-Vietnam quelques jours seulement après que de Gaulle et U Thant[3] eurent, chacun séparément, proposé de réunir la conférence de Genève pour arriver à un règlement de la guerre. Il est évident qu'ils prirent prétexte de « l'incident du golfe du Tonkin[4] » en août 1964 (trois petits torpilleurs naviguant dans leurs eaux s'étaient attaqués, ont soutenu les Américains, à un gros destroyer de la VIIe Flotte, qui allait à la pêche probablement) pour détruire, trois jours plus tard, trois bases côtières, leurs dépôts de carburant et 25 navires. Plus tard, autre incident caractéristique que notent trois professeurs de l'Université de Berkeley, Franz Schurmann, Peter Dale Scott et Reginald Zelnik : « Le 26 juin [1966], George Bail nia publiquement qu'aucune décision visant à bombarder Hanoi et Haiphong eut été prise. Le 29 juin, les avions américains attaquaient les stocks d'essence de la banlieue de Hanoi et de Haiphong. »

Il est évident que cela s'appelle une agression caractérisée, continue, impitoyable et qui n'est même plus dissimulée. Pour des crimes semblables, les nazis ont été condamnés à Nüremberg.

Mais ce qui est évident ne l'est pas pour Paul Martin. La diplomatie canadienne, formée aux méthodes de Pearson, continue de prétendre qu'il n'est pas nécessaire de savoir qui est l'agresseur. Elle ne tenait pas le même langage pendant la guerre de Corée. On parlait alors couramment des agresseurs communistes et l'on avait, pour le dire, la caution des Nations unies. Il est vrai qu'à cette époque l'ONU fonctionnait sous le diktat de la majorité américaine automatique et que les États-Unis avaient profité de l'absence boudeuse de l'URSS pour arracher au Conseil de sécurité un vote de condamnation à l'endroit de la Corée du Nord.

3. U Thant (1909-1974), diplomate birman, secrétaire général des Nations unies de 1961 à 1971.

4. Les 2 et 4 août 1964, deux destroyers américains, qui s'étaient aventurés dans les eaux territoriales du Nord-Vietnam, auraient essuyé des tirs vietnamiens. En réalité, rien de cela ne s'était produit. Les Américains cherchaient juste un prétexte pour intervenir militairement.

Dans la guerre du Vietnam, le Canada serait-il devenu neutre? Assurément pas, puisque Paul Martin a déclaré à plusieurs reprises qu'en cette partie du monde « nos grands amis » les États-Unis défendaient le « monde libre ». Mais comment de tels propos se concilient-ils avec la mission que le Canada assume officiellement à la Commission internationale de contrôle? Nous mettons ici le pied dans l'un des marais les plus bourbeux de la diplomatie canadienne.

Supposons tout de même qu'il ne soit pas utile, pour l'instant, de désigner l'agresseur et qu'il soit plus efficace de chercher une solution pacifique à la guerre. M. Pearson le prétend. Il prétend aussi que c'est à quoi travaille son gouvernement.

Si cela est vrai, pourquoi ne pas avoir saisi l'occasion d'un règlement négocié chaque fois qu'elle s'est présentée? Car elle s'est présentée souvent.

> En juillet 1964, Nguyên Huu Tho, leader du FNL, faisait savoir qu'il acceptait l'idée française d'une convocation de la conférence de Genève, évitait de poser des conditions préalables et se déclarait prêt à adopter une position de compromis. Il se montrait favorable à la formation d'un bloc neutraliste. Que demander de plus? Mais Khanh, le chef de Saïgon, venait de rejeter avec indignation l'idée, et les Américains refusaient de voir en Tho un interlocuteur valable.
>
> Quelques jours plus tard, la suggestion était reprise par l'Union soviétique, endossée par Hanoi et avalisée par Pékin. Aucune condition préalable n'était posée, cette fois non plus. Johnson répondit: « Notre politique reste inchangée. » Nouveau silence d'Ottawa. Un an plus tard, le gouvernement d'Hanoi qui avait toujours, sauf en août 1964, fait dépendre les négociations d'une reconnaissance du FNL et d'un départ préalable des forces américaines, faisait connaître les fameux Quatre Points de Pham Van Dong: il n'était plus question que de l'engagement par les États-Unis de se retirer. Le 27 juin 1966, nouvelle concession de Hanoi: les modalités du retrait étaient laissées à l'appréciation des Américains. Ottawa ne bougea pas davantage. Or, il se trouve que, six mois après les Quatre Points de Pham Van Dong, Johnson, qui les avait aussitôt écartés, publia une déclaration en quatorze points qui, sous une forme différente, reprenait les propositions de Hanoi à l'exception d'une: il refusait tou-

jours d'admettre le FNL à la table des négociations. Étant donné les contacts que le Canada entretenait et sa qualité de membre de la CIC, il aurait dû sortir publiquement de sa réserve et déclarer que la guerre n'avait pas de raison de s'éterniser pour cette seule question d'une rencontre avec le FNL, d'autant moins que celui-ci s'était révélé partisan d'une neutralisation. Ainsi, aurait pu dire Paul Martin, les intérêts avoués des États-Unis se trouveraient sauvegardés.

Mais Paul Martin a préféré jouer la sœur Anne qui ne voit rien venir. Nous avons des relations très correctes avec Hanoi, répète-t-on à Ottawa. D'un air entendu l'on ajoute : nous exerçons de nombreuses pressions sur nos amis de Washington. La diplomatie secrète leur est une chique décidément calée dans le fond de la gueule. Si c'est une question d'intelligence, ils devraient avoir celle de se rendre compte que les pas feutrés dans les couloirs des Nations unies et des chancelleries étaient encore une façon de se tenir debout lorsque les États-Unis étaient entourés de grands amis querelleurs et susceptibles. D'un rond de jambe un peu appuyé, l'on pouvait faire sentir l'utilité de certains désaccords amicaux, tellement commodes pour le Canada. Aujourd'hui, l'empereur est seul à Washington ou n'a plus que de tristes vassaux, anglais ou guatémaltèques. Ce n'est pas le lieu et ce n'est pas le moment : l'empereur rotera d'ennui ; devra s'en excuser le petit homme qui n'a pas fait de bruit. Il lui faudra s'éclipser.

C'est effectivement dans une éclipse que s'est terminée, l'an dernier, la fameuse mission Chester Ronning[5], la seule à laquelle les événements aient contraint Ottawa de donner quelque publicité. Johnson relança l'escalade au moment où le Nord-Vietnam se montrait de nouveau conciliant et où Ronning était à Hanoi. La mission rentra à Ottawa, alla se perdre dans des conciliabules aux États-Unis, puis on n'entendit plus parler de rien.

Avant chaque montée de l'escalade, il est vrai, Pearson est intervenu. Mais ce fut chaque fois pour prier les États-Unis de prolonger la pause de l'escalade, non pour dire fermement que l'arrêt inconditionnel des

5. Chester Ronning (1894-1984), homme politique et diplomate canadien. Il mena des missions diplomatiques au Vietnam en 1965 et 1966.

bombardements était finalement la seule condition acceptée de tous, tant pour les Vietnamiens que par U Thant. Il eût été, le disant, en bonne compagnie.

La comédie est aujourd'hui terminée. On n'ose même plus soutenir que le Canada s'efforce de trouver une solution acceptable aux deux adversaires. C'était cependant la seule justification raisonnable qu'Ottawa eût proposée de son attitude. Paul Martin a choisi ce moment-là pour avoir une idée. D'ailleurs, elle ne vient pas de lui. Pearson lui a prêté son unique défroque d'apparat, étrennée en 1956 à Gaza, un peu trafiquée au Congo et que, déjà, l'on voudrait recoudre à Suez malgré le mauvais service qu'elle a rendu partout : ça ne réglait rien, ça ne s'ajustait pas, c'était une solution de diplomate paresseux qui endosse une tenue d'agent de la circulation, croyant ainsi régler les causes de l'embouteillage. Mais on n'est plus en 1956. Pearson avait au moins, alors, un certain sens de l'à-propos ; il y avait une situation imminente de cessez-le-feu, il fallait bien s'en occuper. Mais on est en 1967 et au Vietnam. C'est une tragédie, on croit bon de faire une farce. Donc, on propose la constitution d'une force de paix. Elle entrera en scène après le cessez-le-feu. Mais il n'y a pas de cessez-le-feu en vue ? Ah ! cela ne regarde pas la diplomatie canadienne. Puisque les combats s'éternisent, nous considérons qu'ils vont finir. Peu importe comment, d'ailleurs ! Nous, nous serons là après, gardiens de cimetière. Nous faisons œuvre de paix. Tartuffe est né à Ottawa.

Du reste, plus personne ne se fait d'illusions. Moins la violence américaine s'embarrasse de phrases, plus les militaires du proconsul Westmoreland[6] s'appliquent à provoquer le *point of no-return* d'une guerre avec la Chine, plus la stratégie impériale de la conquête ouverte se substitue à celle hypocrite du *containment*, plus Johnson remplace Kennedy, plus aussi se dépouille la diplomatie d'Ottawa de ses prétentions à l'originalité et à l'indépendance. Car ce dévoilement de la violence américaine met exactement les choses à leur place et le Canada à sa mangeoire. En fin de compte, la complicité est tacitement admise.

6. William Childs Westmoreland (1914-2005), général américain, commandant des opérations militaires au Vietnam de 1964 à 1968.

Quand il ne reste plus aucun argument présentable, on se contente de faire la sourde oreille aux accusations d'espionnage portées par des journalistes sérieux contre des représentants canadiens au Vietnam. Et l'on continue de vendre des armements aux États-Unis. Tout le monde le sait, les 30 deniers sont devenus 300 millions de dollars au pied du Golgotha vietnamien (comparaison fausse, d'ailleurs : comme si la diplomatie canadienne avait jamais été l'amie du Vietnam !). Évidemment, Paul Martin objecte que son gouvernement ne fait, en livrant ce matériel de guerre, que respecter les accords canado-américains pour la production d'armements de défense. Ce juridisme est étonnant. On peut bien dire : ce que font les Américains des produits achetés ne nous regarde pas. Mais on peut aussi dénoncer des accords dont l'application révèle qu'ils obligent l'une des parties à trahir d'autres engagements internationaux, que l'on a présumément pris en considération au moment de l'entente. Du reste, Ottawa viole lui-même l'esprit du document en acceptant que l'équilibre des livraisons d'armements effectuées entre les deux pays au titre de cet accord soit rompu. Non seulement, il accepte de fournir aux États-Unis trois fois plus que ce qu'il en reçoit, mais il se révèle très actif démarcheur auprès des entreprises américaines d'armement pour décrocher de nouveaux contrats.

Il ne reste plus alors qu'un argument, celui de la dépendance. On veut en faire une excuse, y trouver une justification. Là, ils sont tous d'accord, sauf le timide Walter Gordon[7] qui s'accroche désespérément à son strapontin de petit ministre des amusements et enquêtes économiques. Le moins persuasif n'est pas Jean Marchand, valeureux aristocrate syndical qui, au chapitre du Vietnam, embrasse le mutisme désinvolte de l'ancienne colombe Trudeau. Martin l'a dit après Pearson : « *After all, we have an economic life to live* » (*Saturday Weekly*, 27 mai 1967). En un sens, ils ont raison : la base de la politique suivie par tous les gouvernements canadiens depuis la guerre est le dogme sacro-saint du niveau-de-vie-que-nous-tenons-de-l'investissement-américain. Ils en ont bâfré, de l'investissement, trop lourds de nourriture pour

7. Walter Gordon (1906-1987), homme d'affaires et homme politique canadien, ministre des Finances du Canada de 1963 à 1965.

s'apercevoir que ça ne circulait pas bien, que ça causait des ennuis, que ça menaçait de crevaison certains organes digestifs trop débiles (tel le Québec) et qu'au surplus on se servait d'eux comme de simples gâte-sauce. Cette politique n'a jamais été vraiment remise en cause, on n'a pas sérieusement cherché une solution de rechange. On en est donc aujourd'hui à quêter des avantages immédiats de plus en plus provisoires pour le prix desquels le Canada est sommé de s'aligner ostensiblement sur la politique de l'impérialisme.

Au Moyen-Orient

Le cas flagrant, disions-nous, est l'attitude d'Ottawa dans la guerre du Vietnam. Moins visible mais aussi compromise nous semble sa conduite lors du tout récent rebondissement du conflit israélo-arabe.

Dans ce cas-ci, il est vrai, les États-Unis boussole du Canada ont un comportement plus ambivalent. Ils ont des intérêts majeurs en Arabie saoudite, à Koweït et en Irak, tout en voyant d'un assez bon œil la présence dans cette région d'un État occidental fortement industrialisé (grâce, notamment, à l'apport des capitaux américains fournis par l'establishment de la communauté juive des États-Unis) et systématiquement militarisé. À moins qu'il ne devienne trop puissant, Israël peut être considéré comme un gendarme efficace au Proche et au Moyen-Orient et comme un relais utile de la pénétration des grands consortiums dans l'Asie du Sud-Ouest et en Afrique noire. (Cela explique la position catégorique que les États-Unis et la Grande-Bretagne ont prise en faveur de la thèse israélienne concernant le caractère international des eaux du golfe d'Akaba.) Cependant, les intérêts américains dans l'ensemble de la région et la crainte qu'Israël ne devienne un concurrent trop sérieux motivent la réserve de Washington à l'égard des belligérants de l'un et l'autre camps.

Réserve, il faut le souligner, toute relative. À l'égard d'Israël, la diplomatie américaine ne fait pas mystère de sa bienveillance. Étant donné l'étroitesse des liens qui existent entre les deux gouvernements, il est fort douteux que la CIA n'ait pas été au courant des préparatifs d'agression des dirigeants de Jérusalem. (Car l'identité de l'agresseur n'est problématique que pour une certaine gauche toujours en retard sur l'événement. Les renseignements concordants des services secrets soviétiques, syriens et égyptiens sur l'existence de tels plans ou sur la concentration de troupes près de la frontière syrienne au début de mai, sont a priori suspects. Mais la cohésion et l'efficacité du blitzkrieg israélien attestent un dessein longuement mis au point.) Washington savait ce qui se tramait. Il était en son pouvoir de l'empêcher. Mais peut-être y a-t-il contribué. S'il s'est abstenu de toute ingérence directe dans le conflit armé, il s'était quand même suffisamment engagé, dans les premiers jours de la crise ouverte par le blocus égyptien du golfe d'Akaba, pour assurer Israël de son appui militaire.

À l'égard de l'Égypte, les relations étaient de plus en plus tendues depuis trois ans. Éric Rouleau, du *Monde,* écrit que « certains services américains étaient parvenus à la conclusion que [Nasser] était devenu "*irrécupérable*" par suite du rapprochement égypto-soviétique consécutif au voyage du Raïs à Moscou au printemps de 1964. La CIA semble avoir joué un rôle dans l'affaire des Frères musulmans, organisation égyptienne d'extrême droite accusée en 1965 d'avoir monté un complot contre le régime. La même année, Washington refuse de renouveler un accord relatif aux livraisons de blé dont l'Égypte avait un criant besoin, forçant ainsi cette dernière à se procurer au prix fort l'aliment de base de sa population. Cela a eu pour effet de provoquer une hémorragie de devises, compensée par une réduction des investissements productifs, et de désorganiser le plan septennal de Nasser. De telles circonstances expliquent tout à la fois l'impréparation de l'Égypte à soutenir une guerre d'envergure avec Israël et la colère des pays arabes à l'endroit des États-Unis, accusés de collusion avec l'État juif.

Question incidente : et l'Union soviétique dans tout ça, quel rôle a-t-elle joué ? Malgré ce qu'on a dit de l'initiative qui était censée lui appartenir en cette affaire, elle paraît avoir été dépassée depuis le début par les événements. Elle n'a pas su neutraliser la guerre froide que les Américains ont livrée à l'Égypte. Elle n'a pas détourné Nasser de recourir au bluff que celui-ci, vraisemblablement pris de court, a eu l'imprudence de monter dans la dernière quinzaine de mai. Elle s'est empressée de le laisser tomber dès le deuxième jour de l'avance israélienne, en votant avec les États-Unis pour un cessez-le-feu inconditionnel. Elle a tenté, depuis, de faire marche arrière en menant une offensive diplomatique à retardement contre Israël. L'URSS aurait donc fait la preuve de son imprévoyance... à moins que ses agissements ne soient attribuables à un attentisme plus cynique : elle pourrait avoir considéré que l'initiative du camp occidental et une défaite limitée des pays arabes étaient de nature à rapprocher d'elle ces derniers qui lui consentiraient alors des avantages pétroliers plus marqués. Cette hypothèse n'est pas à écarter, elle non plus. Mais, imprévoyante ou cynique, l'Union soviétique n'a manifestement pas cherché à contrer les États-Unis ou à leur faire sentir, sur l'échiquier du Moyen-Orient, la nécessité d'un règlement au Vietnam.

Cela ne signifie pas que la situation créée par le désastre arabe ne met pas Washington dans l'embarras. La décision qu'ont prise l'Algérie, l'Égypte, la Syrie, l'Irak et le Koweït de suspendre leurs exportations de pétrole vers les États-Unis et la Grande-Bretagne peut être interprétée comme une mesure susceptible de conduire à des nationalisations. D'autre part, la brutalité du succès et des méthodes de l'État d'Israël, l'étendue nouvelle de ses exigences peuvent inquiéter les États-Unis. Parions que ceux-ci voudront imposer certaines limites aux prétentions territoriales de leurs amis. Ils se trouveront donc pris entre deux feux.

Mais, aux yeux de l'impérialisme, le feu des possédants est moins dangereux que la colère des affamés. Les Israéliens ont évidemment la préférence. Dans toute cette affaire, l'Occident a généralement tenu le langage des possédants. Sa droite, qui en exprime les réflexes, s'est même abandonnée dans les rues de Paris à un vieux racisme seigneurial pour défendre, non pas les Juifs, mais Israël contre les bicots, les métèques, les paresseux, les crasseux Arabes. L'Occident, à l'exception de De Gaulle, acceptera donc une solution qui, provisoirement, fera l'affaire des États-Unis mais continuera de ne rien régler au fond et même aggravera le cancer. Il versera des pleurs mondains sur le sort des réfugiés palestiniens et cisjordaniens contraints à la mort ou à l'exil par les réactionnaires israéliens. Il trouvera sans peine un Canada quelconque, un État faisant profession d'humanitarisme, pour en accueillir quelques centaines, soulager symboliquement la conscience de Moshe Dayan. Mais l'Occident, États-Unis en tête, exigera l'internationalisation du droit de passage dans le golfe d'Akaba et consentira à de nouveaux découpages territoriaux au profit d'Israël.

C'est exactement ce qui se prépare en ce début de juin. Un signe certain en est le plan en six points, tant que ça, du Canada. Le petit homme qui ne fait pas de bruit, Pearson ou Martin c'est la même chose, trouve l'occasion belle de s'adonner à son vice. Il se sert donc des mots à double entente, se vengeant sur le Moyen-Orient de ce que le Vietnam ne lui permet plus. Il adopte le langage de la conciliation… tendons à une solution permanente… réglons les problèmes de fond… nous sommes contre toute expansion territoriale par la force. Il morigène ceux qui ont la franchise de féliciter Israël. Mais il estime « réaliste » de considérer qu'Israël, en raison de sa victoire (par la force), a droit à certains rajustements territoriaux « raisonnables ». Il favorise des négociations directes entre Jérusalem et les capitales arabes, ce qui est à l'avantage du vainqueur. Il recommande l'internationalisation immédiate du détroit de Tiran (à l'embouchure du golfe d'Akaba) en attendant un arrêt de la Cour internationale de La Haye sur la question, ce qui est une manière de rendre définitive une solution provisoire anti-arabe. Sous des manières doucereuses, la diplomatie de Washington est une fois de plus à l'œuvre.

Pour une politique nouvelle

Tirons la ligne, le bilan d'Ottawa est lourd, la complicité est évidente, la servilité totale. Le gouvernement Pearson croit s'en tirer en invoquant sa faiblesse : nous ne pouvons pas faire autrement, dit-il. Mais au petit politicien Jean Marchand, qui masquera la domination de l'impérialisme américain par des tirades contre un impérialisme français hypothétique, nous répondons, nous, que cette impotence est entretenue, conseillée, inoculée, qu'elle est instillée par ceux-là mêmes qui invoquent des arguments de camouflage, le caractère aujourd'hui grotesque de leur argumentation indique non seulement la nécessité mais aussi la possibilité d'un changement.

Nécessité d'un changement de politique. Ne parlons pas de raisons morales, la morale ne règle rien, car elle exprime, ou déforme, autre chose. Parlons politique. En maintenant ses positions actuelles, le

Canada se prépare à de graves complications qui peuvent le conduire à la guerre ou à la disparition de sa souveraineté politique, ou aux deux à la fois. Ce n'est pas une indépendance québécoise qui menace le plus sûrement le Canada de disparition, c'est une politique fédérale inintelligente d'avantages provisoires et d'abandons définitifs à l'égard de Washington. Ce n'est pas de fournir des alibis ineptes au Pentagone qui sauvegardera le Canada de l'escalade internationale de la guerre du Vietnam, c'est une attitude systématique de désengagement. Il faut à ce pays s'affranchir de tous les traités militaires qui renforcent sa dépendance économique d'une dépendance politique. Si les accords de production de défense sont l'une des expressions du traité de NORAD, il faut aussi couper ce douteux cordon ombilical, l'occasion en est prochaine puisque les accords de NORAD doivent être rediscutés en 1968. Sinon, le commandement « canado-américain » sous contrôle américain unique exigera et arrachera une intensification de l'effort de guerre du Canada. Et si, pour y arriver, il est également nécessaire de quitter l'OTAN, il faudra également le faire.

On objectera que les États-Unis ont de puissants moyens de chantage. De tous leurs marchés protégés le Canada est le meilleur. Justement, ils essaieront de le garder. Ils pourraient employer la force militaire ou économique. C'est ce dont une propagande insidieuse tente de persuader, sans preuves, l'opinion canadienne. Mais il faut exclure l'intervention armée directe : le Canada n'est pas le Guatemala. Un coup d'État intérieur ? On doit envisager ce risque pour y parer, bien qu'il soit contraire à toutes les traditions du pays : la politique actuelle en est l'amorce la plus sûre. Des représailles économiques ? C'est possible, c'est même probable. Mais leur intensité effective ne dépend pas de la seule volonté de Washington : les consortiums américains ici présents ont certaine latitude de s'ajuster à un intérêt immédiat qui leur commande de s'adapter à une situation nouvelle ; d'autre part, certaines tendances s'expriment dans les milieux financiers américains pour une modération de Washington au Vietnam. Il est sûr, toutefois, qu'à long terme il sera nécessaire de pratiquer une politique fondée sur de nouvelles alliances, sur l'exploitation d'autres courants d'échange et d'investissement, sur une mobilisation maximum des ressources locales. La dangereuse aggravation de la situation internationale fournit précisément au Canada l'occasion de définir une nouvelle politique économique et sociale globale, s'il est vrai que l'invasion massive de capitaux américains a asservi politiquement le Canada.

Il est enfin possible de s'affranchir. L'économique ne tient pas lieu de politique. Il se prête à la mise en œuvre d'un programme politique lorsque celui-ci est réalisable, lorsque bien des moyens existent pour le rendre réalisable. De tels moyens existent, mais on ne les utilise pas.

Le premier d'entre eux vient de la conscience collective du fait que le Vietnam est aujourd'hui au cœur de la politique intérieure du Canada. Il pose à la masse des gens le problème des grandes options, il contraint les partis et les associations à en discuter sur la place publique. Rappelons à ce sujet la position catégorique adoptée par la CSN à son dernier Congrès. La centrale syndicale se déclarait partisan de l'adhésion du Canada à un club non nucléaire. Elle ajoutait : « *Le Canada devrait aller plus foin et déclarer qu'il devient un pays neutre et se retirer de toute alliance militaire.* »

Ce fait constitue le principal levier d'une réorientation de la politique étrangère. Il est la base en fonction de laquelle il devient possible de recourir à des méthodes de politique économique qui requièrent le soutien populaire, tels le contrôle des prix, la nationalisation d'industries clés, la création de banques d'État pour le financement de l'industrie, etc.

L'intérêt du Québec

Dans l'utilisation de semblables moyens, dans la définition d'une nouvelle politique, le Québec a un rôle à jouer. Le gouvernement de l'Union nationale (UN) doit se rendre compte que l'intérêt du Québec passe par une opposition à la guerre du Vietnam et que l'exigence d'une consultation préalable par Ottawa dans les négociations internationales touchant les Québécois ne concerne pas seulement les affaires culturelles. Nous reviendrons ultérieurement sur ce point ; il demande d'assez longs développements. Qu'il suffise pour l'instant d'indiquer une chose. Si tangibles soient les avantages matériels immédiats d'une contribution de la main-d'œuvre québécoise à l'armement des États-Unis, ces avantages risquent d'être plus que neutralisés par le renforcement de la tendance à traiter le Québec en producteur primaire, à accroître l'exploitation des minerais stratégiques au détriment de l'industrie de transformation (prévisions pour 1967 : stagnation ou baisse du rythme des investissements dans les secteurs manufacturiers, hausse dans le secteur minier).

D'ailleurs, l'opinion québécoise est en train de se monter contre la guerre du Vietnam. On le reconnaît à plusieurs indices, dont le moindre n'est pas qu'à l'élection fédérale partielle d'Outremont l'inquiétude suscitée par la politique canadienne au Vietnam a été l'un des facteurs de la forte montée du Nouveau Parti démocratique. Les hommes politiques de Québec doivent comprendre que les gens prennent une nouvelle conscience de la réalité internationale et que leur inquiétude renforce leurs revendications sociales et nationales.

Si le gouvernement UN s'autorisait d'un rapprochement culturel et technique avec la France pour faire pression contre la politique étrangère d'Ottawa et pour mettre dans la balance son attachement au régime canadien, cette conduite serait assurée d'une grande efficacité. Elle ne rendrait pas seulement service aux Québécois. Elle permettrait aussi une définition positive de la diplomatie canadienne et jetterait les bases de rapports plus normaux (par l'indépendance ou par une nouvelle association) entre les Québécois et les Canadiens. Car elle forcerait avant longtemps les uns et les autres à modifier leur régime social et économique.

Socialisme 67, avril-mai-juin 1967.

Pas de socialisme sans lutte contre l'impérialisme américain

Fernand Dumont[1] vient de nous dire bien haut que le socialisme est pour lui la seule solution possible au Québec. J'en tombe aisément d'accord. Sur le terrain des possibilités, une longue expérience du sous-développement, se prolongeant au cœur même d'une opulence postiche et d'ailleurs appauvrissante, nous enseigne surabondamment que ce n'est en tout cas pas le capitalisme qui, trahissant et galvaudant le présent, s'accorde à notre avenir. Qu'attendre d'un tel système, sinon davantage de confusion et une rupture plus profonde de notre existence socio-économique et culturelle ? Le capitalisme a fait ses preuves. En tant que ramification autochtone du système, il n'a jamais engendré qu'un grouillement de petites larves, incapables de s'attaquer efficacement aux secteurs générateurs de croissance, – fort aptes, en revanche, clergé en tête, à pratiquer l'usure du financement à la consommation et le prêt sur deuxième hypothèque. La petite succursale québécoise ou canadienne-française du système n'a su, en conséquence, que soustraire aux fins productives l'accumulation de capital nécessaire à la réalisation d'une politique rationnelle, ou encore que profiter de la mise en coupe déréglée du potentiel québécois par l'impérialisme.

Voilà un gros mot de lâché. Il faudrait s'excuser, semble-t-il, de parler dans cette enceinte de l'impérialisme. Je m'étonne que presque personne n'en ait soufflé mot. Il s'agit pourtant d'un ensemble cohérent d'interventions et d'oppressions qui rencontrent les fondements de notre expérience collective. Camouflées mais omniprésentes, elles offrent la seule ténébreuse lumière sous laquelle il est possible de prendre une vue globale du problème québécois. Car l'impérialisme est au

1. Texte lu lors d'un colloque organisé à l'Université Laval par Fernand Dumont.

principe, tout à la fois, de l'union et de la division de notre société. En tant que structure cohérente, il est le seul phénomène contre lequel les Québécois sont susceptibles de s'unir sur le plan national. En tant que système capitaliste semi-colonial, entraînant inévitablement la distorsion du développement, il est aussi le seul qui constitue les Québécois en classes sociales fondamentalement opposées dans leurs intérêts économiques, sinon toujours clairement dans leurs aspirations politiques.

Cette contradiction qu'engendre l'impérialisme est à l'origine des vieux débats entre la pensée nationale et la pensée sociale. Elle explique le caractère abstrait d'idéologies qui continueront de s'opposer tant que l'on ne prendra pas l'habitude d'analyser les problèmes locaux dans le contexte de l'impérialisme. Elle explique, du fait même, la permanence d'un certain provincialisme qui prend aujourd'hui prétexte du besoin, chez les plus « évolués », héritiers des anciennes élites, de situer les questions dans le concret particulier de la condition québécoise pour négliger leur position concrète globale dans l'ordre international.

Par des détours inattendus, l'idéologie de la « réserve » se trouve à nouveau à portée de la main. On n'en est plus, certes, à l'autonomisme politique de la société traditionnelle, à son immobilisme économique. Nous avons tous vécu la « Révolution tranquille ». Mais, jusqu'à un certain point, nous en avons tous subi les mirages. Ils nous ont habitués à rêver, à croire que c'était arrivé. Une sorte de schizophrénie vaguement progressiste est ainsi en train de consolider simultanément deux vieux penchants, le penchant métaphysique et le penchant pragmatique, radicalement coupés l'un de l'autre lors même qu'ils expriment les tendances d'un même individu ou d'un même groupe[2]. Le premier favorise des prises de position abstraites sur la priorité de l'indépendance nationale dans une évolution vers le socialisme ou, inversement, sur la primauté de la construction socialiste, ou encore sur la poursuite simultanée des deux objectifs. Le second subit à son insu la propagande du modernisme néolibéral ; ceux

2. À titre d'exemple, une analyse des tendances idéologiques du groupe de *Parti pris* révélerait sans doute des alternances périodiques, voire la simultanéité de ces deux types d'attitude. (*NdA*)

qui y cèdent sont soucieux d'efficacité, ils entendent s'attaquer tout de suite à des problèmes particuliers dont les structures concrètes globales ont été insuffisamment analysées, ils cèdent au réflexe de l'aménagement en croyant lutter pour le développement. Un certain « socialisme » rejoint ainsi les sources anciennes de l'autonomisme. Ces définitions nouvelles du métaphysique et de l'empiriocriticisme avouent un dualisme qui laisse intact le problème politique d'ensemble des rapports entre le fonctionnement particulier de l'impérialisme américain au Québec et les autres formes de son agression à travers le monde.

Je rappellerai ici l'un des traits dominants de sa pénétration chez nous. L'impérialisme est encore la seule manifestation complète de l'efficacité du capitalisme local. C'est lui qui possède les grandes unités de production et, quand les entreprises canadiennes-françaises se résignent allègrement à devenir les succursales suburbaines de la filiale torontoise de la maison mère américaine, on s'aperçoit qu'elles fonctionnent car, effectivement, elles sont du bon côté du manche. C'est d'ailleurs à ce moment que les réflexes du petit patronat canadien-français prennent la forme articulée d'une idéologie paternaliste et faussement nationaliste de la dépendance. Rappelez-vous les propos tenus ici même par M. Gérard Plourde, président d'une société, la United Auto Parts, qui est entièrement sous le contrôle de l'industrie américaine de l'automobile. Ce monsieur, qui prêchait pour sa paroisse mais qui a au moins le mérite de la franchise, vous a carrément exposé le système. Il faut rentrer, a-t-il dit, dans les grandes sociétés internationales comme il les appelle, – voilà pour la dépendance, de façon à faire bénéficier « nos gens » des occasions ainsi procurées, – voilà pour le paternalisme et la bonne conscience.

À ce système édulcoré qui ne fait encore mirage que parce que, grâce à la domination américaine, il a pu s'entourer des faux-semblants d'une abondance que les 25 % de chômeurs de St-Jérôme, de Lachute, de La Tuque, de Gaspé ou les sans-métier chroniques du Lac Saint-Jean paient très cher, à ce système de quincaillerie il n'y a effectivement pas d'autre réponse que le socialisme. En tout cas, l'histoire de la pensée politique n'en a pas encore trouvé d'autre. Vous me permettrez, en passant, d'accueillir avec scepticisme et même avec hostilité les solutions dites mitoyennes que constituent la social-démocratie à la suédoise et le travaillisme britannique. Ces systèmes de gouvernement, d'ailleurs en crise aujourd'hui, ne font qu'exprimer une forme néocapitaliste globale de l'organisation industrielle.

J'irai plus loin et, cette fois, je prendrai l'exact contre-pied de tous ceux, libéraux ou rinistes du centre, qui déclarent que la présence américaine sur notre territoire rend impensable un renversement du capitalisme. Au contraire, selon moi, si l'impérialisme est le système qui fait éclater nos anciennes structures sans les remplacer par d'autres mieux adaptées, si le capitalisme semi-colonial est le ferment d'une inégalité de plus en plus prononcée de développement, il n'y a pas d'autre solution, pour vivre, pour assurer notre continuité et créer les conditions d'une égalité relative de développement, que de le remplacer. Cela signifie à terme, l'adoption de mesures nécessairement radicales parce qu'elles viseront à l'occupation, non certes de tout le champ économique, mais des « hauteurs dominantes » de l'économie. Si l'on sait s'y résoudre, elles signaleront le moment de la vérité et, sans nul doute, des représailles. Il faudra alors se résigner à certains sacrifices. Ils sont nécessaires.

Je ne veux pas dire qu'il faille, après-demain dimanche, prendre son fusil. On sent assez que cette extrémité elle-même serait anachronique. Il nous faudrait plutôt, je parle en ce moment par images, un arsenal. Ce que j'en dis signifie simplement que, si l'avènement du socialisme n'est pas en soi un problème insurmontable, en revanche il est nécessaire de poser les conditions politiques, économiques et culturelles de son avènement. Cette définition constitue aujourd'hui le gros problème de la réflexion et de l'action socialistes.

Elle revient à poser le principe qu'il ne faut se tromper ni de moment, ni de personne, qu'il faut bien faire attention à ne pas sauter une étape. Fernand Dumont constatait, il y a quelques instants, qu'aujourd'hui grand nombre de gens – je dirai, moi, trop de gens – se disent socialistes, s'imaginent que le socialisme est simplement une voie nouvelle, le réduisant ainsi à un phénomène de mode. Qu'on ne me dise surtout pas que le socialisme est « dans le vent ». Si cela était vrai, je ne pourrais pas rester socialiste cinq minutes de plus. Qu'un riniste bien intentionné, mais apparemment peu informé de la pensée socialiste, je pense à M. Lavallée, vienne se prétendre tel au moment d'exposer les grandes lignes d'une politique économique qui s'oppose à la socialisation des moyens de production existants ou de certains secteurs-clés, témoigne d'une confusion idéologique très répandue qui fait plus confiance à la fascination du mot qu'à la réalité de la chose. Car s'imaginer que l'État acquerra un contrôle quelconque sur l'économie en prenant possession d'un secteur entièrement neuf, c'est refuser de considérer que, si un tel secteur existait, il serait déjà occupé. Ou alors, c'est formuler une version « nouvelle vague » de la fameuse idéologie de l'industrie complémentaire qui avait cours avant la guerre : une sous-industrialisation de la campagne, c'était alors tout ce à quoi l'on pouvait prétendre. Nous promet-on aujourd'hui un sous-contrôle économique ?

Faire attention à ne pas sauter une étape dans la préparation du socialisme, cela signifie savoir de quoi l'on parle, à quelles forces l'on s'oppose. Ne pas le savoir, c'est s'exposer à la singulière aberration qui consiste à définir une formule de gestion socialiste avant même de s'entendre sur la stratégie de la préparation politique du socialisme. À mon sens, c'est précisément la formulation d'une stratégie qui, confrontée pas à pas à une analyse critique de la situation et des perspectives, permettra de définir les objectifs et, partant, les formules souhaitables d'une gestion socialiste. Il me paraît vain de discuter aujourd'hui des mérites de l'exploitation coopérative ou de l'autogestion, à moins qu'on ne discute de leurs possibilités dans un secteur particulier de l'activité sociale.

Réfléchir aux étapes, définir une stratégie, c'est aussi et d'abord analyser la structure des forces qui, même si elles fonctionnent encore aujourd'hui dans l'optique des idéologies capitalistes, travaillent effectivement, mais confusément et dans le désordre, au dépassement du capitalisme. Cela revient à examiner les points de rencontre possibles entre ces forces et à les déterminer avec exactitude.

Trois forces organisatrices d'inégale grandeur affrontent ou peuvent affronter le capitalisme. Elles demeureront non seulement inefficaces mais risqueront même d'apporter de l'eau au moulin du système tant qu'elles demeureront divisées, tant qu'elles ne procéderont pas les unes vis-à-vis des autres à une critique radicale de leur activité.

La première est groupée, sans conteste, autour du mouvement syndical. La nécessité qui est apparue, pour le syndicalisme, à travers les vagues de fond du mécontentement ouvrier, de penser les problèmes de fond de l'organisation industrielle commande les plus grands espoirs et paraît révéler le caractère inévitable de la politisation organique du mouvement ouvrier. Cependant, cette politisation risque de traîner à la remorque du pragmatisme si l'action syndicale n'entre pas en contact avec une réflexion théorique qui, à l'heure actuelle, ne dépasse guère les capacités de chercheurs isolés, d'un nombre très restreint d'universitaires, de quelques journalistes et de l'appareil des revues de « gauche ». Le personnel de la recherche et des revues, par le sérieux sinon toujours l'à-propos de leurs études, pourrait devenir la deuxième force, non quantitative bien sûr, de combat pour l'avènement du socialisme. À condition que ces intellectuels acceptent la confrontation avec les impératifs politiques et les conjonctures socio-économiques qui guident la tactique du mouvement syndical. En d'autres termes, à condition qu'ils acceptent de ne pas sauter les étapes nécessaires.

Ces deux forces seraient impuissantes à franchir le fossé idéologique qui les sépare encore si elles ne tiraient pas profit des solutions techniques à court terme, mises au point avec plus ou moins de bonheur par ceux qu'on appelle abusivement les « technocrates », cette frêle troisième force. Les solutions techniques préparent la voie dans la mesure où elles permettent une discussion collective, ouverte, officielle, sur les moyens que l'on pourrait envisager, en transposant les méthodes, de définir et de pratiquer une politique de gestion socialiste. Cependant, l'évocation de la troisième force technocratique est une allusion à l'État, au petit État que nous avons encore, aux caractères de sa dépendance, à l'échec plus ou moins prononcé de ses tentatives récentes (SGF, sidérurgie et même réforme de l'enseignement). Les liens évidents qui unissent à cet État les rares spécialistes de l'administration gouvernementale compliquent la définition d'une stratégie socialiste et anti-impérialiste dans toute la mesure où le concours technique de ces spécialistes est indispensable à une action cohérente du mouvement syndicalo-politique en gestation.

Une lutte ambiguë

En effet, une stratégie de lutte active contre les faux-semblants et les réalités de l'impérialisme américain (et contre les conduites politiques, le centralisme du morcellement ou la « théorie du petit Ottawa » à la Trudeau, les budgets Sharp, les poltronneries vietnamiennes de Paul Martin, qui en sont de plus en plus manifestement le véhicule canadien) implique tout à la fois la protection de ce petit État et son harcèlement, sa défense et sa dénonciation. Sa défense, parce qu'il est l'instrument nécessaire d'une politique de développement économique et d'émancipation sociale qui ne pourra se réaliser, il faut enfin s'en rendre compte, que contre l'impérialisme. Sa dénonciation parce que, n'étant encore qu'une façade, il est resté entièrement sous la coupe des affairistes canadiens-français et sert ainsi de paravent à l'action unilatérale des consortiums américains.

Cela explique sans doute la nécessité du recours à ce que j'ai déjà appelé dans un article la « guérilla politique », l'obligation de se battre sur tous les fronts, de faire feu de tout bois. Mais il est impossible de se conduire longtemps de la sorte si l'on ne cherche pas à définir une ligne de démarcation, à choisir soi-même le bois dont on fait le feu, à limiter la nature des services que l'on attend des « amis » qui passeront « quand le vent qui vient viendra » (Réjean Ducharme) : « ce sont amis que vent emporte » (Rutebeuf). En clair, cela signifie que l'on ne peut pas, sans verser dans un nouvel opportunisme d'« élite », maintenir un climat de discussion avec l'État que l'on combat, ou ses serviteurs, si l'on ne prend pas carrément fait et cause pour des forces populaires trop souvent accusées d'ignorance et d'apathie. Cela revient à découvrir la mèche, cachée dans leur ignorance mais ignorée de nous-mêmes, d'une dynamite révolutionnaire. À défaut de cela, toute discussion devient une complicité, tout combat une stérile duperie.

Les comités d'action politique

C'est ce que semble avoir compris la Confédération des syndicats nationaux quand elle a décidé de créer dans chaque circonscription électorale un comité d'action politique[3]. Il m'apparaît toutefois que ces comités seront limités dans leur fonctionnement à un double point de vue.

Premièrement, ils ne pourront regrouper efficacement à des fins politiques que les plus conscients des membres déjà syndiqués. Cette formule d'action constitue sans doute une tentative pour surmonter les obstacles à la syndicalisation des catégories les plus défavorisées de travailleurs. Mais la CSN ne représente qu'elle-même. Compte tenu d'une expérience de l'organisation syndicale sur la base de la convention collective, compte tenu aussi des luttes intersyndicales, elle peut conquérir d'autres troupes sur ce plan-là mais ne peut les rejoindre qu'avec difficulté sur le plan politique. La formule tendra donc à s'ajuster aux moyens dont dispose la CSN et sa mise en œuvre risque de ne pas être l'occasion tant cherchée d'un élargissement des clientèles syndicales. À un point de vue politique, il est vrai, ce n'est là qu'un inconvénient mineur. Les dirigeants de la Confédération pourraient en avoir assez facilement raison s'ils s'avisaient de solliciter des collaborations extérieures qui ne leur seraient sans doute pas refusées. Les désirent-ils vraiment ?

Mais les comités, même limités dans leur recrutement, restent une forme positive de mobilisation politique ; ils précisent, en principe, un rengagement de la CSN dans un sens qui l'amène à mettre en cause le régime. C'est un grand pas en avant. Une deuxième limitation vient, toutefois, en amoindrir la portée. Plus que d'une limitation, il s'agit d'une définition ambivalente du rôle des comités. Ceux-ci seront chargés d'amener les travailleurs à se manifester auprès des députés et des autorités locales, à agir par ce biais sur le gouvernement. Ils seront la voie normale par laquelle ces pressions s'exerceront. Ce peut être une manière originale de jeter les bases d'une démocratie régionale et d'organiser la contestation du système par ceux qui en souffrent. Mais ce peut être, à l'inverse, une façon d'installer plus profondément le syndicalisme dans une revendication partielle, bornée par les règles d'un jeu électoral conçu pour le service des privilèges, et d'accentuer certai-

3. Ce passage a été écrit après le colloque. (*NdA*)

nes tendances latentes à l'expression du mouvement ouvrier comme simple groupe de pression. Une formule qui, dans l'abstrait, paraît favoriser la politisation ouvrière, se prête concrètement à l'action parallèle, peut-être même simultanée, d'un courant politique qui radicalise l'événement et d'un courant apolitique qui le minimise.

Lequel de ces deux courants l'emportera ? Il est clair que la réponse à cette question ne dépend pas de la seule CSN. La formation de comités d'action politique, ou d'organisations similaires, est une tâche qui concerne tout le monde. À côté des appareils syndicaux qui en forment, c'est le cas de le dire, la cheville ouvrière, elle doit mobiliser des associations locales, des groupements indépendants de travailleurs (comme celui de St-Jérôme) et, de façon générale, toutes les énergies politiques qui concourent à remettre en cause le système, à découvrir de nouvelles structures, à concevoir leur mise en place.

Cela signifie deux choses. L'apparition de nouveaux modes politiques d'action ouvrière impose, d'abord, de ne jeter a priori le discrédit sur personne. La gauche est divisée, dit-on ; elle l'est au point de se trouver partout, de figurer dans toutes les organisations, dans tous les appareils et partis politiques. Ce qui divise les vrais hommes de gauche n'est pas la poursuite d'objectifs fondamentalement dissemblables. Quel que soit le programme officiel de leur groupe, ils lui donnent au contraire, comme par intuition, une interprétation voisine de celle qui, sur un autre programme, fonde l'attitude de leurs semblables. Ce qui maintient leurs différences est, bien plutôt, l'appartenance à une clientèle, l'empreinte fragmentaire d'idéologies ou de mythes qui correspondent à une habitude plus qu'à une croyance, bref les formes rudimentaires et confuses d'une réflexion qui tend à nier ces formes.

Une seconde évidence apparaît. La formation de comités d'action politique requiert la participation coordonnée de tous ces hommes, prélude à leur regroupement nécessaire dans un parti socialiste. Aucune association de défense professionnelle des travailleurs, aucun syndicat, aucun groupe fonctionnant à l'intérieur de l'un des partis traditionnels (Union nationale, Parti libéral, RIN et Regroupement national) ne peut prendre sur lui seul de poser les problèmes politiques qui doivent orienter l'action de ces comités. Car aucun ne possède de structures démocratiques assez ramifiées et ne serait-ce que l'embryon d'une théorie politique pour organiser systématiquement la réflexion et l'action sur ces problèmes complexes.

Les conditions d'une politique socialiste

Que sont-ils, ces problèmes ? Les définir revient à décrire les forces populaires qui justifient le combat, les éléments qui les composent, l'histoire de leurs luttes, les raisons de leur division, les relations fonctionnelles qui existent entre les catégories ouvrières et qu'il faut définir si l'on veut leur donner un contenu politique cohérent. Ces problèmes, nous les connaissons mal, sinon par des monographies et des actions partielles ; nous ne les connaissons pas *politiquement*. Tracer le programme de cette connaissance politique consiste, en somme, à déterminer les conditions de formation et la politique d'un parti socialiste.

La tâche est considérable. Ce n'est pas le lieu de dire ce que doit être concrètement cette politique. Tout ce que nous pouvons faire, c'est tracer un programme provisoire. Au reste, la question la plus urgente est de savoir les conditions générales que l'élaboration d'un programme socialiste doit respecter au Québec.

On a trop parlé de la « condition québécoise », pas assez du contenu social et économique d'une politique qui en serait le sauf-conduit, – trop métaphysiquement d'une « révolution », pas assez concrètement de ses étapes et, par conséquent, de sa portée. On a ainsi laissé le champ libre à un certain « économisme », celui des libéraux repris par l'Union nationale, sans programme et sans autre visée que le « rattrapage ». C'était la boîte de Pandore, ouverte à tout venant, où chacun pouvait trouver, sans ordre, l'illusion de ce qu'il cherchait. Mais la boîte de Pandore est le tonneau des Danaïdes : car jamais on ne parvient à rattraper le voisin, à épuiser le retard, en recourant aux moyens que le voisin, qui en a profité, veut nous enseigner. Nos problèmes sont, dans leur structure, différents des siens.

Je ne m'étendrai pas sur ce point, qui est fondamental, sinon pour souligner la nécessité de solutions exactement opposées à celles de la Révolution tranquille. J'ajouterai, et ce sera ma conclusion, que leur mise en œuvre suppose une certaine « vision du monde », une certaine vision des rapports qui existent entre nos problèmes et ceux de l'étranger, c'est-à-dire la définition d'objectifs de politique étrangère.

Des solutions exactement opposées à celles de la Révolution tranquille, que veut dire cela ? Dans un domaine au moins, le domaine économique, le régime Lesage a révélé son orientation véritable encore qu'insuffisamment remarquée. Il s'est montré sous un jour affairiste. Sans doute peu de choses qui se sont faites au cours des sept dernières années sont-elles à porter vraiment au compte du gouvernement. La nationalisation de l'électricité et une amorce de planification. Mais l'Hydro-Québec a surtout servi à rationaliser les livraisons d'énergie à l'industrie privée et à lui assurer de meilleures conditions d'exploitation. Quant à la planification, les projets initiaux ont fait long feu. On les a remplacés depuis trois ans par une tentative de planification exclusivement régionale, ce qui correspondait par avance aux intérêts politiques et aux préoccupations dominantes de l'actuel gouvernement de l'Union nationale.

En fait, nationalisation de l'électricité et « planification régionale » cadrent avec la conception générale que la Révolution tranquille ou silencieuse se fait du progrès économique. Il s'est agi et il s'agit toujours, dans l'un et l'autre cas, d'aménager des structures permettant d'accueillir la manne – l'investissement américain ou privé – quand elle tombe et là où elle tombe. Il ne peut donc être question, au départ, de contrôler quoi que ce soit, hormis les moyens financiers (Caisse de dépôt et placement) nécessaires à cet aménagement.

Vue sous cet angle, la Révolution tranquille procède, sinon d'une vision rationnelle, du moins d'un système cohérent. Il était logique qu'elle mît l'accent sur un certain type d'industrialisation, celui qui concerne les industries de transformation brute et les industries manufacturières traditionnelles. Car c'est dans ce secteur, qualifié de secondaire, que les investissements ont le plus augmenté pendant la période considérée ; c'est là que les entreprises sont les plus petites et les conditions d'exploitation les plus fragiles, que les contrôles étatiques sont donc le moins possibles et que l'économie québécoise révèle l'étendue de son retard ; c'est aussi là que l'affairisme canadien-français est, pour cause, traditionnellement le mieux installé. S'appliquant à cette réalité et à cette orientation, le slogan « Maîtres chez nous » traduisait sur un mode rhétorique l'affairisme des institutions parasitaires et, en fin de compte, leur dépendance.

Si l'économisme libéral et unioniste s'exprime, en gros, par le laisser-faire et une industrialisation du « secondaire », pour ne pas dire une industrialisation de seconde main, si ce mode d'industrialisation enregistre la dépendance et souligne le retard, s'il ne répond, dans le Québec, qu'aux intérêts d'une couche d'affairistes, un programme d'action socialiste devrait concevoir le développement dans une perspective exactement inversée. Les axes économiques pourraient en être l'industrie technologiquement la plus avancée (électronique et télécommunications, informatique, science nucléaire) et l'industrie des richesses naturelles (forêts, mines).

Des facteurs dynamiques

Est-ce un rêve ? Oui, sans doute. Mais, ce rêve, la Révolution tranquille, c'est son paradoxe, a commencé de lui donner un élan. Car elle a été forcée, pour réaliser ses objectifs à courte vue, de forger des instruments qui pourraient fort bien se prêter à une autre politique. La croissance d'une machine comme l'Hydro-Québec, par exemple, l'obligation où cette société d'État se trouve aujourd'hui, à l'égard des grandes entreprises qu'elle dessert, d'équiper une centrale nucléaire traduisent l'apparition de facteurs dynamiques dans l'action économique de l'État. Ces facteurs, il s'agit de les maîtriser plus complètement, plus radicalement. L'accès à la recherche fondamentale est l'un des moyens d'y arriver. Des accords avec d'autres pays, par exemple avec la France (ou avec l'URSS, pourquoi pas ?) pour la recherche ou pour la formation de stagiaires sont la voie tout indiquée. Des accords techniques pour la production d'équipement sont également à envisager. Il va de soi qu'on ne pourrait y arriver sans prendre des moyens politiques, à l'égard d'Ottawa bien sûr, mais aussi à l'égard de ceux que le capitalisme appelle des concurrents et qui, en réalité, prennent toute la place. Il faut savoir ce que l'on veut et ne pas avoir peur des protestations et des représailles, si l'on désire en limiter les effets pour mener soi-même sa barque.

L'industrie des richesses naturelles constitue l'autre axe économique. Vous me direz qu'il est vain de vouloir s'appuyer également sur les deux. Un ordre de priorité s'impose et l'on ne peut tout faire à la fois. Mais les deux secteurs extrêmes de l'économie se commandent mutuellement. On n'est jamais parvenu, ici, à retirer le plein prix et le plein avantage social des vastes richesses brutes du Québec. L'argent manquait pour le faire soi-même ou était systématiquement employé à d'autres fins. En outre, la possession de mines ou d'arbres condamne leur possesseur à l'aumône du sous-développement relatif s'il n'est pas maître d'une économie industrialisée à un niveau tel qu'il puisse intervenir efficacement sur le marché international des matières premières. Au Québec, la géographie économique permet aux deux secteurs de s'épauler dans un développement intégré qui pourrait apporter une solution au problème des disparités régionales.

Ne croyez pas que je veuille, en quelque sorte, réduire tout le programme socialiste, toute l'action socialiste à une panacée industrielle. Je ne suis pas un économiste, cela se marque assez à mes dithyrambes. J'essaie seulement de marquer des jalons, peut-être hasardeux mais il le faut bien, sur la voie d'une construction socialiste. Ces jalons-là, en fin de compte, sont essentiellement politiques.

Il est impossible, en effet, d'envisager une telle action économique sans voir qu'elle suppose la mobilisation des masses. Pour cela, il faut leur donner des raisons de combattre, ce qui passe par la stratégie dont je parlais plus haut. Compte tenu de l'impuissance des petits bourgeois locaux à bâtir une économie (et une culture) intégrée et de l'intérêt des grands managers américains à ne pas la laisser bâtir, une politique économique fondée sur l'action motrice de l'entreprise publique commande une direction ouvrière, j'entends celle des producteurs. Ils ont toujours payé pour l'impuissance ou l'intérêt des autres et sont, par conséquent, justifiés de ne pas vouloir que cela se perpétue. Cette politique requiert une « démocratie de participation » comme on dit aujourd'hui, dont l'apprentissage passe par les comités d'action politique et la formation d'un parti socialiste. À défaut d'une semblable démocratie, l'État sombrerait dans un bureaucratisme exclusif, antichambre traditionnelle du retour aux anciennes alliances bourgeoises. Aucun programme ambitieux ne serait plus réalisable. Le problème économique est d'abord politique. Il suppose un choix et une action politiques.

Une politique étrangère

Ce choix, cette action, disons-le enfin, exigent une forte vision, un sens aigu des réalités internationales saisies dans leur devenir. Rien de ce dont nous parlons en ce moment, aucun programme radical n'est susceptible de recevoir un commencement d'application si l'on ne voit pas d'emblée à quoi son exécution se heurtera inévitablement, à quelles puissances on aura à faire. Ce qui veut dire hardiesse dans la conception, prudence dans l'accomplissement des premiers pas. Ce qui veut dire aussi : une politique étrangère. Un socialiste québécois ne peut que s'intéresser de très près à ce qui se passe depuis cinq ans, que dis-je ? depuis treize ans au Vietnam, à ce qui commence à éclater en Amérique latine, à ce qui se trame au Moyen-Orient, à la balkanisation militaire de l'Afrique noire. Car il sait ou il pressent que tout ce qui peut affaiblir la puissance américaine, le nouveau gendarme du monde, son voisin, la nouvelle Angleterre du XXe siècle, l'Allemagne de l'Amérique, est le signe pour plus tard d'un desserrement du subtil étau qui dévisage son avenir. Il sait, par contre, que si cette puissance perdure et tant que les dirigeants américains ne lâcheront pas prise sur le Mékong ou sur les plateaux andins, eux, leurs fonctionnaires, leurs pentagones et leurs consortiums viendront chercher ici, comme ils iront chercher dans toutes les terres riches, le cuivre, le manganèse et le fer nécessaires au massacre. Ce faisant, contre un avantage immédiatement monnayable que leurs commandes procurent, ils renforcent la tendance à l'exploitation prioritaire des matières premières dont ils ont l'entreprise et le marché, ils accentuent la vassalisation et prolongent l'organisation semi-coloniale de notre économie.

Un socialiste québécois ne peut perdre cela de vue un seul instant, dans la mesure où il est conscient de vivre dans une économie semi-coloniale. Mais cette économie est semi-développée tout aussi bien, même très développée en certains points vitaux du territoire. Il ne peut oublier cela, non plus. Il doit savoir que, dans des échanges normaux avec d'autres pays développés, il sera possible, en y mettant un coup de collier, de ne pas apporter que la part du pauvre. Et cela doit compter aussi dans l'évaluation des atouts dont un Québec mis sur la voie du socialisme disposerait.

Je m'arrête pour considérer la longueur du chemin. Rien n'est pour demain. Nous sommes ici dans l'utopie. Mais l'utopie est le sens de la visée et la visée nous indique qu'a priori, avec hardiesse et sagesse, le socialisme est possible. Cela suffit pour nous dicter la conduite à tenir dès maintenant.

Socialisme 67, avril-mai-juin 1967.

Pour une théorie et un programme socialistes au Québec (I)

Portée des événements internationaux de 1968

1968 passera pour l'une des dates importantes de l'histoire du socialisme. Présents à l'esprit de tous, de puissants événements l'affirment. Leur rappel, qui nous paraît d'abord s'imposer, est nécessaire à l'appréciation théorique de ce grand et multiforme bond en avant. Il répond d'ailleurs à l'attente de tous ceux qui désirent placer sous un éclairage d'ensemble les problèmes actuels du Québec.

Certes, nous ne faisons encore qu'épeler les lettres du mot « socialisme ». Nous ne les déchiffrons pas encore assez bien pour ne plus être tentés, d'aventure, par de vieux dualismes qui au Québec ont toujours conditionné une interprétation tour à tour prophétique et catastrophique de l'histoire. Par contraste avec la résolution que les luttes armées ou pacifiques pour la « contestation », pour la libération ou pour le socialisme mobilisent au Vietnam, en France, en Tchécoslovaquie, en Chine et même aux États-Unis, ce sont plutôt les revers politiques, la confusion et une impression générale de grisaille qui peuvent paraître, au lendemain des illusions de bouleversement tranquille, caractériser la situation québécoise. L'apparence des faits semblerait donner raison à un schéma apocalyptique.

Là, de grandes actions de masse qui modifient, renversent même en quelques points le rapport international des forces sociales antagonistes, et créent dans la rue, au laboratoire, à l'usine et à l'université les conditions pratiques du règlement des plus importants problèmes théoriques du socialisme d'aujourd'hui. Ici, un conservatisme astucieusement modernisé, désodorisé, homogénéisant, trudellisant ; un néocapitalisme juste assez hybride pour se prétendre libéral dans sa version la plus américaine et la plus dominatrice ; une « possession de la vérité» qui de faussement tranquille est devenue ouvertement agressive; une arrogance abstraite qui sous couleur de reconnaître aux autres le droit à leur opinion *individuelle* (excusez du peu!), organise le blitzkrieg des consciences et menace de la flicaille libérale («vous allez vous faire faire mal», disait Trudeau-la-belle-âme) la *collectivité* des naïfs que l'impeccable juridisme de la domination met sur les dents; l'échec répété de groupes en principe animés du désir de combattre, les uns pour un socialisme de simple mieux-être, les autres pour une indépendance qui n'a de précis que sa définition constitutionnelle (encore n'est-ce plus bien clair depuis l'avènement du Mouvement Souveraineté-Association de René Lévesque). Ces groupes sont impuissants à déchirer les illusions qui, peau du système, recouvrent une entreprise aveugle mais systématique d'aliénation économique et de déculturation, de déshumanisation sociale comme de désindividuation. Ici encore, des 24-Juin de la colère qui deviennent le 24-Juin de la matraque et qui ne forment encore, par leur manque de définition stratégique et par leur incohérence tactique, que les feuilles volantes d'un livre encore tout entier à écrire…

Les faits de ce genre abondent. Ils accusent les contrastes. Mais on aurait tort d'y trouver une justification au découragement. Un contraste n'est jamais qu'une impression. Il ne tient pas lieu d'analyse, encore qu'un certain arrangement, un certain choix, un certain découpage de faits réglés pour l'effet de contraste contiennent une interprétation implicite. Mais cette interprétation est abusive. Tous les faits significatifs n'y sont pas retenus. Les «événements de mai» en France sont suivis d'un coup de force prétendument électoral: onze millions d'électeurs (nombre des voix gaullistes) manipulés par la crainte plébiscitent un régime qu'onze millions de grévistes avaient en fait, sinon en conscience, désavoué. En France comme au Canada, un néocapitalisme fondamentalement autoritaire pérore sur les vertus de la «démocratie» et de la «participation»; un système obligatoire économiquement et politiquement centralisateur parle de régionalisation. Trudeau n'a rien inventé. Il a repris à tous les gaullismes, à tous les catholicismes, à tous les paternalismes les expressions modernistes d'une politique fondée, ici sur le pouvoir intouchable des prête-noms de la puissance américaine, là sur l'alliance d'un capitalisme d'État fortement nationaliste et des intérêts plus atlantiques de la grande entreprise privée. Trudeau n'a fait que renchérir sur la « démocratie » par l'exploitation techniquement experte d'un charme dentifrice qui mesure l'étendue de son mépris. Mais il devient du même coup le premier produit marchand d'une industrie politique habile, comme la grande entreprise et par les moyens de la grande entreprise, à créer les mythologies de la « société de consommation ». On a les de Gaulle qu'on peut.

Ces quelques approximations corrigent les contrastes faciles. Elles accusent la force, encore intacte en Occident, du pouvoir économico-culturel, technologique, de l'illusion. Elles impliquent l'obligation pour les contestataires de remonter aux sources et d'analyser les formes, toutes les formes, de l'illusion, d'en démontrer – si l'on peut dire – la cohérente irrationalité. C'est là d'abord un travail de recherche théorique. Il est indispensable à l'élaboration concrète des formes révolutionnaires de la « contestation ». En ce sens, qui est premier, il figure une tâche politique. Les contrastes apparents de la situation n'ont pour nous de signification que s'ils nous aident à définir les contours actuels d'un modèle théorique, plus fondamental et à plus longue portée, susceptible d'informer efficacement les luttes pour un socialisme qui, au Québec, aura enfin trouvé son visage.

Tel est le rôle ambitieux d'une revue. Nous sommes, par défaut peut-être, cette revue-là. Notre équipe, plus nombreuse et rajeunie, en est consciente. Elle repart sur un nouveau pied, après avoir analysé les raisons, d'ordre matériel et personnel, mais plus massivement sans doute d'ordre théorique, qui ont affecté depuis un an la périodicité de sa parution. L'élaboration d'un modèle de réflexion socialiste approprié au Québec ne saurait être l'apanage d'un groupe, si divers soit-il par les formations individuelles et les interprétations politiques. Notre enquête suppose une large ouverture, des structures d'accueil ouvertes à la discussion et, éventuellement, la formation d'un véritable centre de recherches dont l'organisation de conférences-débats et de colloques pourra hâter la naissance. Cet esprit de recherche non dogmatique était d'ailleurs celui qui animait en 1964 les fondateurs de la revue. Nous assurons avec eux la continuité de leur effort. Mais avec eux également, nous sommes d'avis qu'une recherche ne peut demeurer ouverte que si les hypothèses qui l'orientent sont nettement posées au départ. Le socialisme est une connaissance opératoire liant dans un même projet dialectique la détermination stratégique des perspectives d'une désaliénation politique et sociale à long terme et l'appréciation des conditions immédiates, d'ordre tactique, de cette détermination. Cette connaissance opératoire s'appuie donc nécessairement sur une théorie du mouvement politique. Des discussions se sont élevées entre nous sur le caractère opératoire de l'interprétation présentée dans le premier numéro de la revue en 1964, c'est-à-dire implicitement sur sa validité théorique.

Signal d'un nouveau départ, cet article forme le résumé de nos discussions. Il figure en même temps une esquisse du modèle théorique ou, si l'on préfère, de l'hypothèse d'ensemble qui, selon un accord assez général, informera notre travail. Cette esquisse, qui demande d'assez longs développements, sera présentée dans le prochain numéro.

Le plan d'ensemble de cette analyse est ainsi constitué. Nous tenterons d'abord de saisir la signification des grands événements de 1968 pour le mouvement socialiste international. Ils éclairent la formulation des problèmes théoriques et pratiques que le socialisme doit aujourd'hui résoudre dans les économies dominées et dans les économies dominantes. Cette partie de l'analyse fait l'objet du présent article. Les contenus politiques d'ensemble précisés, il s'agit ensuite de savoir sous quelle forme ils peuvent être opératoires au Québec. La question ainsi formulée est toutefois trop vague si l'on ne tente pas au préalable de définir dans ses grandes lignes une théorie générale des structures du développement québécois. C'est sur ce point très précis, et sur les conclusions politiques qui s'en dégagent qu'ont porté nos discussions. Il en découle, en particulier pour la revue, un certain nombre de tâches dont l'énumération forme programme.

Vietnam

En 1968, le Front national de libération (FNL) du Sud-Vietnam et la République démocratique du Vietnam ont réussi, seuls, à inférioriser radicalement sur le terrain un agresseur américain réputé pour son écrasante supériorité technologique. Ils ont contraint la première puissance impérialiste à des entretiens dont elle ne voulait pas. Préparée par un élargissement massif des bases sociales de la lutte pour la libération nationale, cette première conséquence de la victoire vietnamienne (c'en est d'ores et déjà une sur le plan politique) est d'une importance capitale pour les combats anti-impérialistes et pour l'avenir du socialisme dans le monde. Examinons cela d'un peu plus près.

Sans doute les entretiens de Paris ne règlent-ils rien. Ils sont même, au point de vue de la stratégie américaine, un instrument de la continuation de la guerre. En acceptant, après un mois de mauvais prétextes et de douteuses tergiversations sur le lieu de la rencontre, d'envoyer Averell Harriman à Paris, Lyndon Johnson visait en effet un double but. Il s'agissait premièrement, à quelques mois des élections présidentielles, de dérouter une opposition intérieure qui menaçait, dans l'immédiat, de le déborder, à plus longue échéance de tracer les signes d'une dislocation du système. Il entendait en second lieu arrêter l'offensive du FNL, de manière à réorganiser les forces sous contrôle américain, à les relancer dans la bataille au moment que l'état-major de Saïgon s'efforcerait de choisir. Si comme il était probable cette tentative de freinage échouait, si les Vietnamiens refusaient une prétendue « réciprocité dans la désescalade » (terme nouveau pour désigner la *pax americana*), le but de la diplomatie américaine était de rendre le FNL et Hanoi responsables d'une nouvelle extension de la guerre par les États-Unis.

Ces deux desseins sont complémentaires, et leur complémentarité accentue le caractère à la fois répressif et agressif de la politique impériale de Washington. Mais en associant aussi étroitement les actions de colmatage à l'intérieur et le bellicisme mal camouflé de la politique extérieure, Johnson court en fait le risque d'unir et de renforcer les oppositions que sa conduite visait à conjurer.

• *Le premier but de Johnson* était de désarticuler l'opposition intérieure, qui lui reprochait la destruction systématique du Vietnam. La conjoncture américaine accentuait la force de cette protestation. Elle en faisait la source d'une réflexion globale sur le système américain de domination, et le foyer d'une action par laquelle les ailes marchandes de la société pourraient apprendre l'identité fondamentale de leurs objectifs. Partie des campus où elle s'était exprimée en liaison avec une révolte encore confuse contre les formes technocratiques de la société néocapitaliste, l'opposition à la guerre avait gagné les organisations du mouvement noir. Celui-ci prenait conscience, jusque dans ses manifestations les plus « libérales » et réformistes (cas du pasteur Martin Luther King), du caractère socialement et ethniquement répressif de la guerre du Vietnam ; sa continuation, que le système américain de conscription oblige les Noirs à payer d'un sang plus généreux que les Blancs, se solde par un coût budgétaire et financier exorbitant ; d'où le gel ou le ralentissement des programmes de logement et d'emploi que Kennedy puis Johnson avaient promis aux leaders noirs de mettre en œuvre.

La guerre approfondissait les plaies. Tragédie, l'on voulait qu'elle passât pour un spectacle ; mais le spectacle était aussi, ce qu'il est toujours, la découverte de la tragédie. Ses dimensions mythiques, créées pour la bonne conscience et le bourrage de crâne par la propagande électronique, prenaient un sens que les vendeurs d'illusion n'avaient pas prévu. Cette tragédie éclairait, et ainsi rassemblait, les drames quotidiens de collectivités isolées les unes des autres dans la vie américaine ; elle menaçait de les transformer, à leur tour, en une tragédie que l'heure vietnamienne commençait à découvrir intolérable.

Les étudiants ont commencé de le découvrir. S'appuyant sur les enceintes universitaires pour lutter contre la conscription, ils éprouvèrent du même coup la fragilité de cette protection, voire sa duplicité. Il ne leur suffit bientôt plus de lutter de l'intérieur, exaspérés, contre « l'industrie culturelle » (et ses laboratoires universitaires) qui conditionnait leurs réflexes. Il ne leur suffit plus de dénoncer l'organisation des rapports intra-universitaires dans le domaine de la recherche et de l'enseignement. Ils ont été amenés à critiquer les relations de système entre les pouvoirs universitaires constitués et une organisation économico-politique qui mettait cette recherche et même cet enseignement au service de la guerre et de l'espionnage. La révolte de Berkeley débouche sur celle de Columbia.

Les mouvements noirs sont allés plus loin encore. L'impasse des réformes, le démenti brutal que le système, qui les avait lui-même formulées, leur opposait par la guerre du Vietnam, acculaient une fois de plus les Noirs au pied des murs du ghetto. Dix années de lutte contre la ségrégation et pour les droits civils achevaient de se consumer en Asie du Sud-Est et dans Watts en feu (1965). De ce moment, des jeunes chômeurs, des jeunes exclus de la « société d'abondance », des jeunes intellectuels allaient ensemble se lever. Ils ne verraient, à l'instar de Carmichael, de débouché au combat noir que dans une lutte impitoyable de « guérilla urbaine » contre l'impérialisme américain, assailli cette fois au cœur de ses villes, qui sont les établissements physiques et les réseaux de signes de ses centres de décision les plus importants.

Chez la plupart des participants aux émeutes raciales des dernières années, on ne pourrait évidemment trouver trace de semblables motivations politiques. La spontanéité est leur fait, celui de la colère longtemps contrainte. Par définition, elle est une conduite non médiatisée, donc close sur elle-même, qui exclut toute référence à un projet transformateur nécessairement fondé, en tant que projet, sur la conscience médiatisante des relations de l'en-dedans (ghetto) qui n'est plus seulement un dedans, avec un au-dehors (guerre) qui n'est plus seulement un dehors. Mais opaque en tant qu'elle est subie par ceux-là, qui en sont les acteurs du dedans, la spontanéité de la révolte est à l'extérieur d'elle-même le révélateur d'un rapport de forces violent dont elle reproduit précisément la violence. Elle peut ainsi devenir un accélérateur, c'est-à-dire l'occasion d'une transformation prochaine de ce rapport de forces par le recours à des médiations révolutionnaires qui en nient l'opacité et en accusent les contradictions. Cela se produit dès l'instant que, surgis du dedans de la révolte, des groupes se forment sur la base de la découverte d'une coïncidence entre deux situations, fortement inégales dans les expressions de la lutte (sommaire ici, là extraordinairement développée) mais unies dans des temps simultanés par la communauté des objectifs potentiels qu'éveille ici et là l'action répressive du néocapitalisme. Cette découverte ne fait pas que fonder une idée politique révolutionnaire en milieu noir américain. Elle est la forme actuelle de cette idée. Et elle est si aveuglante, si frappante qu'elle investit les groupes militants d'un pouvoir mobilisateur dont l'exercice, tout à la fois, fait de cette idée une nouvelle force sociale et détermine l'élaboration d'un authentique projet politique de masse. En puissance, la spontanéité est donc niée comme geste fermé sur soi, c'est-à-dire comme simple aveu du ghetto noir. À travers sa négation, que signale le surgissement de militants, elle tend au contraire à s'affirmer comme processus de débordement politique du ghetto, comme mouvement de destruction de l'impérialisme intérieur (extérieur) et de conquête d'un socialisme révolutionnaire américain.

Un tel mouvement peut être encore que virtuel, mais l'important est qu'il soit déjà en germe. Les autorités américaines ne peuvent pas en conséquence prendre à la légère les émeutes des ghettos noirs. Elles ne peuvent pas durablement hausser les épaules devant les agissements des organisations minoritaires de Carmichael et de Rap Brown et taxer les pillages de magasins et les incendies d'actions collectives désespérées et sans lendemain. La conjoncture que Washington a elle-même créée par sa politique extérieure de force, fait plus qu'aviver les conflits latents de la société capitaliste la plus développée. Cette conjoncture est telle qu'ils menacent directement le système intérieur (extérieur) de la domination américaine.

Johnson s'est d'ailleurs trouvé contraint, plus tôt qu'il ne l'aurait voulu, de prendre au sérieux les menaces créées par les soulèvements noirs et les actions étudiantes en rapport avec la lutte contre la guerre au Vietnam. La convergence de ces mouvements et de cette lutte explique en effet l'émergence d'une opposition officielle, très largement populaire, à l'intérieur des appareils traditionnels de l'*establishment* politique américain.

Robert Kennedy écumait les clientèles noires et étudiantes pour avancer de nouvelles réformes et récupérer ces luttes potentiellement dangereuses avant qu'il ne soit trop tard. De son côté, Eugene McCarthy s'appuyait principalement sur le mouvement anti-conscription et anti-guerre pour esquisser les grandes lignes d'une politique de désengagement militaire qui garantirait les intérêts politiques de la diplomatie américaine au Vietnam. Ces deux hommes, ces deux « plates-formes », correspondaient donc à deux tentatives de repli tactique du système. Mais ils exprimaient en même temps un mouvement de fond qui tendait, de moins en moins obscurément, à saisir dans leur ensemble problèmes américains au Vietnam et problèmes intérieurs.

Cela explique, premièrement, que les deux fractions « libérales » du Parti démocrate se soient battues en ordre dispersé et se soient même combattues à l'occasion, mais deuxièmement que l'évolution de leur campagne ait été marquée par un rapprochement des « plates-formes » tant sur le Vietnam que sur les problèmes intérieurs. La division relative du mouvement et l'imprécision contradictoire de ses objectifs permettent sans doute de comprendre : 1) les implications majeures de l'assassinat de Robert Kennedy ; 2) le bénéfice politique immédiat que Johnson et la « machine » démocrate en ont tiré. À l'issue des congrès républicain et démocrate, l'administration de Washington se trouve assurée de la victoire officielle contre l'opposition. Ses objectifs à court terme – démoralisation, étouffement des expressions officielles de l'opposition – sont d'ores et déjà atteints. La voie est ouverte à un durcissement spectaculaire de l'attitude américaine à Paris, à Saïgon, à Hanoi. Mais l'assassinat de Kennedy, consécutif à celui de Martin Luther King, a découvert la fragilité des illusions relatives à la possibilité d'un combat d'arrière-garde respectueux des formes (pourries) de la « démocratie » nord-américaine. Il s'est déjà traduit, sur le plan officiel au congrès démocrate de Chicago, par un resserrement des ailes kennedystes et maccarthystes. C'est le signe d'une amélioration des perspectives de lutte des mouvements politiques d'opposition réelle.

• *Le deuxième objectif de Johnson* était d'arrêter l'offensive du FNL, de gagner assez de temps sur le terrain pour reprendre la lutte à son avantage. L'intermède de Paris ne devait au fond que fournir un paravent à la réalisation de cet objectif. Mais celui-ci était, comme toute la conduite de Washington, l'expression d'une politique à courte vue. Johnson comptait sans la clairvoyance et la force des analyses des combattants vietnamiens. En fait, il n'a jamais compris et, en tant que représentant de l'impérialisme américain, est incapable de comprendre les données réelles du problème vietnamien. La stratégie du Pentagone et la diplomatie de Rusk s'en trouvent inéluctablement vouées à l'échec.

Dans un article rédigé en 1967 par un analyste nord-vietnamien, on lit ce commentaire qui éclaire la portée des grandes offensives du FNL en 1968 :

> Le commandement américain se trouve aux prises avec cette contradiction déjà non résolue par les Français : concentrer des troupes pour garder les bases et les territoires occupés, c'est en manquer pour lancer des opérations offensives ; lancer de grandes opérations offensives, c'est dégarnir les arrières et les territoires occupés. Pendant que les forces locales et régionales usent l'ennemi, les forces régulières du FNL

> peuvent choisir les points d'attaque les plus favorables pour anéantir d'importantes unités américaines ou fantoches. Par ailleurs, des dizaines d'avions et d'hélicoptères, de voitures, quelquefois des centaines de pilotes, techniciens, officiers sont tués au cours des attaques des bases américaines. On a vu en deux ans de guerre le commandement américain passer d'une conception stratégique à l'autre sans pouvoir définir sa doctrine : porter ses efforts sur les opérations d'envergure destinées à « briser l'échine au Vietcong » ou « la pacification ». Comme l'armée fantoche se désagrège au fur et à mesure que la guerre avance, le commandement américain se trouve toujours à court d'effectifs. S'il veut occuper le delta du Mékong, il lui faut dégarnir la défense des régions situées près du 17e parallèle où les marines sont en péril ; s'il concentre les efforts sur les plaines côtières du centre, ce sont les hauts plateaux qui sont à découvert ; même dans Saigon, ni l'ambassade américaine ni l'aérodrome ne sont à l'abri[1].

Les événements de 1968 confirment la justesse de cette analyse sur le plan militaire, comme sur le plan politique qui en conditionne l'extension.

Sur le plan militaire, les forces du FNL semblent effectivement, dans les semaines qui ont suivi l'ouverture des entretiens de Paris, avoir diminué leur harcèlement des bases américaines et fantoches. Elles soulignaient ainsi la fermeté de leur entente politique avec le Nord-Vietnam, au moment où celui-ci entamait à Paris les pourparlers dont il avait pris l'initiative. Mais tout comme la diplomatie de Hanoi, l'action militaire du FNL s'inspire d'une conduite révolutionnaire qui sait tirer un parti offensif de toutes les concessions et de tous les répits.

En venant exposer à Paris les thèses du gouvernement nord-vietnamien sur les conditions d'un règlement, Xuan Thuy n'édulcorait en rien des positions maintes fois affirmées depuis les Quatre Points de Pham Van Dong en 1965. Il définissait simplement l'urgence de leur application compte tenu des données nouvelles favorables à la lutte des Vietnamiens, compte tenu par conséquent de la plus grande latitude dont ceux-ci jouissent pour formuler les étapes du règlement et prescrire

1. NGUYEN Khac Vîen, « Quelques clés pour le Vietnam », *Partisans*, n° 40, Paris, janvier-février 1968, p. 25.

l'objectif absolument prioritaire (arrêt total des bombardements au nord du 17e parallèle, le règlement pour le retrait des forces américaines d'intervention venant en deuxième lieu). Il montrait ainsi que le recours à la souplesse diplomatique, loin d'être une façon d'implorer la paix, est le signe d'un affermissement de la lutte.

De la même manière, le répit donné par le FNL ne pouvait constituer l'amorce de la prétendue « désescalade réciproque » réclamée par les Américains. Une telle « désescalade » n'en serait d'ailleurs pas une ; elle serait une forme de capitulation devant le Pentagone qui s'en autoriserait pour élargir son agression. Le répit, si c'en est un, avait une valeur tactique dont les combattants du Front national de libération étaient les seuls à déterminer l'étendue. Au moment où l'aviation américaine redoublait ses sorties aveugles, finalement peu efficaces, sur la partie septentrionale du Nord-Vietnam et sur l'arrière-pays du Sud, ces combattants conservaient toute liberté de mouvement et prenaient calmement le temps nécessaire à la préparation des nouvelles étapes de la libération. Ils conservaient ainsi l'avantage et continuaient de garder, dans les moments d'accalmie, l'esprit offensif qui caractérise toute leur action.

En fait, le FNL garde constamment l'initiative parce qu'il analyse correctement et en profondeur les données politiques du problème. Il a compris que l'efficacité des combats dépendait d'une adhésion des villes et des couches moyennes de la population aux actions principalement menées jusqu'ici sur une base paysanne. Lui-même expression du rassemblement en 1960 de divers mouvements politiques et religieux et de diverses couches de la population, le Front a jeté les bases d'une nouvelle alliance politique par son programme de 1967. Le succès tactique de la grande offensive du Têt, la formation de gouvernements révolutionnaires locaux, puis l'apparition de l'Alliance des forces nationales, démocratiques et de paix sont l'expression de l'influence décisive de ce programme, qui définit pour l'après-guerre une politique extérieure de neutralité et une politique intérieure de reconstruction économique du type de la NEP[2].

2. À la fin de la guerre civile en Russie, Lénine fait adopter la NEP, une nouvelle politique économique, qui fait appel à des mécanismes du marché et à la petite entreprise privée, en vue de réinstaurer des échanges entre la ville et la campagne.

Il n'y a donc rien d'étonnant à ce que l'appareil politico-militaire des marionnettes de Saigon soit aujourd'hui sur le point de se rompre et que les forces du FNL aient mené avec succès, cet été, des opérations combinées de grande envergure sur toutes les régions et sur un grand nombre de villes du territoire sud-vietnamien. La politique de Johnson se révèle donc un échec avant même qu'il ait pu en élaborer les modalités tactiques.

• *Portée des succès vietnamiens.* L'avance politique et militaire des combattants vietnamiens de la libération est d'ores et déjà d'une importance majeure pour l'avenir des luttes anti-impérialistes.

Elle jette d'abord, pour la première fois, un éclairage global sur l'impuissance de la politique impériale de Washington à comprendre les véritables problèmes des pays dominés, et sur la profondeur de la crise qui secoue le système américain. Le commentateur nord-vietnamien déjà cité résume très bien ces deux aspects de la situation :

> L'impérialisme américain est obligé de mener une guerre coloniale de type ancien, mais en pratiquant une politique néocoloniale, en essayant de monter en vain un gouvernement « national ». La faillite politique entraînant l'échec militaire, celui-ci aggravant la crise politique, l'agression contre un peuple finissant par menacer la sécurité de nombreux autres peuples, l'agression contre un mouvement de libération nationale risquant à chaque moment de dégénérer en une agression contre le camp socialiste et une menace contre la paix mondiale, toutes ces contradictions et implications font que la politique néocoloniale américaine s'empêtre dans des dilemmes que tout le potentiel militaire et économique des États-Unis n'arrive pas à surmonter. La révolte des Noirs, la profonde inquiétude ressentie par de nombreuses couches de l'opinion américaine constituent un autre facteur de faiblesse pour l'impérialisme américain[3].

En deuxième lieu, les succès dont les Vietnamiens sont décidément les seuls artisans prennent une signification politique plus

3. *Loc. cit.*, p. 30.

radicale que toutes les autres victoires des mouvements nationaux de libération dans les pays du tiers-monde.

Ils sont évidemment plus décisifs que les luttes menées dans les années soixante en Afrique et en Asie, luttes politiquement ambiguës qui ont préludé soit à l'avènement du néocolonialisme et d'un nouveau partage des empires économiques, soit à l'évolution incertaine de socialismes nationaux hâtivement conçus et généralement autoritaires (cas de l'Algérie).

Les coups portés par le FNL à l'Empire américain ont aussi des répercussions plus profondes, à longue échéance, que la révolution cubaine. Celle-ci avait, dans une première phase, surpris Washington par la réussite d'un superbe coup fourré, prélude à l'accomplissement d'une révolution nationale et démocratique et à la nationalisation des « hauteurs dominantes » de l'économie cubaine. Dans un deuxième temps, elle avait mobilisé en sa faveur d'élémentaires solidarités socialistes. Mais dans un troisième, elle s'était vue l'enjeu entre les États-Unis et l'Union soviétique d'une politique d'équilibre des forces dont le résultat le plus immédiat a été de freiner le développement de l'économie cubaine. D'un même élan ont pu être ameutées contre les variantes sud-américaines du castrisme les forces opposées de la CIA et des partis communistes « orthodoxes » locaux. Le développement de la révolution cubaine s'est accompagné du mûrissement d'une collusion objective entre deux empires, l'américain et le soviétique. L'extension de la lutte vietnamienne a indiqué au contraire les véritables limites d'une telle collusion.

Au fond, la conduite par les Vietnamiens de leur guerre de libération enseigne deux choses. D'une part, leur stratégie politique et militaire explore scientifiquement toutes les possibilités de lutte contre un impérialisme mondial dont, sur le terrain, elle définit la crise (prévue voici plus de cinquante ans par les théoriciens Hilferding, Rosa Luxemburg, Lénine). Elle est pour ainsi dire un traité pratique des stratégies de la libération ; elle facilite de la sorte puissamment l'essor des luttes nationales dans le tiers-monde. Mais d'autre part, ces combats des pays du tiers-monde ne peuvent aboutir que si, dans et par la lutte, sont jetées les bases d'un développement socialiste de la société globale et définis les objectifs intermédiaires qui y conduiront. C'est aussi ce que la révolution vietnamienne enseigne au monde, en une année que marquent cependant les incertitudes liées à une grave crise de croissance du socialisme révolutionnaire. Elle trace les limites de ces incertitudes et précise qu'il s'agit bel et bien d'une *croissance.*

«*Événements de Mai*»

Crise de croissance du socialisme révolutionnaire... Il s'agit bien en effet d'une croissance, d'une mutation profonde, d'une expansion. Elle n'épargne aucune sclérose, aucune oppression.

À l'intérieur du socialisme, elle secoue des traditions d'autorité qui correspondent à des insuffisances accumulées de la recherche théorique, insuffisances elles-mêmes liées à des défauts (tendance subreptice à l'anti-intellectualisme, tendance aux interprétations mécanistes doublées d'un moralisme manichéen) que le mouvement ouvrier a hérités des formes sociales et des superstructures idéologiques dans lesquelles il a d'abord grandi. La mise en question du socialisme par lui-même est fort susceptible de découvrir, pour mieux les débusquer, des accointances détournées et imprévues avec certains modes nouveaux de l'exploitation capitaliste. Comme telle, à condition de repérer ou de susciter ses théoriciens, cette crise restitue à la pensée de Marx sa durable et radicale nouveauté. Elle permet en particulier d'expliquer les glissements conservateurs d'un socialisme bureaucratisé et l'avènement d'un socialisme technocratique, leur lutte qui se dessine implacable en Union soviétique, mais aussi l'emprunt que ces deux maladies du développement socialiste font – à leur insu et c'est là le symptôme le plus grave de leur sclérose doctrinale – à des formes différentes de la gestion et de l'exploitation capitalistes.

Mais c'est surtout au capitalisme que cette crise de croissance porte les coups les plus durs. Du moins a-t-elle le pouvoir de les porter, si elle se prolonge dans un mouvement politique et doctrinal à sa mesure, – qui paraît grande. Les «événements de Mai» en France constituent la première indication de ses effets potentiels sur le fonctionnement du régime néocapitaliste. Ils en donnent une image globale (ce qui n'est pas le cas des révoltes étudiantes en Allemagne, originales peut-être mais politiquement isolées) assez claire pour qu'il soit possible d'analyser les ambiguïtés de cette action[4].

Il est évidemment délicat de définir les potentialités d'un mouvement qui n'existe pas encore comme structure, et qui hésite même ou répugne à se constituer formellement. De plus, les courants idéologiques qui le traversent sont nombreux et diffus. Les vieilles influences de l'anarchisme, celles de la formation militante marxiste et l'attrait de ses nouvelles orientations révolutionnaires, la présence de Sartre, un vieux fond de romantisme et la résurgence du spontanéisme, le jeu globalement refusé mais plus ou moins subi des formules participatives, les traditions du syndicalisme, le prestige vieilli et souvent haï du Parti communiste, tout cela se mêle, coexiste ou se heurte. Enfin, présentées les unes et les autres sous un vocabulaire socialiste, les analyses de conjoncture diffèrent radicalement ou s'opposent et n'ont pas le même poids politique.

Mais un tel désordre théorique est symptomatique. D'une part, il exprime la crise de croissance du socialisme dans un pays capitaliste à grandes traditions politiques. Il la ponctue d'autant plus fidèlement que cette crise s'est trouvée portée dans la rue par des jeunes gens qui ont appris, à travers la confusion des idées mais dans l'action, à raisonner politiquement. D'autre part, le désordre reflète l'insertion profonde d'une vaste clientèle de lecteurs-consommateurs ou de simples emprunteurs d'une culture poussée au gaspillage, dans une « société de consommation » néocapitaliste qui tend à digérer toutes les contestations, – à moins que celles-ci ne définissent sur les lieux de travail des « contre-pouvoirs[5] » positifs comme objectifs intermédiaires vers l'instauration d'une société socialiste et ne *s'organisent politiquement* à cette fin. Les « événements de Mai » éclairent ainsi le fonctionnement actuel du système, livré en gros et en détail aux discussions et manifestations de rues.

4. On peut lire dans le numéro 8 de *L'Homme et la Société*, Paris, 1968, les résultats d'une première analyse critique des événements de Mai. À titre documentaire, la lecture du petit livre *La révolte étudiante* publié aux Éditions du Seuil est également intéressante. (*NdA*)

5. L'expression est d'André GORZ, qui l'utilise dans *Stratégie ouvrière et néo-capitalisme*, Paris, Seuil, 1964. (*NdA*)

C'est là un progrès indéniable par rapport aux grandes luttes françaises de l'histoire récente. Ni le Front populaire ni la Libération n'avaient suscité une opposition à la fois aussi globale et aussi diversifiée au régime. L'heure était alors à la sécurité du travail dans le premier cas, à la reconstruction de l'économie nationale dans le second. L'heure n'était pas encore, il est vrai, au néocapitalisme. La caractéristique fondamentale de fonctionnement de ce régime, qui s'appuie sur la « technostructure[6] » des très grandes firmes et de l'État producteur, est d'abstraire et de diversifier les mécanismes de l'exploitation capitaliste, mais en même temps d'en uniformiser les bases sociales (à travers la multiplication des classes ouvrières et la suppression des petites bourgeoisies dans l'ordre économique) et d'étendre son emprise immédiate à chacun des domaines de l'activité sociale. L'opposition à un régime néocapitaliste doit donc être, comme lui, à la fois fonctionnelle (ou sectorielle) et globale.

L'importance des « événements de Mai » vient de ce que pour la première fois, pendant tout un mois, les masses ouvrières et estudiantines ont posé par leur action la totalité de ce problème. Qu'elles l'aient fait dans un pays où le passage au néocapitalisme n'est pas techniquement acheté souligne la promptitude de leurs réflexes. Que les appareils politiques aient été débordés, voire paralysés, prouve la force potentielle d'un tel mouvement. Mais de ce que la totalité du problème se soit trouvée posée, il ne s'ensuit pas que les bases politiques de son règlement aient été nettement perçues. Elles ne semblent pas l'avoir été par le Parti communiste, qui a conservé un sens aigu des analyses politiques de conjoncture mais qu'un vieux schématisme révolutionnaire dosé de parlementarisme prépare mal à définir plus qu'un programme provisoire de « gouvernement démocratique ». Elles ne semblent pas l'avoir été davantage par ceux qui, avec une certaine irresponsabilité, se sont laissé griser par la

6. Terme emprunté à J. K. Galbraith, *Le nouvel État industriel*, Paris, Gallimard, coll. « Bibliothèque des Sciences humaines », 1968. Cet ouvrage, à portée nettement idéologique, décrit le pouvoir technocratique dans les firmes géantes des États-Unis pour soutenir que ce pouvoir tend à la réduction graduelle des mécanismes de marché et à la résorption du capitalisme. (*NdA*)

lourde ivresse des pavés de la « contestation ». Malgré le désir évident de nombreux militants étudiants de renforcer la lutte sur des bases ouvrières, ils ont oublié ou n'ont pas su qu'une action politique révolutionnaire se mène jour après jour près des masses. Celles-ci se sont inquiétées des prolongements de la violence. Elles n'ont pas trouvé chez les contestataires de perspectives aussi concrètes que l'étaient les grenades de la police et les pavés des manifestants. Elles avaient fait un bout de chemin, mais la crainte de l'insécurité et la lassitude leur ont fait accepter le retour au travail, prélude à la victoire électorale du gaullisme.

Ces incertitudes, ces replis, ces craintes, aussi ce verbalisme de la contestation sont choses relativement secondaires toutefois. Décisif demeure le fait d'un premier engagement global contre le néocapitalisme. Plus décisif apparaît l'enseignement que militants ouvriers et étudiants ont commencé d'en tirer pour l'établissement d'une campagne prolongée contre le système, pour le refus de toute réforme qui ne concerne pas les structures de décision, pour l'approfondissement d'une formation politique et d'une découverte théorique adaptées aux nécessités de la lutte dans une « société de consommation ».

C'est en quoi les événements français de Mai peuvent éclairer les perspectives d'action des socialistes occidentaux.

Tchécoslovaquie

Le « nouveau cours » tchécoslovaque et sa répression armée par l'Union soviétique forment la troisième donnée fondamentale de la problématique socialiste en 1968. Cette donnée est double. D'une part se trouve posée la question nouvelle de la définition et de la réalisation d'un modèle de développement correspondant aux besoins d'une économie socialiste avancée. C'est le sens de la tentative tchécoslovaque. De l'autre la brutalité de l'ingérence massive dans les affaires d'un autre État malgré la proclamation encore toute récente du respect de sa souveraineté, la déformation systématique des faits relatifs aux dangers de « contre-révolution », le caractère rudimentaire des accusations idéologiques portées contre le régime Dubček, forcent à s'interroger sur la signification que le régime soviétique donne encore au mot « socialisme ». On ne peut être plus incisif que *Le Quotidien du Peuple* de Pékin qui écrit[7] :

> Quand vos tanks se déchaînent à Prague, que vos troupes tuent les Tchécoslovaques, appelez-vous toujours cela « solidarité amicale » ? Quand vous pillez les richesses des pays européens de l'Est, quand vous maintenez ces pays sous un régime colonial et les envahissez, direz-vous encore que vous agissez au profit de la grande famille socialiste ?

L'organe officiel de la Chine populaire porte contre l'URSS une très grave accusation, celle de colonialisme. En d'autres temps, elle aurait été lancée et orchestrée par le gouvernement américain, aujourd'hui curieusement silencieux. Que vaut cette accusation ? La réponse est elle-même liée à la définition du « nouveau cours » tchécoslovaque.

Contentons-nous ici de quelques remarques préliminaires. Elles seront suivies, dans le prochain numéro de la revue, d'une étude plus poussée sur le problème tchèque.

• *Colonialisme soviétique.* Le socialisme autoritaire que pratique l'URSS depuis le lancement du premier plan quinquennal a fini par reproduire, selon des voies différentes, certains mécanismes qui règlent les transactions entre économies impérialistes dominantes et économies coloniales dominées. Cela est vrai sur un point au moins, et il est capital : celui des *échanges non équivalents.* On appelle ainsi des échanges en vertu desquels les économies dominantes vendent au-dessus de leur valeur les produits industriels dont les économies dominées ont besoin pour se développer, et paient généralement à des cours dépréciés ou instables les matières premières que leur vendent les pays dominés.

Ces perversions de l'échange sont courantes dans les relations de marché qui relient un pays capitaliste développé à une économie capitaliste néocoloniale. Dans le cas des relations de l'Union soviétique avec les autres pays du pacte de Varsovie et du Comecon, il ne s'agit pas de

7. *Le Monde*, Paris, 31 août 1968, 2e édition.

rapports de ce type, et en ce sens on ne peut parler de colonialisme au sens scientifique du terme. L'URSS et les autres pays de l'Est ont atteint un niveau comparable de développement, niveau qui est d'ailleurs supérieur et acquis depuis plus longtemps dans le cas de la Tchécoslovaquie.

Mais l'URSS vit sur une tradition de planification autoritaire, très largement centralisée ; le rôle des mécanismes de participation et de consultation populaires, éléments indispensables de contrôle politique et d'exécution sans lesquels on ne peut plus parler vraiment de planification socialiste, a progressivement diminué. De plus, les instances politiques qui collaborent avec les planificateurs ont souvent adopté une politique arbitraire en matière de fixation des prix, malgré la savante comptabilité qui prévaut généralement. Il y a là un problème économique de base, à savoir la détermination des prix et des taux d'accumulation en fonction du temps de travail socialement nécessaire. Des prix peuvent très valablement être fixés en dessous ou au-dessus de la valeur marchande du produit, mais à condition qu'un équilibre soit respecté dans l'éventail global des prix. Cet équilibre est compromis lorsque les hauts fonctionnaires du parti interviennent pour des raisons politiques dans ces calculs des planificateurs. Ce qui est vrai à l'intérieur de l'économie soviétique risque de l'être davantage encore dans ses rapports avec les autres économies socialistes. Car les prix extérieurs ne correspondent pas aux prix intérieurs. Ces pays ayant accepté avec le Comecon une politique de spécialisation des productions, leur pouvoir de négociation se révèle moindre et l'URSS parvient à effectuer de dures ponctions sur leurs ressources.

Ainsi, dans l'affaire tchèque, se trouve en cause un ensemble coordonné de facteurs : socialisme autoritaire, absence de participation effective des populations aux décisions politiques en matière économique, dangers d'arbitraire de la planification, colonialisme de fait.

Il n'est donc pas étonnant que le « printemps de Prague » se soit présenté comme une tentative globale de solution aux problèmes techniques de la planification et aux questions de la démocratie politique. Les Soviétiques ont accusé Dubček et ses partisans de s'apprêter à liquider le socialisme, alors qu'il s'efforçait simplement de trouver une solution rationnelle à l'intérieur du système des relations d'ensemble des démocraties populaires avec l'URSS. Si c'est un « révisionniste », il ne l'est ni plus ni moins que les dirigeants de Moscou. Surtout, même si des éléments contre-révolutionnaires ou apolitiques ont pu profiter de la situation, – aidés d'ailleurs en cela par la colère que le diktat soviétique a soulevée, – le projet de réforme avait le mérite d'aborder les problèmes plus complexes que pose le fonctionnement d'une économie socialiste développée. Il aurait au moins fallu accepter d'en discuter sur cette base.

Les grands événements de l'année 1968 tracent avec beaucoup de clarté les données fondamentales de la problématique socialiste d'aujourd'hui, en particulier le problème de la pluralité des modèles de socialisme adaptés aux différents niveaux du développement, celui de la multiplicité des formes de lutte, celui aussi du raffinement nécessaire des analyses politiques qui conditionnent l'efficacité des stratégies. La solution à apporter à ces diverses questions dépend en fin de compte d'un développement de la recherche théorique axée sur l'action politique. C'est principalement à ce titre que ces questions peuvent intéresser aujourd'hui les courants socialistes au Québec, où la tâche politique immédiate est en effet de poser correctement les problèmes.

C'est à quoi tentera de contribuer, dans le prochain numéro, la deuxième partie de cet article.

Socialisme 68, 1968.

Pour une théorie du socialisme québécois (II)

Depuis des années, les impatiences militantes somment la conjoncture québécoise de produire un parti ou un mouvement socialiste fort, durable, sachant au moins organiser à l'intérieur du régime l'opposition réelle qui lui fait défaut. Depuis des années, cela revient à postuler la quadrature du cercle. Reconnaissons-le d'abord et analysons-le. On ne peut autrement évaluer la possibilité et l'orientation d'un socialisme québécois.

C'est la quadrature du cercle pour une raison manifeste que démontrent les aléas de toutes les social-démocraties depuis le début du siècle. Un mouvement socialiste ne peut pas être à la fois socialiste et fort quand il ne se propose pour objectif *réalisable* que de rassembler sous sa bannière les forces de contestation. Il ne choisit dans ce cas que la sécurité du nombre, la force immédiate de pression. Il accepte de borner son activité à une critique du fonctionnement des institutions. Il donne des gages en ne jouant qu'un jeu dont les conditions, y compris celles de la contestation, sont définies par le régime. L'opposition qu'il rassemble, – à supposer qu'il y parvienne et cela même est douteux, – ne tarde pas à devenir une loyale opposition de « Sa Majesté ». Il renonce en fait à tout objectif autre que « l'intégration des couches supérieures du prolétariat à la société capitaliste[1] », et fait sienne la formule du théoricien allemand Bernstein : « Le mouvement est tout, le but n'est rien[2]. »

De plus, quand ce mouvement privé d'objectif n'adopte pas de positions claires même à l'égard des courants réformistes, quand ses

1. Victor FAY, « Des voies, modèles et critères du socialisme », *L'Homme et la Société*, nº 10, Paris, oct.-nov.-déc. 1968.
2. Cité par le même, *ibid.*

positions demeurent ambivalentes, il perd également la force du nombre ; il n'attire plus, il se dessèche. C'est ce dont paraît témoigner l'autoliquidation du Parti socialiste québécois. De tels partis ou mouvements ne sont ni sociaux-démocrates ni socialistes, ils ne sont effectivement rien du tout. Ils sont à la fois opportunistes et sectaires. Mais leur pragmatisme est le résidu d'un progressisme déçu qui les empêche de concrétiser un socialisme révolutionnaire ; et leur étroitesse de pensée les laisse incapables d'analyser la conjoncture, d'en profiter empiriquement comme le font des sociaux-démocrates intelligents. Ils refusent l'idéologie des « groupes de pression », ils refusent toute connivence avec le système. Mais ils refusent simultanément les seules orientations qui justifient l'appellation socialiste. Ils perdent donc l'appui des groupes flottants, médians, dont le soutien politique est décisif dans une stratégie électoraliste, cependant que leur refus de penser et d'organiser un passage révolutionnaire à d'autres rapports (économiques et culturels, donc politiques) de production et de classe les prive de toute perspective à long terme, – les prive plus encore des seules orientations de longue durée qui soient susceptibles d'éclairer les conditions auxquelles, sur cette voie révolutionnaire, peut être joué le jeu « démocratique » offert par le néocapitalisme. Ce mouvement ouvrier a la fausse conscience idéologique (empirisme, pragmatisme) d'un parti bourgeois ; ce petit bourgeois a l'innocence (sectaire) des derviches et des ermites des « grands soirs » du désert. Il n'est plus qu'une simple « gauche ». C'est dire qu'il a la forme d'un mythe aussi peu consistant aujourd'hui que la démocratie parlementaire du capitalisme libéral qui lui a donné naissance. Cette forme est morte. La « gauche » n'existe plus.

L'absurdité du postulat socialiste tel qu'il s'est la plupart du temps manifesté au Québec[3] pourrait bien tenir à des causes plus profondes encore. Sommer la situation (qui n'est qu'un « hasard objectif », ou la forme totale prise par le concours des projets collectifs et particuliers des membres d'une société donnée) de produire un mouvement socialiste est une tentation à laquelle bien peu de dirigeants et de militants

3. Le cas de l'aile québécoise du Parti communiste canadien (ou du nouveau Parti communiste québécois), noyau ténu mais dur qui a résisté – sans se développer – à tous les assauts subis depuis sa fondation, requiert une analyse distincte. (*NdA*)

ont su résister. Sinon, ils auraient pris les moyens d'aller au-devant des situations, ils ne les auraient pas attendues dans leur retraite héroïque mais silencieuse. Cette attitude relève-t-elle d'une croyance ingénument optimiste en la spontanéité des adaptations ? N'est-elle plutôt que l'effet d'une constatation d'impuissance ? Mais alors pourquoi cette impuissance ? Par hasard, la cause en serait-elle encore une fois la « situation » ? Ou bien un spontanéisme latent, un anti-intellectualisme si confus qu'il ne se donne pas pour tel mais si tenace qu'il trouve aliment même auprès des intellectuels, une méfiance devenue viscérale à l'endroit de toute réflexion théorique sur les buts et les méthodes de l'action socialiste, un activisme court qui passe de la frénésie à l'abattement ne sont-ils que les écarts d'une conscience terrorisée par son peu de prise sur l'histoire ? Ce qui déprime alors cette conscience, précisons-le, est moins son appartenance à une « gauche » qu'elle a choisie, qu'une soumission, ignorée d'elle-même, à des idéologies implicites, presque à des comportements, qui portent comme effacée, faussement naturalisée la marque de l'idéologie fonctionnelle de la classe étrangère dominante (rationalité empirique, mythe de l'efficacité immédiate de la colonisation et de l'impérialisme).

Quoi qu'il en soit de ces raisons, toutes les tentatives plus ou moins ouvertes d'organisation qui ont ponctué du côté « socialiste » les vertiges, les soubresauts et les sommeils de la « Révolution tranquille » officielle se sont soldées par un échec chaque fois identique. Tentative d'implantation du Nouveau Parti démocratique au Québec, mais simple grignotage électoral, – scission de l'aile autonomiste québécoise et fondation du PSQ, mais impossibilité de donner une vie militante à cette nouvelle formation, – rafistolage du groupe québécois du NPD avec la nomination de l'autonomiste Robert Cliche, mais démission de ce dernier après une cuisante défaite électorale en 1968, – fusion du Mouvement de libération populaire à tendances indépendantistes et du « Caucus de gauche » radical avec le PSQ, mais liquidation quasi totale du parti après le départ du MLP qui lui-même se dissout dans l'ex-gauche de l'ex-RIN, devenu le soulier à clous du Parti québécois souverainiste… Dans chaque cas, l'échec n'a pas été plus, mais n'a pas été moins, que le résultat d'une incapacité à fonder une hypothèse de construction politique, à analyser sur cette base le rapport des forces et ses différentes manifestations, à vérifier ainsi l'hypothèse et à organiser un mouvement socialiste conséquent en fonction d'actions immédiatement réalisables mais conçues dans ce dessein.

Conditions d'une analyse socialiste

Cela supposait, il est vrai, une analyse des structures réelles de la société québécoise. *C'est-à-dire une analyse qui tînt compte à la fois de la définition des classes sociales dans une économie néocapitaliste et de l'aspect national – québécois des problèmes sociaux et culturels posés par la déformation et la dépendance de cette économie.* La question est de taille. Aucune pratique socialiste n'est concevable sur une longue période si cette question n'est pas franchement et correctement posée, au-delà de l'intuition que l'on peut s'imaginer avoir de la réalité québécoise. Élément fragmentaire d'une saisie du monde, l'intuition mobilise spontanément dans l'action un ensemble de représentations idéologiques, de certitudes convenues, de traditions culturelles qui apparaissent comme effacées mais n'en ont que plus de prise. À son niveau, elle ne peut donc tout au plus que nourrir des gestes brefs, une action éphémère et bientôt une routine répétitive qui nie ou entrave le possible déploiement de cette action. Elle ne joue son rôle nécessaire qu'à la condition d'être intégrée dans une vision méthodique de la réalité. C'est en fait à titre principal d'une analyse des contradictions de la société québécoise en tant que capitaliste mais aussi en tant que dominée, que dépendent à long terme la définition d'un projet socialiste et la stratégie que sa réalisation motive.

Une telle analyse implique trois conditions : d'abord que le besoin s'en fasse sentir, que les militants socialistes en comprennent l'importance politique ; ensuite, que cette analyse s'appuie sur des faits pertinents, c'est-à-dire des faits structurels ; enfin, qu'une hypothèse théorique permette de découvrir entre tous ces faits un système de relations qui en organise le sens. La deuxième condition est évidente. Qu'elle ne soit pas souvent remplie est imputable à l'insuffisance du besoin, ou à la faiblesse et/ou à l'erreur de l'hypothèse, ou aux deux. Comment en effet découvrir, vérifier, classer des faits si l'on ne sait pas en fonction de quels besoins et de quel modèle de recherche il est possible de les identifier comme faits structurels?

Pour ce qui est de la première condition, celle du besoin, on peut supposer que le manque d'analyses politiques systématiques reflétait, chez les responsables des formations dites socialistes, un empirisme résolu (NPD) ou résigné (PSQ[4]), un accommodement cynique ou vertueux – et désintéressé – avec un système dont au mieux on se contentait de dénoncer, non d'analyser le pourrissement, et sous le couvert d'un «socialisme démocratique» un refus chez les uns, une hésitation chez les autres, à envisager la nécessité d'un socialisme révolutionnaire. La liquidation plus ou moins effective de ces anciennes formations politiques au Québec manifeste l'échec des tentatives qui ont visé à la constitution d'une «gauche» officielle et autonome. Le temps n'est plus, ni à la présence d'éléments de «gauche» dans les appareils du pouvoir et dans les antichambres du système, ni à l'existence d'un parti socialiste. Celui-ci n'a pas survécu à la répression organisée par le pouvoir. La fin de l'équivoque ne l'a pas fortifié, elle a achevé de le miner, ce qui est une indication du peu de profondeur de ses objectifs. En fait, il est mort d'inanition *en même temps* que le régime venait à bout de débarrasser ses journaux et ses partis des hommes qui avaient pu s'y glisser à la faveur ambiguë de la «Révolution tranquille».

En un sens, ces développements permettent d'y voir plus clair. Réduite à une clandestinité de fait sinon de droit, la «gauche» est contrainte de quitter ses vêtements douteux; elle est obligée de se nier comme «gauche» et de se radicaliser. Plus nombreuse peut-être, mais politiquement plus informe, composée de petits groupes qui, sectaires ou flous, avancent tous plus ou moins confusément dans le même sens, stimulée cependant par les nouvelles luttes des catégo-

4. Je crois cette hypothèse vraisemblable dans le cas du PSQ, malgré l'accent que ce parti a mis sur les cours de formation politique. Ces cours n'étaient pas alimentés par une action, ni ne débouchaient sur elle. Il y avait un enseignement «magistral» proprement spéculatif. Le travail de réflexion et d'analyse mené par les comités d'action politique de la CSN sous la conduite de notre camarade Pamphile Piché, me paraît avoir été à la fois plus juste et plus efficace. (*NdA*)

ries ouvrières les plus défavorisées, par l'éveil des groupes « marginaux » et l'action des comités de citoyens, par les secousses du mouvement étudiant, inondée de littérature révolutionnaire, traversée de courants contradictoires qui, du maoïsme à l'anarchisme, passent comme dans bien d'autres pays par tout l'éventail des couleurs, sollicitée dans ses couches intellectuelles par des débats idéologiques auxquels son ancienne tranquillité ne la préparait pas, elle commence à ressentir, pour mesurer sa tâche, pour savoir quels coups porter, l'urgence d'analyses sérieuses. Ici et là, des groupes se forment, poussés à l'étude par les mêmes exigences qui les font chercher les bases d'un mouvement révolutionnaire dans les premières instances du besoin (logement, hygiène, santé, travail), où triomphent encore sans partage le code d'autorité du régime, ses habitudes dictatoriales quant à la définition et à la police des besoins. Ces bases, ils les cherchent à travers des actions qui, dévoilant la face cachée du système, suscitent des oppositions étendues mais cristallisent un vaste pouvoir de mobilisation. (Exemple : l'établissement d'une clinique entièrement gratuite par le Comité des citoyens du quartier St-Jacques se heurte à la résistance de la Ville de Montréal, du Collège des pharmaciens, de l'industrie des produits pharmaceutiques, des associations hospitalières et du gouvernement québécois, mais entraîne l'adhésion active de groupes sociaux que leur situation de marginaux rend traditionnellement passifs ; l'action entreprise permet ainsi une prise de conscience collective des mécanismes politiques quotidiens de l'exploitation capitaliste, et crée les conditions du passage à une lutte systématique.)

Mais on ne s'attaque pas à la violence – ouverte ou feutrée – du régime sans se heurter à sa capacité de répression, d'autant plus efficace qu'elle est souvent masquée. Il faut avoir analysé les moyens dont il dispose, c'est-à-dire au fond les liaisons qui le constituent, pour apprendre non seulement à parer ses coups mais à le mettre sur la défensive. Les groupes se mettent donc à l'étude. Ils examinent leur propre situation à l'intérieur du régime et face à lui. Mais ce régime, comment le définissent-ils ? – comment le définissons-nous ? car tout cela est valable pour notre revue. Quel sens donnons-nous à nos analyses ?

Socialisme et idéologies nationalistes

Ici intervient la troisième condition : l'hypothèse théorique. Celle-ci suppose la capacité d'élaborer un modèle – d'action et de connaissance – qui intègre une description de l'évolution structurelle d'une société particulière dans la définition d'un système général (et international), et propose des orientations adaptées à ces caractères à la fois particuliers et généraux. Cela a l'air assez évident, mais l'aptitude à examiner le rapport des deux évolutions (celle du système et celle de la société particulière) relève d'une forme de pensée qui fait souvent défaut. Cette incapacité a toujours obéré gravement les mouvements socialistes et révolutionnaires québécois, dont les analyses sont écartelées entre un nominalisme simplificateur et un empirisme sans perspectives. Nous avons, nous aussi, dans cette revue, cédé à l'une et à l'autre de ces deux tentations également éloignées de la réflexion socialiste. Aussi longtemps que cela restera le cas, les idéologies de la société globale saisie comme réalité nationale exclusive des aspects de système (ou tendant à leur subordination) exerceront une influence sans contrepoids sur la pensée politique au Québec, et l'ambiguïté du nationalisme en tant qu'idéologie continuera de fasciner les divers mouvements ou organisations de lutte socialiste. La force encore manifeste de ces idéologies est en effet d'avoir été les seules à offrir une représentation d'ensemble, bien que mythique, des structures de la société québécoise.

Examinons un peu ce problème. Il est inséparable de toute tentative d'articulation de la pensée socialiste, dans la mesure où celle-ci n'est pas encore parvenue à séparer clairement la question nationale de son interprétation nationaliste, à distinguer prise de conscience des réalités nationales opprimées et mystique nationaliste, à considérer l'indépendance comme *l'une des* solutions nécessaires, mais à désamorcer la mystification nationaliste qui en fait *la* solution de premier et dernier recours.

En lutte contre un fonctionnalisme réducteur qui escamotait, derrière un juridisme pluraliste, à la fois la réalité nationale et la structure de classe des conflits sociaux (la classe ouvrière institutionnalisée dans les syndicats n'était jamais qu'un « groupe de pression »), les mouvements d'action socialiste et plus spécialement les « définisseurs de situation » progressistes n'ont pas su éviter les pièges alléchants que le nationalisme leur tendait. Prenons, par exemple, le cas de la revue *Parti pris*. Elle aura joué un rôle positif, celui d'avoir mis à jour l'idéologie foncièrement néocapitaliste qui avait animé *dès le début* (même si cela n'est devenu apparent qu'avec la « Révolution tranquille ») le mouvement de *Cité libre*. Les gens de *Parti pris* ont montré en quoi le prétendu réalisme libéral de Pierre E. Trudeau, de Gérard Pelletier et de leurs amis fédéralistes avait en réalité un caractère insidieusement idéologique. Cette « tentation du vide idéologique », pour reprendre l'expression de Fernand Dumont[5], débouchait sur une vision de la « société fonctionnelle » naguère, de la « société juste » aujourd'hui, slogan publicitaire correspondant aux intérêts du continentalisme technologique nord-américain. Idéologie honteuse, idéologie de l'efficacité, elle ne saisit le réel que dans sa réduction en une série d'opérations ou d'objets autonomes mais égaux entre eux, par quoi elle confond une méthode de recherche et l'objet de la connaissance. Marcuse voit dans de telles démarches un processus répressif qui fonde « l'univers du discours clos », du discours antidialectique et autoritaire par quoi le *managerial capitalism* nord-américain prétend s'imposer comme seule rationalité « naturelle ». Au fait, la naturalité, le « réalisme » de cette « idéologie du rattrapage » qui prend ses modèles d'action politique auprès d'une économie capitaliste dominante et qui s'oppose ainsi à une « idéologie de développement » (l'opposition de ces deux termes, on le sait, est due à Marcel Rioux), refuse toute dimension historique aux problèmes posés à une collectivité nationale.

Cela, les gens de *Parti pris* l'ont très bien vu. Soucieux en outre de s'orienter dans le sens du développement, amenés ainsi à poser les problèmes québécois en termes de décolonisation, d'émancipation d'une nation opprimée, ils ont vu que la problématique du développement exigeait partout des solutions socialistes. Ces solutions, ils en ont esquissé quelques-unes dans l'abstrait, – ce dont personne, n'ayant

5. Fernand DUMONT, « La représentation idéologique des classes au Canada français », *Cahiers internationaux de sociologie*, n° 38, Paris, Presses universitaires de France, 1965.

fait mieux, ne peut leur tenir rigueur ; ils en sont même venus à examiner les principes de l'autogestion. Seulement, pour la fraction nationaliste de ce groupe, l'éclairage était essentiellement culturaliste. La nation québécoise, ils la voyaient opprimée en tant que sa langue et sa culture l'étaient, – et c'est un fait qu'elles l'étaient *aussi* ; les autres formes d'oppression venaient par surcroît, comme pour souligner une coïncidence entre condition ouvrière et nation prolétaire. Puisque la nation tout entière était placée sous le signe de la prolétarisation, le combat pour la décolonisation serait une lutte de toutes les classes, du peuple, contre cette prolétarisation[6]. De là à considérer que l'émancipation passerait par une phase d'essor de la « bourgeoisie nationale » et qu'on se devrait d'appuyer celle-ci, il n'y avait qu'un pas. Bientôt franchi, il n'a jamais fait l'objet de discussions publiques sérieuses. En fait, par le biais de la stratégie on s'approchait sur le problème des classes sociales, de positions qui avaient été celles de l'idéologie nationaliste traditionnelle. Tel est aussi le point de vue de Fernand Dumont :

> Nous assistons présentement à l'émergence d'un néo-nationalisme. Sous bien des aspects, il ressemble singulièrement à l'ancien. Sans doute parce que celui-ci était moins irréaliste qu'on l'a dit. En tout cas, les dimensions de la situation qu'il avait mises en évidence, certaines des antinomies qu'il avait perçues réapparaissent, et presque dans les mêmes termes, comme problèmes à résoudre. Par exemple, le thème de la quasi-identification de la nation et de la classe prolétarienne redevient à la mode. On le retrouvait l'an dernier dans une retentissante déclaration d'un chef séparatiste ; il est assez courant dans les milieux socialistes[7].

6. Je suis conscient d'avoir pu moi-même contribuer à cette ambiguïté par des raccourcis métaphoriques sur la « guérilla politique » (« La maladie infantile du Québec », *Parti pris*, n° 6, mars 1964) qui pouvait en effet passer pour une alliance tactique de courte durée. Ce n'était pas plus alors qu'aujourd'hui ma conception des choses. Je supposais l'existence d'un mouvement révolutionnaire apte à déterminer lui-même les formes, les circonstances et les lieux de sa lutte. Je suggérais le harcèlement. Je proposais une utopie. L'erreur était d'en imaginer les méthodes avant d'en évaluer les objectifs.
7. Fernand Dumont, *loc. cit.*, p. 97.

Il faut le dire, les idéologies de la « société globale » ont une tradition lointaine et une forte cohérence. A priori, elles sont séduisantes. Au Québec, sous leur forme ancienne jusqu'à Groulx et Minville, sous leurs formes renouvelées et aujourd'hui plus nombreuses (du RIN au PQ en passant par *Parti pris*) elles ont ou ont eu le mérite de concevoir explicitement leur système de représentation par rapport à une totalité qui en établissait la cohérence. Malgré le caractère métaphysique de cette totalité (tantôt Dieu, la Patrie, l'Ethnie, tantôt la Justice, la Langue, la Culture, la Révolution, le Monde perçu comme essentiel objet de dépossession) et bien que son affirmation présentât des caractères nettement idéalistes même chez *Parti pris* (adhésion surtout culturaliste et psychologiste du groupe fondateur à la cause de l'indépendance), la référence qui y était faite organisait une « vision du monde » qui en tant que telle ne pouvait manquer de déboucher sur une certaine perception de l'histoire. Le vecteur de cette histoire a pu n'être – avant la guerre – qu'une idéologie messianique et sacrificatoire, proprement coloniale, de sous-développement : même alors, en tant que coloniale, elle proposait une image plausible de la société québécoise, et c'est la relation particulière de celle-ci avec l'impérialisme, à l'intérieur d'une structure capitaliste d'échange, qu'en fin de compte elle interrogeait, mais à travers le langage de l'aliénation (en littérature, à travers le mythe de la déchéance et de l'exil dualisé par un improbable bonheur passé ou futur).

Mais les idéologies estompent ce qu'elles indiquent, du même mouvement qu'elles l'indiquent. Car elles sont d'abord des tentatives de justification. Les anciennes idéologies (Bourassa, Groulx et l'École sociale populaire en raison de son anticapitalisme corporatiste) oblitéraient, masquaient ou fustigeaient les conflits sociaux qui signalaient l'apparition de nouveaux rapports. Elles y voyaient une atteinte à l'intégrité du modèle national, lequel coïncidait pour l'essentiel avec une notion sacerdotale ou petite-bourgeoise de la « race » (pauvreté salutaire de la collectivité, – prévoyance compensatrice, érigée en vertu nationale, des petits épargnants individuels). Sa cohésion mythique risquait d'éclater sous la pesée de luttes qui opposaient des « Canadiens français » à d'autres « Canadiens français » ; son insularité était menacée par une prolétarisation qui aliénait la force de travail des ruraux selon des lois auxquelles le Québec n'échappait pas plus que les autres pays capitalistes.

Nous n'en sommes plus là. Les idéologies de la société globale sont aujourd'hui de « gauche ». Elles avouent, explicitent, identifient même à leur vision du monde des revendications ouvrières de structure que l'ancien agriculturisme voulait ignorer ou prétendait combattre. On peut mesurer la distance des idéologies nationalistes coloniales d'hier aux idéologies d'émancipation d'aujourd'hui par deux exemples empruntés à la littérature qui, au Québec, a si souvent servi de support principal à l'idéologie. Dans *Menaud maître draveur*, le Délié qui vendait sa force de travail à l'employeur étranger n'était pas perçu comme prolétaire mais comme « vaincu », « lâche » et « traître ». Dans *La bagarre* de Gérard Bessette, et plus tard dans *Le cassé* de Jacques Renaud, l'homme vaincu dans son travail *et* dans sa langue justifie par cette double aliénation le récit qui en est fait et dont il devient la figure centrale ; le roman se présente alors tout entier, à ce point de vue connotatif ou idéologique, comme la fonction signifiante d'une certaine condition ouvrière.

La « nation prolétaire »

Mais ces nouvelles visions que des romans, des revues, des sociologues ou des syndicalistes proposent, il m'apparaît, ou bien qu'elles tendent à confondre classe ouvrière et réalité nationale, ou bien au contraire que, dénonçant le capitalisme au nom d'une morale d'authenticité et de justice, elles ne peuvent en décrire les conditions réelles de développement dans une société particulière. Dans ce dernier cas, je me réfère à la série d'essais que Pierre Vadeboncoeur a réunis sous le titre *L'autorité du peuple*[8], et particulièrement à celui intitulé « La grandeur de

8. Montréal, Éditions de l'Arc, 1965. – On voudra voir dans mes réflexions et en général sur les développements idéologiques, des questions plus que des jugements. Le caractère schématique de leur énoncé peut paraître arbitraire. Il l'est sûrement. On ne saurait oublier, par exemple, que dans ce livre Pierre Vadeboncoeur s'est abandonné à une réflexion libre, celle sinueuse de l'essayiste, et qu'en tout cas il ne se proposait nullement une étude du développement capitaliste dans la société québécoise. Je n'ai pour excuse que la nécessité où je suis, écrivant cet article, de définir le plus clairement mes positions et, à cette fin, de signaler de brefs points de repère. (*NdA*)

l'histoire ». Quant à l'équation classe ouvrière = réalité nationale, les interprétations qu'elle a reçues pourraient être éclairantes si l'on voulait par là signifier une coïncidence entre la classe ouvrière et la réalité nationale. Se trouverait alors désignée une incompatibilité de fait entre les intérêts de la bourgeoisie économique, satellisée ou dominante et la défense des intérêts nationaux à l'heure où le capitalisme est d'abord un système mondial d'expropriation et d'appropriation monopolistique des surplus économiques nationaux. Ce n'est pas à de semblables enseignements, tirés des plus récents développements de la théorie économique marxiste, que nous convient les métaphores sur la nation prolétarienne.

Il s'agit en effet de métaphores. Prises au pied de la lettre, elles faussent les rapports entre la nation et les classes sociales ; elles indiquent des solutions illusoires, bientôt reprises par le conservatisme. Ce parallèle imagé entre le prolétariat et une nation avilie ou niée n'a de réalité qu'en tant que chacun de ces termes signale une aliénation dont le sens varie de l'un à l'autre, mais dont la marque leur est commune. À cette marque, pourtant décisive, se limite leur solidarité. On ne peut les prendre pour identiques l'un à l'autre. Une identité de la nation et du prolétariat impliquerait la coïncidence de tous leurs caractères constitutifs. Elle supposerait notamment un commun assujettissement à l'exploitation, entendue au sens de confiscation de la plus-value ou d'appropriation du surplus économique produit par le travail social. En régime capitaliste, cela ne peut être : le capitalisme réprime, estompe, mythifie, nie même la culture nationale, il ne l'« exploite » pas ; mais il exploite les travailleurs, dont il ne pourrait nier l'existence sans se nier lui-même.

Cette différence subsiste en régime néocapitaliste, bien que les formes toujours voilées de l'exploitation économique apparaissent alors comme absorbées par la dépossession culturelle. D'une part en effet, le néocapitalisme *paraît* réduire le quantum de l'exploitation (alors qu'en réalité il l'augmente) et supprimer jusqu'à la possibilité pour les travailleurs de remonter des apparences de leur vie à la structure de l'exploitation. Il y parvient par une série d'inversions qui font prendre l'apparence pour la structure, le concret illusoire pour l'abstrait réel. Ces inversions sont toutes des variantes de celle, fondamentale, qui privilégie le *mode technique de production* (et la consommation) sur les *rapports de production*, – qui fait du mode de production *la «preuve» que les rapports de production ne sont plus* inégaux et conflictuels. L'achat en série vient s'ajouter à la production en série pour devenir le support économique d'une idéologie publicitaire fondée sur deux slogans : luxe à bon marché, répartition égalitaire des avantages sociaux. Les travailleurs réguliers sont transformés en consommateurs de biens « durables » et « non durables », – chacun défini en fait par un coefficient différent de non-durabilité, – dont l'échange révèle, plus que la qualité intrinsèque souvent médiocre, l'idéologie implicite qui fait de cette médiocrité la « preuve » inversée de l'abondance et de l'opulence auxquelles les travailleurs sont réputés prendre part. De même, la dépréciation de plus en plus rapide des marchandises, la multiplication des modèles d'objets qui sont les signifiants infiniment nombreux de cette idéologie appauvrie, la « gadgétisation » par laquelle se trouvent réduits à un même dénominateur objets marchands et consommateurs forment les marques d'un « langage de la marchandise » qui est la manifestation nouvelle du « fétichisme de la marchandise » dont parlait Marx. Ce langage nie le gaspillage comme mode de détournement du surplus économique pour l'affirmer comme preuve de la consommation égalitaire : il le nie comme exploitation pour l'affirmer comme démenti de l'exploitation. Il n'est pas jusqu'à *l'image* physique de la pauvreté (avec laquelle l'exploitation est psychologiquement confondue) que le néocapitalisme ne parvienne à inverser. Il l'identifie à des programmes d'assistance. On ne parle plus de « pauvres », bien qu'on lance encore une « lutte contre la pauvreté » (mais la pauvreté est plus rassurante que les « pauvres ») ; on parle d'« assistés sociaux ».

D'autre part, en effaçant les images de l'exploitation, le néocapitalisme procède à une rationalisation qui approfondit l'aliénation culturelle des travailleurs-consommateurs. La prise de conscience de l'exploitation devient directement la prise de conscience de l'aliénation culturelle ; souvent même elle s'estompe au profit de cette dernière. En fait, le néocapitalisme réalise la synthèse des deux aliénations en transformant la culture en industrie, et en soumettant le travail à la production de marchandises nouvelles qui, en dépit des apparences, sont de plus en plus des « systèmes » marchands (notamment des systèmes d'information) et de moins en moins des objets marchands. Cependant, à y regarder de plus près, cette culture aliénée n'est pas la culture nationale. C'est une culture nouvelle, cosmopolite, anationale, qui se présente dès sa naissance comme aliénée par sa formation comme marchandise. Cette culture-là réprime massivement la culture nationale qu'elle menace de réduire, elle aussi, à l'état d'ensemble marchand, c'est-à-dire de dissoudre totalement dans une structure d'échange qui nie l'aspect national des tenants de l'échange. Pour échapper à cette négation, la nation est alors obligée de choisir des moyens visant, non plus à la simple conservation de son identité (niée), mais au changement révolutionnaire de valeurs et à la *socialisation* (humanisation collective) de la culture nouvelle. C'est à ce moment qu'une solidarité apparaît entre elle et ses travailleurs-consommateurs que l'« industrie culturelle » exploite mais dont elle ne nie pas l'existence.

En régime néocapitaliste étatique et monopolistique, les médiations sont plus complexes qu'en régime capitaliste de concurrence, entre la culture (ou la nation dont la culture manifeste et explicite à tout moment la réalité) et le travail ; mais ces médiations ne modifient pas radicalement la structure de leurs rapports.

La coïncidence de la nation et du prolétariat ne pourrait apparaître que si le statut économique de la bourgeoisie était aboli. Mais alors, du fait même, nous nous trouverions dans une société sans classes où le prolétariat lui-même n'existerait plus, et l'on pourrait moins que jamais parler d'une « nation prolétaire ».

Sans doute, dans une colonie classique ou chez un peuple infériorisé par une bourgeoisie allogène ou allophone, les rapports de classe n'ont-ils pas la même consistance que dans un pays métropolitain ou dans une région à développement capitaliste intensif. Ces rapports se manifestent comme déformés par l'érosion générale que le sous-développement (relatif ou absolu) provoque dans la colonie ou dans la région à économie déformée. Mais cette érosion n'entraîne pas le nivellement des classes sociales ou leur disparition sous un commun dénominateur national. En fait, elle s'accompagne le plus souvent d'un élargissement de l'écart, d'un approfondissement des oppositions latentes d'intérêts. Mais cet approfondissement est tel que, vu de surface, il paraît indiquer des conflits de nature différente (féodaux, raciaux ou linguistiques) qui viendraient absorber ou dissoudre les conflits de classe d'une société capitaliste. C'est ici qu'intervient l'idéologie nationaliste. Elle profite de ce que l'impérialisme refuse également la réalité des classes et la réalité nationale pour transférer sur l'axe national les conflits de classe, pour ne retenir de la totalité de ces conflits que ceux qui peuvent signaler une opposition immédiate entre la nation dominée et la « nation » (classe) dominante.

Dans les pays du tiers-monde, l'idéologie nationaliste (qui est devenue celle des partis communistes pro-soviétiques) croit voir dans l'écart formidable qui s'accentue entre les travailleurs colonisés et les « élites » locales la preuve du maintien de conditions féodales par l'étranger. Elle n'y trouve pas du tout l'indice d'un développement totalement capitaliste du sous-développement, lequel autorise précisément ces apparences féodales. Elle dénonce alors la collusion de l'aristocratie foncière avec le grand capital étranger, ce qui la justifie de présenter la bourgeoisie autochtone – pourtant tout aussi compromise – comme le porte-parole des intérêts nationaux.

Dans les régions satellisées à caractères nationaux distinctifs, l'idéologie nationaliste procède différemment ; mais là encore elle tire parti des apparences. Le fait est qu'à un clivage social *tend* à correspondre un certain clivage linguistique ou culturel. Le nationalisme met le premier entre parenthèses pour ne retenir que le second. La bourgeoisie flamande avait tendance à se franciser. Pour accéder vraiment au haut de l'échelle, la bourgeoisie québécoise a tendance à s'angliciser. Qu'elle ne le fasse pas toujours, qu'elle n'y parvienne pas ou que parfois même elle tente de résister à cette assimilation, cela a sans doute pour conséquence un plafonnement dans l'attribution des avantages sociaux et des profits. Mais cette érosion ne supprime ni son existence de bourgeoisie ni la nécessité pour elle, en tant qu'elle demeure une bourgeoisie, de collaborer avec les investisseurs anglo-canadiens et surtout américains (les ventes d'entreprises en font foi) sur le dos d'une classe ouvrière plus gravement amoindrie.

La satellisation qui touche l'ensemble d'une nation a indéniablement des effets (qu'il faudrait mesurer) sur la définition des classes ; mais elle ne dissout pas leurs conflits. Que l'idéologie les occulte pour ne considérer que la lutte contre « l'étranger » (quand elle est conservatrice) ou contre l'impérialisme extérieur (quand elle est progressiste) paralyse cette lutte dans le premier cas, la freine ou la fait dévier dans le second. Car *l'impérialisme est un système de classe* très structuré et très présent, très implanté, auquel on ne peut s'opposer qu'en s'attaquant à ses organes locaux, nationaux, en fonction de leurs liaisons internationales. Pour le succès de la lutte il faut en reconnaître les conditions. Il est impossible de séparer une bourgeoisie « nationale » diminuée, de l'impérialisme qui la diminue (la vassalise) mais la subventionne pour prix de cette vassalisation.

L'image de la « nation prolétaire » est donc illusoire. Elle propose une « évidence » qui tient lieu de toute explication. Mystificatrice en ce sens, elle oriente la lutte vers l'échec.

La « classe ethnique »

Les adeptes de ces métaphores ont tiré argument, ces dernières années, de l'hypothèse soutenue en 1962 par Marcel Rioux et Jacques Dofny[9]. Nos deux amis n'établissaient pas expressément une égalité classe ouvrière-nation prolétaire. Par son caractère sociologique, leur étude se garde bien de justifier ce genre d'approximation. Au fait, ce n'est pas directement la classe ouvrière et le Canada français qu'ils mettent en parallèle, mais le concept de classe sociale et la catégorie « classe ethnique ». Leur point de vue était le suivant : de même que le Canada français est une société globale où « le problème des classes sociales se pose comme dans toute autre société globale en voie d'industrialisation et d'urbanisation », de même il peut se définir à l'intérieur du Canada considéré à son tour en tant que société globale, comme une « classe ethnique » qui « *joue le même rôle que celui d'une classe sociale à l'intérieur d'une société globale* ». Il y aurait donc superposition de deux sociétés et identité de rôle entre « classe ethnique » dans l'une et classe sociale dans l'autre. Cela dit, nos deux camarades faisaient un pas de plus : ils laissaient supposer que le parallèle ne jouait pas à plein avec

9. Jacques Dofny et Marcel Rioux, « Les classes sociales au Canada français », *Revue française de sociologie*, vol. III, Paris, 1962, p. 290-300.

n'importe quelle classe sociale mais seulement avec la classe ouvrière : « *Si le Canada français, en tant que "classe ethnique", va apparaître comme défavorisé à l'intérieur du Canada, combien défavorisée est la classe ouvrière de cette classe ethnique !* »

Ces commentaires me suggèrent deux remarques. Je les livre tout en sachant que depuis 1962 Jacques Dofny et Marcel Rioux ont pu vraisemblablement réexaminer toute la question, et avec l'espoir qu'ils verront dans mes questions un signe d'amitié et de camaraderie.

1) Leur texte ne justifie pas formellement les équations classe ouvrière = nation prolétaire – équations d'ailleurs illusoires, le deuxième terme dissolvant dans le qualificatif « prolétaire » au profit de la nation le contenu de classe du premier terme. Ces équations supposent une seule société globale, les auteurs en distinguent au moins deux (trois avec la société nord-américaine dans son ensemble).

Mais une ambiguïté apparaît ici : elle vient d'une confusion des systèmes de référence. Rioux et Dofny couvraient d'un même terme (« société globale ») deux réalités distinctes : d'une nation comme communauté (Québec) ils passaient à l'État central comme nation politique (Confédération). Ils faisaient comme si, eu égard à la « société globale », les deux nations relevaient de la même définition. Ensuite, à chacune de ces « sociétés globales » ils appliquaient des classes distinctes : classe sociale et « classe ethnique ». Ils confondaient ce qu'ils séparaient, ils séparaient ce qu'ils confondaient. À cette première ambiguïté s'en ajoutait une autre : pour mesurer la réalité de la « *classe* ethnique », ils comparaient les échelles de revenus de différentes catégories professionnelles, ils parlaient de *strates.* N'est-ce pas jouer sur deux concepts différents ? En analysant des données de stratification, désigne-t-on les classes sociales comme telles ? Ces ambiguïtés méthodologiques sont peut-être inévitables : comment vérifier une métaphore sans montrer qu'elle en est une ? Car la « classe ethnique » est, elle aussi, une métaphore. Elle ne fait qu'inverser les rapports entre « nation » et « prolétaire ». Ce qui est adjectif (prolétaire) devient substantif (classe) ; inversement ce qui est substantif devient adjectif. Cette adjectivation de la nation fait toute la différence entre une idéologie nationaliste et une idéologie qui ne l'est pas. Mais loin de le briser, elle conserve ou même renforce le rapport supposé entre « nation » et « prolétaire ». Sauf qu'elle substitue « ethnie » à « nation ». C'est là une équation scientifiquement douteuse et politiquement suspecte.

2) Le rapport de la notion de « classe ethnique » avec le concept de classe sociale n'est lui-même concevable que sur la base d'une définition psycho-sociologique de la classe sociale. « *Pour analyser les aspects particuliers du problème des classes sociales au Canada français, les faits nous commandent de privilégier l'élément prise de conscience.* » Quels faits et pourquoi ? Les facteurs qui permettraient de distinguer la prise de conscience sont relatifs aux attitudes et aux motivations, ainsi qu'à l'organisation de la classe en groupements multiples : ces facteurs serviraient donc aussi, doit-on comprendre, à identifier la classe comme réalité sociale. Si la prise de conscience collective a une structure bien définie, autonome, applicable à toute réalité sociale, et si c'est elle qui vient prêter cette structure à une classe sociale dans ses relations avec d'autres classes, il va de soi qu'elle pourra également la prêter à une nation minoritaire dans ses relations avec une nation majoritaire.

La référence exclusive à la prise de conscience paraît ainsi fonder un parallèle entre les deux réalités et justifier pour toutes deux l'emploi du mot « classe ». Une définition des classes sociales en fonction de la structure des rapports de production n'aurait pas autorisé ce rapprochement. Car sur le plan économique, les classes étant définies par leurs rapports dans un système capitaliste international, ce n'est jamais une nation qui en tant que nation produit le surplus économique, ce sont des travailleurs ayant une réalité nationale.

Cette distinction devrait être retenue comme élément constitutif d'une définition des relations conflictuelles entre les classes sociales québécoises, compte tenu de la situation qui leur est faite par l'impérialisme. Ainsi pourrait être reconnue, dans ses effets économiques, politiques et culturels, la plénitude de la « question nationale » québécoise.

Une notion nouvelle : la « colonie de l'intérieur »

Arrivés à ce point, nous ne sommes toujours qu'à pied d'œuvre. Notre hypothèse théorique, nous ne l'avons encore énoncée que comme condition tout à fait générale. Nous savons par exemple qu'elle doit cerner une réalité nationale à l'intérieur de relations de système qui établissent cette réalité comme partie intégrante de ce système. Ajoutons que par système ne sont pas désignées surtout ou d'abord des significations juridiques (du type de celles qui existent, soit entre pays indépendants, soit entre nations associées – ou inféodées dans un État multinational) mais un réseau de relations sociales, culturelles et politiques dont le régime économique est une donnée de base. Nous savons aussi que le cadre dans lequel une hypothèse socialiste doit pouvoir être énoncée et vérifiée est la nation, seule réalité d'ensemble qui permette aux classes sociales de se définir les unes par rapport aux autres et même à chacune d'elles par rapport aux réalités internationales dominantes du système (capitaliste).

Ces deux systèmes de relations, celui de la nation avec le capitalisme monopoliste, celui de la classe ouvrière avec la bourgeoisie dans le cadre national comme moyen de référence à sa situation internationale de lutte contre le système impérialiste, sont susceptibles de nous donner des indications très précises si, conformément aux prescriptions de ce schéma, nous étudions la relation spécifique d'une économie nationale (l'économie québécoise) avec l'impérialisme économique, les modes particuliers d'expropriation et d'appropriation de son surplus économique.

À partir de là, bien des problèmes restent à résoudre. Ce schéma ne nous permet pas a priori de dire, ni si la classe ouvrière telle que la définit l'analyse marxiste est encore, dans les conditions actuelles de diffusion et de fragmentation du néocapitalisme dominant, la classe qui dans l'ensemble de ses couches rassemble les possibilités révolutionnaires de passage au socialisme, ni si la classe ouvrière québécoise compte tenu de la déformation structurelle de l'économie québécoise comme économie régionale, n'a pas plus (ou moins) que d'autres classes ouvrières de pays développés la possibilité de s'identifier par la voie socialiste aux espoirs de libération nationale. Ce double problème est grave, – celui de la définition de la classe ouvrière en économie néocapitaliste, celui de sa position déprimée en économie régionale satellisée, ou encore celui du socialisme en économie dominante, celui du socialisme et de la libération nationale en économie dominée. Marquons seulement pour mémoire que la position de ces questions ne peut être détachée, tant des débats suscités par le « marcusisme » (mise en cause de la société néocapitaliste ou de la société « technologique ») que des travaux de philosophes et d'économistes marxistes tels qu'André Gorz, Charles Bettelheim, Ernest Mandel, Paul A. Baran (théoricien du surplus économique), Paul Sweezy et André Gunder Frank (théoricien du « développement du sous-développement capitaliste » qui se généralise *selon les mêmes tendances structurelles* dans les colonies économiques dites classiques et dans les régions – ou nations – défavorisées des pays capitalistes à développement intensif).

Il importe d'abord, pour poser ces problèmes généraux d'orientation (qui soulèvent aussi des questions relatives aux différents modèles de socialisme), de bien définir le modèle d'analyse en fonction duquel peut apparaître comme réalisable, et même comme idée-force, un socialisme québécois. J'exposerai dans la troisième tranche de cet essai[10], l'analyse que l'on peut faire des situations québécoises en fonction de ce qu'André Gorz appelle la « colonie de l'intérieur », c'est-à-dire la région ou la nation relativement défavorisée par le fait de la concentration capitaliste et de l'accumulation métropolitaine des profits, région dont le « sous-développement » relatif (ou la déformation) est engendré par des mécanismes d'expropriation dont les colonies classiques ne font que ressentir de plus graves effets quantitatifs.

Cette notion permet de prendre ses distances par rapport aux images quantitatives atroces, pourrait-on dire, que suggèrent les économies de la faim, pour mieux considérer la caractéristique fondamentale du néocapitalisme et du néo-impérialisme qui est le « développement du sous-développement ». À ce titre, le Québec offre une image originale. L'arrière-pays québécois est presque tout entier une colonie satellite de sa métropole régionale (Montréal), cependant que le Québec dans son ensemble est l'une des quelques colonies de l'intérieur de l'impérialisme nord-américain. Cette optique modifie la position politique traditionnelle du problème (par rapport au reste du Canada), mais n'en rend que plus impérieuse l'éradication du « sous-développement » par le passage politique au socialisme. Ce passage exigera évidemment, c'est

10. Cette troisième tranche n'est jamais parue.

une simple conséquence, le contenu pratique – et donc juridique – de l'indépendance. Plus profondément, d'ici là, la double situation de colonie de l'intérieur offre les moyens d'analyser la position spécifique et les caractéristiques de la classe ouvrière québécoise au regard du capitalisme de satellisation. Je ne fais ici que définir un aspect fondamental du programme de travail à long terme que la revue s'est fixé, et que des groupes de travail ont commencé de se partager.

Socialisme 69, avril-mai-juin 1969.

Le socialisme québécois

1) *Socialisme québécois*: En adoptant ce nouveau nom, la revue veut indiquer à la fois une rupture critique et une prise de position positive[1].

2) Rupture, d'abord, par rapport à un éclectisme dont le prix – il faut bien le reconnaître – a souvent été l'affaiblissement, voire l'abdication de la rigueur théorique et politique. Disons donc dès maintenant que notre revue ne se propose nullement d'être un miroir où des opinions diverses coexisteraient paisiblement dans le no man's land d'un « dialogue » où tout le monde aurait droit de parole, pourvu qu'il soit animé de ces « bonnes intentions » dont on sait que le chemin de l'enfer est pavé. En revanche, l'exercice d'une rigueur sans concessions deviendra la seule garantie et la seule justification de la pertinence et de l'efficacité de notre entreprise.

3) Prise de position, ensuite. Ce qui veut dire deux choses: réaffirmation de la nécessité historique du *socialisme* et, par conséquent, des principes du marxisme-léninisme, seuls capables d'informer une théorie et une pratique politique révolutionnaires; insertion dans la réalité de cette conjoncture qui est la nôtre: la formation sociale québécoise, dont nos analyses se proposent de mettre en lumière les structures, les mécanismes de fonctionnement, les tendances qui s'y dessinent et les contradictions présentes et futures, en vue d'éclaircir et, si possible, d'orienter une pratique politique efficace.

4) Cette revue s'inscrit donc dans une ligne de pensée qui affirme, d'une part, que la conjoncture peut et doit être récupérée par la théorie, d'autre part que l'analyse théorique ne se justifie que par son exclusive

1. Éditorial, écrit avec Emilio DE IPOLA, de *Socialisme québécois* qui remplace ce qui aurait normalement été *Socialisme 70*.

destination politique. Cette double affirmation donne la mesure de notre position et de nos objectifs immédiats et médiats.

5) Que la pratique révolutionnaire doive être guidée par une connaissance rigoureuse des réalités qu'elle vise, c'est là un principe dont la théorie et la pratique marxistes-léninistes suffisent à démontrer la pertinence. Encore faut-il ajouter – dans l'esprit même du marxisme-léninisme – que la pratique politique reste toujours première et fondamentale, la « recherche théorique » n'étant légitimée qu'en fonction de son articulation étroite sur le travail politique, et comme un *élément* de ce travail.

6) Précisons toutefois cette articulation. On peut dire, en première approximation, que la connaissance de la conjoncture définit à la fois le point d'arrivée de la pratique théorique et le point de départ de la pratique politique. Ainsi, incorporer la conjoncture à l'espace et à l'ordre propre de la théorie – c'est le rôle du marxisme-léninisme en tant que science des formations sociales – suppose en même temps que l'on incorpore la théorie à l'espace et à l'ordre propre de la politique. Mais ce double recouvrement exclut aussi bien la confusion que le divorce de la pratique théorique et de la pratique politique.

7) Il s'agit en fait de tenir ensemble ces deux énoncés fondamentaux : insérée dans la politique, la pratique théorique garde néanmoins sa spécificité ; inversement, informée par la théorie, la pratique politique reste, elle aussi, relativement autonome. Ce qui revient à dire que l'articulation du théorique et du politique doit être pensée comme un rapport complexe, à la fois de disjonction et de conjonction.

8) Rapport de *disjonction* : Entre les concepts de base du marxisme-léninisme (mode de production, instances économique, politique, idéologique, formation sociale, classe sociale, détermination, domination, etc.) et les analyses concrètes qui ouvrent la voie à la saisie conceptuelle d'une conjoncture historiquement donnée comme à une intervention efficace sur cette conjoncture, il y a un long chemin à parcourir *dans le théorique*. De même, à son tour, la pratique politique mobilise des facteurs et comporte des exigences qui restent en dehors des juridictions de la théorie.

9) Rapport de *conjonction* : La définition de ce rapport passe d'abord par celle de la conjoncture. Par celle-ci il faut entendre la situation singulière de la lutte des classes dans une formation sociale historiquement donnée. Elle ne peut être efficacement orientée que si, en particulier, est élucidé le rapport entre la singularité de la situation et les structures mêmes de la formation sociale. Ce qui fait la spécificité de la lutte révolutionnaire, ce n'est pas simplement la nature des objectifs, à savoir la prise du pouvoir et la transformation radicale des rapports de production, mais simultanément la compréhension du fait que l'efficacité de l'action réclame l'intervention d'un travail théorique accordé à ces objectifs. C'est donc sur le terrain de la *conjoncture* que la pratique politique et la pratique théorique doivent opérer leur *conjonction*.

10) Certes, une telle conjonction ne va pas de soi. Au Québec, elle n'est qu'à peine amorcée. D'autre part, la tâche théorique et la tâche politique se développant inégalement, des décalages sont inévitables, non seulement entre ces deux niveaux, mais aussi sur le terrain même du travail théorique, entre les analyses empiriques et la production des cadres conceptuels qui viennent armer ces analyses. Cette conjonction est donc elle-même une tâche, théorique *et* politique. Nous tenons à souligner que notre recherche entend s'insérer dans l'œuvre collective des militants de la gauche québécoise visant à organiser politiquement les éléments dispersés de la gauche révolutionnaire du Québec et à les relier concrètement aux différentes luttes populaires susceptibles de cimenter leurs efforts. Nous osons espérer que notre travail contribuera à accélérer l'accomplissement de cet objectif capital.

11) Or, à méconnaître la *disjonction* – donc la spécificité et la distance relative des deux pratiques –, on aboutit forcément à leur confusion, soit sous la forme du *théoricisme* (idéalisme qui pose la théorie comme étant *immédiatement* politique), soit sous celle du *pragmatisme* (idéalisme qui pose que la pratique renferme en elle-même sa propre connaissance), ou encore du *spontanéisme* (activisme volontariste : « le sens de la démarche est donné par la marche »).

12) À méconnaître la *conjonction*, on aboutit au divorce des deux pratiques. Erreur symétrique et opposée à la précédente, qui s'exprime sous

la forme d'une « théorie » s'épuisant dans la répétition inlassable des principes abstraits, et d'une pratique politique qui, faute de la connaissance de la conjoncture où elle s'exerce, tombe nécessairement dans le dogmatisme et le sectarisme.

13) La conjoncture actuelle au Québec – conjoncture marquée par les élections du 29 avril et l'affermissement du Parti Québécois[2] – nous offre l'occasion de mettre à l'épreuve la solidité de nos vues.

Le PQ, les aléas de l'autonomisme et l'impérialisme

14) L'entrée en scène et le développement spectaculaire du Parti Québécois découvrent sous l'angle politique des contradictions qui accentuent aujourd'hui les déformations de l'économie et des autres aspects de la formation sociale québécoise. C'est pourquoi la mise en lumière de la nature et du rôle de ce parti est essentielle à la compréhension de la situation actuelle.

15) À cet effet, on doit tenir compte à la fois : a) des contradictions spécifiques de l'économie québécoise, b) d'une tradition politique fortement marquée par une volonté de particularisme. Ces deux aspects sont interdépendants : le particularisme a été, pour la petite et la moyenne bourgeoisie québécoise, une tentative limitée de réponse au système spécifique de domination qui s'est exercé depuis 1850 jusqu'à la première guerre mondiale sur l'ensemble de la formation sociale québécoise. Pour l'essentiel, ce particularisme s'est borné à l'affirmation d'un provincialisme dont le caractère revendicatif portait exclusivement sur le plan culturel.

16) Or, à partir de la fin de la première guerre, l'impérialisme américain a relayé les intérêts britanniques et imposé au système de domination une transformation dont les pleins effets apparaîtront au lendemain de la deuxième. Dès lors, la situation s'est caractérisée par une non-correspondance entre le système économique et l'appareil insti-

2. Aux élections de 1970, le tout nouveau Parti Québécois obtient 23 % des voix et fait élire sept députés.

tutionnel chargé de la domination politique. Autrement dit, la spécificité du nouveau système réside en ce que la domination économique (et indirectement politique) de l'impérialisme américain est redoublée par un système visible de domination politique décalé du premier. Sous l'effet de la crise économique des années trente et des pressions expansionnistes du gouvernement fédéral, le particularisme culturel de la politique québécoise s'est alors doublé d'un autonomisme juridico-politique.

17) Mais la non-correspondance des deux systèmes n'est qu'un effet de surface. Elle n'est possible qu'à la condition d'une entente entre la politique d'investissement des grands consortiums américains et les intérêts encore importants de la bourgeoisie canadienne-anglaise qui, à la fois caissier et croupion, définit les règles du jeu politique. On peut comprendre alors les mécanismes particuliers par lesquels le système d'exploitation économique dissimule son emprise sur le Québec. Car l'autonomisme, en continuité avec sa tradition juridiste et culturaliste, ne pouvait qu'approfondir le décalage en mettant exclusivement l'accent sur le niveau politico-institutionnel et culturel de la domination. En ce sens, la réponse autonomiste fait plus qu'autrefois partie intégrante du système de domination. Dans cette même mesure, elle cesse de représenter une option valable pour les secteurs les plus menacés de la petite bourgeoisie québécoise.

Une contradiction apparaît nettement, en effet, entre les modalités juridico-politiques d'un autonomisme provincialiste, dont le duplessisme a été la forme limite, et la déformation de l'économie québécoise aggravée par le nouvel impérialisme.

18) L'autonomisme traditionnel était en fait une réaction défensive à un ensemble d'institutions juridico-politiques (Acte de l'Amérique du Nord britannique, programmes à frais partagés, partage des pouvoirs fiscaux, droit public régissant, sous l'égide d'Ottawa, les rapports entre la Confédération et la province de Québec). La déchéance du duplessisme n'a pas mis fin à cette politique défensive, qui informe encore la conduite de tous les partis provinciaux sans exception. Mais les structures de la formation sociale québécoise qui déterminaient cette stratégie de la petite et de la moyenne bourgeoisie se sont violemment

transformées au cours des vingt dernières années. Pour la partie la plus éclairée de ces classes, l'autonomisme provincialiste a cessé d'être une solution viable.

19) Que s'est-il passé en effet au cours des deux dernières décennies ? Cette période est marquée au Québec par le développement des nouvelles formes de l'exploitation impérialiste. C'est le réseau de ces formes qui a déterminé la modification des rapports de classe et la transformation du rôle de l'État provincial dominé. Saisir la modification de ces rapports revient, pour l'essentiel, à décrire les différences les plus marquantes entre l'ancien et le nouvel impérialisme.

20) *Ancien impérialisme*: Les analyses largement non convergentes de l'impérialisme financier, proposées au début de ce siècle, concordaient au moins sur un point: la nécessité de l'exportation des capitaux pour mobiliser les sources extérieures de matières premières dont « la possession est l'une des sources principales du partage impérialiste du monde[3] ». À cet impérialisme correspondait une politique économique caractérisée par la faiblesse de l'investissement initial et par l'importance des rapatriements de surprofits. Au Québec, cette tendance s'est longtemps marquée par le souci des investisseurs anglo-canadiens et américains de développer en priorité les ressources forestières, minières et énergétiques. La partie laissée sur place de la plus-value ainsi produite ne permettait qu'à peine le maintien de l'économie agricole et d'une industrie légère à faible composition organique de capital (meubles, textiles, tabac). Sur le plan institutionnel, les revenus affectés à l'entretien d'un appareil semi-étatique d'expédition des affaires courantes ne pouvaient être, eux aussi, que très restreints.

21) *Nouvel impérialisme*: Aujourd'hui, les phénomènes à l'œuvre dans les autres aires de la domination impérialiste se vérifient également au Québec. Le visage actuel de l'intervention impérialiste suppose partout la subordination des anciennes formes d'exploitation à une nouvelle politique d'investissement. Les grands consortiums dominants

3. Pierre JALÉE, *L'impérialisme en 1970*, Paris, Maspero, 1970, p. 25.

cherchent à étaler sur de longues périodes la croissance de leurs taux de profit dans les économies déformées, en y favorisant la création d'industries de transformation à rayon d'action réduit. Ces industries, qui sont subordonnées à celles des pays dominants, demeurent toujours technologiquement déclassées par rapport à celle du capital variable (salaires). Mais cette hausse, qui rend profitable le recours partiel au réinvestissement sur place des profits (autofinancement et donc moindre recours aux marchés financiers de l'emprunt), est incomparablement moindre que l'augmentation enregistrée dans les secteurs de pointe des économies à développement non déformé. C'est pourquoi : a) les apports de capital neuf sont plus limités au Québec que dans les parties développées du Canada, b) la part des réinvestissements l'est aussi, c) les profits de succursales demeurent plus élevés. Bien que l'investissement américain soit proportionnellement inférieur au Québec que dans le reste du Canada, les effets de domination et de déformation y sont nettement plus accentués.

22) Mais le nouveau système impérialiste n'implique pas la disparition des formes d'exploitation dérivées de l'ancien. Il est au contraire caractérisé à la fois par le développement de ces formes, qui sont liées à la recherche d'une plus-value absolue (extension de la journée de travail et paiement de bas salaires) et par l'augmentation étroitement limitée des nouveaux investissements (dans les mines modernisées et dans les industries de montage ou d'équipement léger). Il en résulte notamment : a) une augmentation du décalage entre la stagnation, voire le dépérissement de l'arrière-pays, et le développement des métropoles satellites (Montréal) ; b) un écart croissant entre le nouveau prolétariat qualifié requis par l'industrialisation (qualification plafonnée à un niveau relativement bas) et un sous-prolétariat d'assistés sociaux qui ne cesse de proliférer ; c) une fragilité accrue de l'emploi (forte oscillation de la courbe d'emploi et consolidation du chômage dit structurel).

23) La transformation rapide des rapports de classe que ces changements provoquent menace la petite et la moyenne bourgeoisies. La petite bourgeoisie et une partie des anciens cadres professionnels risquent en effet de se trouver assimilés aux couches supérieures de la classe ouvrière. Ce processus est déjà partiellement amorcé. C'est alors que les

anciennes élites découvrent dans l'État provincial un moyen d'éviter ce déclassement, quitte à répudier leur méfiance traditionnelle à l'endroit du gouvernement et à accepter leur fonctionnarisation.

24) Dans le sillage du nouveau système économique de domination, l'État provincial est appelé à jouer un rôle singulièrement élargi. Il lui faut simultanément préparer le terrain pour la venue des nouveaux capitaux (rationaliser la production et la distribution des ressources énergétiques, définir une politique d'exploration minière, aménager les principaux réseaux routiers), assurer les conditions sociales d'une productivité accrue (assurance-hospitalisation et autres régimes de sécurité sociale, réforme de l'éducation) et entretenir l'armée inflationnaire des assistés sociaux. C'est cet ensemble de phénomènes qui a caractérisé la phase dite de la « Révolution tranquille » des Lesage, Lévesque et Johnson (pour ce dernier, de façon déjà très atténuée).

25) De tels changements ne pouvaient que modifier les objectifs et les stratégies politiques de l'autonomisme. La nécessité d'une intervention plus marquée de l'État signale par elle-même l'impossibilité de s'en tenir à une action purement défensive au niveau provincial. Il ne s'agissait plus simplement de résister aux empiétements fédéraux sur le Québec, mais de leur faire face en fonction d'initiatives locales dont le caractère offensif est limité mais incontestable. S'inspirant de la stratégie déployée avec succès par le gouvernement fédéral depuis les années trente, les nouveaux autonomistes se sont avisés de pratiquer à leur tour une « politique d'occupation du terrain » qui prit les deux directions offertes par le système de domination : sur le plan économique ils ont tenté de participer, par le truchement de l'État, aux effets de l'industrialisation de dépendance (Hydro-Québec, Sidbec, Société générale de financement, Caisse de dépôt et placement) ; sur le plan juridico-politique, ils ont défini contre Ottawa de nouveaux besoins fiscaux. Par rapport au vieil autonomisme, cette action présente des caractéristiques qui ne sont contradictoires qu'en apparence. D'un côté, les nouveaux nationalistes rejettent le provincialisme en affirmant (ou en admettant de fait) les droits d'un État national distinctif. Mais ils le récupèrent, de l'autre, en n'accordant d'attention qu'aux aspects institutionnels du système, en ne songeant qu'à se donner des « instruments »,

des « leviers » juridiques. – Telle est encore, et plus que jamais, l'attitude du Parti Québécois.

26) Cette conjoncture, qui a dessiné la politique des années 1960-1967, explique l'avènement des formations politiques indépendantistes, leur nationalisme jusqu'au-boutiste en réaction contre les jeux dualistes de l'autonomisme et du fédéralisme. Mais ces formations n'ont pu remplir les conditions nécessaires au développement et à la maturation politiques du nouveau nationalisme technocratique de la petite bourgeoisie. Trois conditions devaient en effet être remplies.

27) *Première condition* : détérioration relative de la conjoncture économique. C'est-à-dire accentuation d'un marasme habituellement masqué par des taux de croissance artificiels. Cette accentuation ajoure les déformations économiques auxquelles la petite bourgeoisie a toujours réagi par une idéalisation des particularismes québécois. La détérioration doit cependant être contenue et endiguée. Elle ne peut dépasser les bornes qu'impose la nécessité de maintenir les mécanismes de reproduction du système de domination économique. L'affermissement du nationalisme péquiste est à la fois la réaction au chancellement chronique d'une formation sociale déformée, et la garantie que le système lui-même ne sera pas mis en cause. Le début de crise que traverse toute l'Amérique du Nord, et ses contrecoups au Québec (baisse prononcée des investissements productifs et des investissements publics) sont les déterminants conjoncturels de l'essor du PQ ; mouvement de protestation contre la « maladie » du Québec, il est aussi la caution institutionnelle que tout sera mis en œuvre pour limiter les pertes capitalistes. Sa propagande affiche un optimisme merveilleux ; les blocages économiques du Québec ne sont attribuables qu'à l'Absence d'un « outil » politique, d'un État souverain. – En 1966, le RIN ne pouvait se prévaloir d'une situation aussi « avantageuse », si l'on peut dire.

28) *Deuxième condition* : Elle est le corollaire de la première. Pour qu'une revendication de souveraineté étatique se développe au Québec, il faut que la croissance des pouvoirs d'intervention de l'État soit à la fois stimulée par les besoins de participation au nouveau système

de domination économique mais freinée par ce même système, qui ne peut assigner à l'État dominé qu'un rôle subordonné. La contradiction est de taille. Elle explique les conduites politiques, souvent aberrantes à première vue, du nouvel impérialisme à travers le monde. Cette contradiction n'est pas perçue en temps normal par des populations peu politisées comme l'est la population québécoise. Mais il suffit d'un ralentissement de l'activité économique pour que le freinage de l'État suscite le dépit ou l'étonnement des administrés, qui ne peuvent pourtant l'expliquer par les contradictions du système. Le nationalisme étatiste des péquistes prend appui sur ce malaise pour mythifier la défunte « Révolution tranquille », valoriser les « compétences » (c'est le grand mot) alors déployées, et rendre les seuls appareils juridico-politiques de la domination responsables de la paralysie. – Bien que séduit par les mêmes mythes technocratiques et juridistes, le RIN ne pouvait en 1966 s'appuyer sur le précédent d'une « Révolution tranquille » qu'il avait combattue, et ne pouvait surtout pas tirer parti d'un freinage qui, bien que commencé, ne sautait pas encore aux yeux.

29) *Troisième condition* : Pour que l'indépendance politique soit acceptable par la petite et la moyenne bourgeoisies, il faut qu'elle soit adoucie, désamorcée, progressivement vidée des revendications jusqu'au-boutistes qui risquaient de mettre en cause, non seulement l'impérialisme extérieur, mais l'ordre social et les rapports de classe impliqués au Québec par cet impérialisme. Le RIN a paru friser ce risque. Son histoire a été marquée moins par une continuité stratégique que par une série de déchirements. Entre une « gauche » plus ou moins anti-impérialiste, mais mystifiée par l'alliance avec la « bourgeoisie nationale », et une « droite » attachée aux justifications juridiques et culturelles de « l'indépendance d'abord », ces déchirements ne découvraient pas seulement l'incertitude des analyses ; ils ouvraient un malaise politique dont les violences du FLQ vinrent, confusément, indiquer les causes : contre qui fallait-il se battre ? Contre les appareils institutionnels de la domination ? Contre « les Américains » ? Contre – ou avec – la bourgeoisie nationale ? Ou contre les trois ? – Avec un haussement d'épaules, le PQ a nettoyé toute cette acné de questions. Pour lui, seul compte l'instauration contre Ottawa – puis par association avec lui – d'un État souve-

rain « néocapitaliste à la suédoise », instrument mais aussi objectif de la dignité des Québécois.

Nous sommes conscients des difficultés de lecture posées par une tentative d'explication aussi succincte de structures économiques dont les économistes « patentés », et pour cause, ne rendent jamais compte. Le prochain numéro de *Socialisme* contiendra une première étude du capitalisme monopoliste et impérialiste.

Notre position

« Pour ou contre le PQ » : cette pseudo-option – qui rejoint d'ailleurs les catégories de la droite – permet de situer les deux écueils majeurs qui depuis toujours menacent la politique de la gauche : l'opportunisme et le sectarisme. Aujourd'hui, au Québec, l'opportunisme prend la forme d'un appui inconditionnel – sinon d'une adhésion pure et simple – au Parti Québécois. Or, ce n'est pas un hasard si un tel appui doit se nourrir de toutes les illusions et de tout l'activisme qui servent à cacher l'abdication des objectifs révolutionnaires et de l'autonomie politique et idéologique que, par contre, leur maintien conséquent exigerait. À son tour, le sectarisme, affichant un « principisme » sans portée qui méconnaît l'expérience politique des mouvements révolutionnaires passés et présents, exclut a priori toute sorte d'engagement positif dans la conjoncture politique actuelle. Inconscient aussi bien de ses limites que de ses possibilités, il se fait une obligation de dénoncer avec fracas l'« imposture péquiste », comme si cette dénonciation était sa seule mission et sa seule possibilité d'intervention politique.

Vis-à-vis de ces deux attitudes également erronées, la gauche québécoise doit être capable de redéfinir pour son propre compte les options actuelles. L'appui et l'opposition également inconditionnels au PQ ne sauraient aboutir aujourd'hui qu'à des impasses politiques graves. Il faut donc récuser cette fausse alternative. Pour cela, l'ensemble et la hiérarchie des objectifs immédiats et médiats d'un mouvement qui cherche sa voie révolutionnaire doivent être distingués des prises de position et des actions spécifiques qui, dans chaque situation particulière, sont le mieux accordées à la réalisation de ces objectifs. Certes, l'absence d'une organisation politique de masses rend impossible à l'heure actuelle la mise en œuvre d'une stratégie et d'une tactique révolutionnaires aboutissant à une action conséquente et disciplinée de l'ensemble des forces progressistes. Mais cette absence ne doit pas servir de justification ni à l'abstention résignée ni à l'intransigeance universaliste.

Notre analyse a montré que le PQ est aujourd'hui le porteur d'une contradiction dont le système économique et l'appareil politique de domination de la formation sociale québécoise fournissent les clés essentielles. Cette contradiction ne peut être à l'heure actuelle ni ignorée ni effacée : elle exprime à la fois la situation subordonnée de la petite et moyenne bourgeoisie et le caractère nécessairement limité de leur réaction face à cette situation. Il n'est pas question que ces limites puissent être dépassées par la politique du PQ. Au contraire, tout indique que, sur le plan économique et même politique, il fera tout le nécessaire pour se rendre inoffensif aux yeux de l'impérialisme. Mais le PQ ne peut non plus empêcher que les contradictions qu'il porte et qu'il exprime se développent malgré lui et contribuent à accélérer la prise de conscience et l'engagement actif de la population québécoise contre le système de domination dont elle est l'objet.

Compte tenu de l'absence d'une organisation politique révolutionnaire, nous ne pouvons qu'être d'accord avec le geste de nombreux opposants de gauche qui, dans le cadre provisoire des jeux électoraux, ont apporté leurs voix au PQ. Mais cette décision n'implique pas un vote de confiance à ce parti. Elle est en fait un aspect secondaire d'une lutte qui vise à désarticuler les formes institutionnelles par lesquelles le système de domination impérialiste masque – et par là même renforce – sa mainmise sur le Québec.

Mais attention ! Cette désarticulation n'est elle-même que l'un des éléments d'un combat d'ensemble contre ce système. Aussi, la tâche immédiate, qu'il faut entreprendre dès aujourd'hui, est de travailler – aux niveaux de l'organisation, de l'éducation et de la théorie politiques – à structurer la gauche révolutionnaire du Québec pour qu'enfin on puisse opposer aux illusions de la petite bourgeoisie une politique conséquente de lutte contre le fondement de notre domination, l'impérialisme américain.

Socialisme québécois, avril-mai-juin 1970.

Dépendance et autonomies politiques de la classe ouvrière

LES CLASSES OUVRIÈRES FAIBLES

Le cas québécois

La classe ouvrière est une classe politique. La classe ouvrière situe sa relation avec la question nationale, en tant qu'elle est une classe politique. Elle l'est du seul fait qu'elle a une existence politique, du seul fait qu'elle a une prise politique autonome sur la question nationale telle que celle-ci se pose dans une formation sociale concrète, dans une formation sociale que l'antagonisme ouvrier à une bourgeoisie concrète définit et transforme.

Elle est une classe politique, disons-le plus nettement, même lorsque le caractère politique de son antagonisme – caractère à vrai dire essentiel pour la formation de la classe – n'est pas ouvert sur une organisation propre de classe *reconnue* pour politique : nommément sur un parti révolutionnaire de classe. Même alors, même en l'absence d'un parti révolutionnaire, nous disons que la classe ouvrière a une existence politique dont la dépendance vis-à-vis de la bourgeoisie ne doit pas masquer la relative autonomie, ne doit pas masquer en l'occurrence l'antagonisme que cette dépendance recouvre.

D'une telle contradiction, on tentera ici de tracer les limites mais aussi de marquer la puissance, également essentielles à la compréhension des luttes politiques d'ensemble dans les pays capitalistes dominants – qui sont chacun aux prises avec un ou plusieurs aspects de la question nationale.

Question nationale, parti politique, classe ouvrière : les trois questions sont liées. Mais elles ne le sont que parce que la classe ouvrière les met en scène, *se* met en scène en posant les deux questions qui lui sont liées.

Poser la question nationale, c'est la poser en tant qu'elle est un révélateur – et souvent une chambre obscure – des antagonismes concrets que, en tant que classe des producteurs, la classe ouvrière produit politiquement. Elle les produit au rythme de la reproduction « élargie » du capitalisme, au rythme d'une reproduction à la fois économique et idéologique dont elle est l'esclave, dont elle est ainsi, c'est le cas de le dire, l'artisan : dont elle est le producteur dans une formation sociale déterminée.

Poser la question du parti, c'est la poser sous l'angle de la classe ouvrière en tant qu'elle détermine ainsi la fonction du parti ; c'est examiner le lien de la classe au parti, en tant que celui-ci découvre au prolétariat le moment de poser pratiquement cette détermination.

Instituer la solidarité de ces trois termes, c'est montrer que dans chaque couple de relations : classe ouvrière/question nationale, classe ouvrière/parti politique, intervient l'autre couple. C'est alors se donner les moyens d'économiser l'explication : ce que nous allons faire en centrant l'exposé théorique sur le rapport de la classe ouvrière au parti politique, la question nationale intervenant, à sa place, dans l'examen de cas concrets.

Une tradition marxiste-humaniste *(Histoire et conscience de classe,* de Georges Lukács) où, bizarrement à un tel titre, se rencontrent stalinisme et trotskysme, fait de la fonction motrice du parti un rôle fondateur. Elle occulte la production politique de ce rôle par la classe ouvrière. Elle n'assure alors pas la compréhension de ce qui se passe réellement dans les pays où un parti ouvrier n'a pas su s'imposer ou ne parvient plus à s'imposer. Pour comprendre cela, il faut renverser la vapeur, mettre l'accent sur l'autonomie politique de la classe ouvrière par rapport au capital, en montrant qu'elle est à la fois la forme et l'effet contradictoire de sa dépendance.

Le problème envisagé prend, dans les faits, un relief considérable. Il est celui de la classe ouvrière dans des pays tels que la Belgique, l'Allemagne occidentale, la Grande-Bretagne, les États-Unis. On l'évoquera d'abord, pour définir un cadre d'analyse, ordonner sa concordance aux situations dominantes – et privilégiées – du capitalisme de monopole.

Il est aussi celui de nombreux pays, ou portions de pays, à la frontière de la domination et de la dépendance. Il est, par exemple, celui du Québec.

On esquissera ici les formes fragmentaires sporadiques mais originales par lesquelles la classe ouvrière québécoise, encore dépourvue d'un parti mais non d'organisations, intervient politiquement en tant que classe ouvrière, dans la question nationale.

Questions de théorie

Plusieurs problèmes valent d'abord d'être évoqués. Leur position oriente l'analyse. La classe ouvrière, affirme-t-on, est une « classe politique » dont l'existence n'est pas nécessairement fonction d'une organisation reconnue pour politique. En quel sens, premièrement, prendre le terme « *classe politique* » ? Qu'est-ce que, par suite, implique la « *reconnaissance* » du caractère politique de l'organisation, eu égard à l'attribution ou au refus d'attribution, d'un tel caractère à la classe ? Et surtout : à quel moment, et sous quelles formes peut-on dire que les luttes politiques ouvrières sont, ou ne sont pas encore, ou ne sont plus, *articulées* sur un parti révolutionnaire ? Que signifie le défaut d'articulation ? Quels en sont les effets sur le développement des luttes ?

Trois questions initiales, par conséquent : la désignation d'une classe politique ; la reconnaissance, mais aussi la méconnaissance dans le mouvement ouvrier, de ses caractères politiques véritables ; la question du moment de l'articulation des luttes sur certaines formes organisationnelles ou, plus généralement : la question du rapport de force.

Le terme « *classe politique* », on l'a déjà compris, n'est pas à prendre au sens que lui prêtent *Le Monde* et les journaux bien-pensants, au sens restrictif et élitiste que ces journaux ont emprunté à une « science » bizarre appelée la « politicologie ». Sa caution droitière leur est indispensable pour réaliser l'opération *politique* consistant à enfermer dans une « classe » dite distincte tous ceux qui leur apparaissent comme les véritables sujets politiques, comme les « créateurs » d'un domaine étrange que leur création s'approprie, comme les manipulateurs attitrés d'une liturgie mystérieuse dont on veut présumer qu'ils déterminent les règles applicables à tous les citoyens. Pour le dire plus concrètement, cette opération (qui fixe le code de l'information dite politique dans les grands journaux) désigne comme « classe politique » tous ceux dont l'activité *professionnelle* est, par délégation, par emploi bureaucratique, par intérêt financier ou simplement par dilettantisme, de s'occuper de gestion, d'exécution, de contrôle, d'information et de contestation politique. Les critères de la définition de classe sont alors professionnalistes et occupationnels. Ils impliquent la dissolution du concept de classe. Ils impliquent aussi, mais de façon détournée, que les seuls intégrants acceptables de la « classe » soient les détenteurs du pouvoir capitaliste, les personnels spécialisés de ce pouvoir, et ceux dont l'« intérêt dominant » est de le contester, mais qui sont alors absorbés par lui, définis par lui dans cette fonction. N'est classe politique que celle des maîtres : la bourgeoisie.

On en parle ici dans un sens inverse, qui est aussi un sens dialectique. Peut être dite classe politique toute classe sociale définie par sa place dans les procès de production et de distribution des marchandises et d'accumulation du capital. Mais cette condition n'est pas suffisante. Elle n'est encore que le critère de base d'une définition des classes sociales. D'autres critères doivent lui être affrontés pour construire le caractère politique. Nous n'entrons pas dans leur examen. Rappelons le travail de Nicos Poulantzas[1] sur cette voie. Ajoutons pour notre part ceci : s'agissant des fractions de la bourgeoisie et de la petite bourgeoisie, les critères du politique sont essentiellement conjoncturels : déterminés mais aléatoires, comme le sont les cycles du capital.

Il en va autrement pour la classe ouvrière. Celle-ci est politique à un titre spécial, qui désigne sa fonction prééminente, transconjoncturelle, dans la formation des situations de classe, dans la formation des situations de toutes les classes. Elle a, pour deux raisons au moins, un statut d'existence politique particulier :

– Elle est la *dernière* classe au sens du *Manifeste communiste* ; à ce titre, un pouvoir exclusif lui revient : de construire sur une très longue période, en passant par un mode de production transitionnel, le moyen de les abolir toutes.

1. Nicos POULANTZAS, *Pouvoir politique et classes sociales*, Paris, Maspero, 1968.

– Plus immédiatement, et plus décisivement pour notre propos, elle est la *seule* classe capable, sous le mode de production capitaliste, de bâtir un parti dans lequel l'*intégralité* des conditions spécifiques de la classe et le rapport *ouvert* à cette classe soient saisissables. Évoquer un rapport ouvert n'est certes pas pointer un rapport d'identité. Le parti ne s'identifie pas aux masses (ouvrières), Lénine le rappelle encore aux spartakistes allemands dans *La maladie infantile du communisme : le gauchisme*. Mais sa construction et son développement créent un rapport organique où se déploie et se transforme l'antagonisme structurel de la classe ouvrière.

C'est une possibilité qui échappe à la bourgeoisie et à la petite bourgeoisie. Leurs partis sont des amalgames. Et leurs partis sont des leurres. Ils le sont ainsi : sur le fond de l'idéologie politique dominante qui les institue (l'idéologie a un caractère instituant), ils doivent prétendre à l'universalisme. Leur fonction est de servir d'auxiliaires à l'État bourgeois qui trouve sa légitimation idéologique dans la représentation du « peuple » ; politique, dans le commandement au « peuple ». Les partis sont alors des rassembleurs de peuple pour le « service » de l'État. Ils ont vocation à l'indistinction de classe. Un Parti libéral, parti du grand capital, ne configure effectivement sa base quantitative que s'il s'appuie sur cette indistinction. Il ne parvient à promouvoir les « intérêts » politiques du capital que s'il en dissout – et ainsi en ponctue – la représentation dans les avatars du libéralisme ; et il n'opère cette dissolution que s'il rassemble bourgeois, petits-bourgeois, travailleurs indépendants, ouvriers dans l'« égalité » subjective – qui fait à l'action « militante » la place que lui prescrit la débrouillardise ou la combine. Comble et contradiction du parti bourgeois, le parti fasciste : il embrigade – la militarisation politique y est la forme du rassemblement – le « peuple » tout entier ; il l'embrigade, à l'exception de ceux qui s'opposent à l'embrigadement, qui sont dits alors s'exclure du « peuple » et qui doivent en conséquence être éliminés.

Un leurre donc. Un leurre contrasté. Mais l'amalgame n'est pas le simple effet d'un leurre. Ou alors, il faut analyser ce leurre comme la forme signifiante de la situation bourgeoise : en politique, comme au théâtre et en littérature. L'amalgame est réel, c'est un caractère distinctif du parti bourgeois, qui le signale comme bourgeois. Et c'est ce leurre qu'il s'agit d'effeuiller. Impossible de saisir la politique financière inflationniste du SPD allemand, sa politique proprement monopolistique, et l'effet qui en accélère son développement de grand parti bourgeois, si n'est pas lu simultanément le discours « populaire » anti-inflationniste que Brandt tient aux ouvriers allemands pour les enrôler sous sa bannière.

Amalgame. Mais cet amalgame est *aléatoire*. Il varie, il se contredit formellement, il bat, si l'on peut dire, la campagne. Surtout : le rapport, plus qu'inconstant, du parti bourgeois aux fractions de la bourgeoisie laisse dans une relative indétermination l'existence politique des classes. Cela va loin. La grande bourgeoisie demeure en toutes circonstances maîtresse du jeu. Mais ce jeu n'a de sens que si le rôle du joueur principal confine à celui du « mort ». Tel rôle est fermé ; c'est la condition de son « ouverture » sur table. Quant à la petite bourgeoisie, on peut le soutenir, une existence politique ne lui est conférée que par son fractionnement entre les partis bourgeois. Par ce terme est désignée l'adhésion de clientèles plus ou moins homogènes à différents partis. Privée du fractionnement, privée des partis, la petite bourgeoisie n'est plus qu'un mort politique, – un mort réel, un mort sans jeu. Cela pour une raison déterminante, qui tient à la fonction de cette classe dans le procès de distribution. Elle n'a pas de prise directe sur l'accumulation. Elle n'a cette prise que par le biais politique et sous le vêtement d'un autre (il s'agit réellement d'un biais ou d'un masque) : par *l'intermédiaire d'un parti* auxiliaire de l'État, et seulement sous les effets du leurre politique que le parti distribue et capitalise comme moyen de sa puissance.

Il n'en va, là non plus, pas de même pour la classe ouvrière. Celle-ci, bien qu'elle soit la seule à pouvoir bâtir un parti de classe intégralement ouvert sur elle, conserve une existence politique en l'absence d'un tel parti.

Pourquoi et comment ? Cette proposition est un corollaire de la non-identité du parti et de la classe. Corollaire que les efforts pour la constitution ou le développement d'un parti ouvrier tendent habituellement à négliger. Il ne s'agit pas de n'importe quel parti, mais d'un parti *ouvrier*. Organisation stratégique ouverte mais non aléatoire, le parti ouvrier dépend de la possibilité que le prolétariat a de le construire. Cette possibilité est elle-même politique. Elle l'est jusque dans les combinaisons par lesquelles la bourgeoisie s'efforce de draguer[2] la classe ouvrière.

De quelle possibilité s'agit-il ? On peut la montrer, et en explorer quelques importants effets, à partir d'hypothèses politiquement négatives, qui recouvrent la situation du prolétariat dans des pays capitalistes dominants où apparaît un embourgeoisement ouvrier permanent.

Il est à présumer que l'aristocratie ouvrière et son pouvoir sur les appareils syndicaux ont exercé une fonction motrice dans l'érosion, la suppression ou l'interdiction de naissance d'un parti ouvrier révolutionnaire, voire d'un simple parti ouvrier proportionné aux dimensions de sa classe. Marx notait, déjà dans *Misère de la philosophie* (1847), la puissante aptitude de la bourgeoisie à embourgeoiser le prolétariat, c'est-à-dire à le définir par son *appartenance* économique, politique *et* idéologique au capital, et à le subordonner à cette définition. Une telle capacité, disait-il, est exercée par le moyen d'une aristocratie ouvrière dont il marquait clairement que, instrument d'une politique de collaboration de classe, elle est le fruit d'un regroupement opéré à l'intérieur de la division sociale du travail. Ce regroupement a un caractère implicitement organisationnel. Parler organisation, c'est parler pouvoir, c'est se situer sur le terrain politique. Il est donc politique. Il prouve en tout cas l'aptitude de la bourgeoisie à « politiser » le prolétariat selon une ligne déterminée par la croissance du capital. Il souligne ainsi, négativement, le caractère politique du prolétariat. Mais non pas encore ses traits distinctifs, puisque le regroupement s'effectue dans un sens favorable à la permanence du pouvoir bourgeois.

Là n'est, cependant, que l'un des deux termes du problème constitué par la formation d'une aristocratie ouvrière. L'autre terme est antagonique. Le regroupement est réalisé sur une base *salariale*. Il est rendu possible par des aménagements dans la distribution de ce que Marx appellera dans *Le capital* le fonds des salaires.

2. « Jeu » d'« effeuillement » et de « dragage »... Le parti capitaliste vient se fabuler dans l'emprunt à l'érotisme commercialisé. Cela est de haute tradition. Dans les débuts du capitalisme et par le théâtre du leurre, le jeu de l'amour s'énonçait comme la forme rhétorique personnalisée des situations bourgeoises. (*NdA*)

Or le salaire, s'il est l'expression monétaire concrète de la vente collective, et en quelque sorte abstraite, de la force de travail, est aussi, par son aspect organisateur et dans l'*organisation du travail,* l'expression politique des contradictions générales propres au développement des forces productives et à l'appropriation sociale de classe (capitaliste) des moyens et des surproduits du travail. Ceci demande quelques explications.

Au plan économique, le salaire productif – que nous appelons ainsi, elliptiquement, pour le différencier de la rémunération salariale de l'emploi improductif – est dans sa forme monétaire la marque d'une différence entre la rémunération de la force de travail à sa valeur marchande, et le produit de la valeur des marchandises fabriquées par le travail vivant. Cette différence, c'est la plus-value. Mais le salaire productif est aussi l'expression politique des contradictions développées par l'appropriation bourgeoise de la plus-value. Il l'est dans la mesure où, pour réaliser sous une forme monétaire l'achat (et donc la vente) de la force de travail, l'organisation du travail doit intervenir.

À souligner, d'abord, le caractère politique immédiat de cette intervention. L'accomplissement d'un surtravail par des travailleurs productifs privés de la propriété des moyens de production crée, sous l'angle du fonctionnement *mécanique et linéaire* du système, un rapport de force inégal en faveur de la bourgeoisie. Ce rapport lui ouvre la possibilité du commandement. Il lui procure immédiatement la faculté de *régler* elle-même et elle seule le développement des forces productives selon un rythme subordonné à l'accumulation du capital. Cette tâche de développement est, en cours de production, celle de l'organisation du travail. Elle est, en d'autres termes, dévolue à un appareil institutionnel chargé de réglementer la division technique du travail et de lui faire correspondre une échelle de salaires. *Le paiement du salaire est donc directement relié à l'expression du pouvoir de l'organisation du travail* dans la mesure où ce paiement solde le prix d'achat d'une force de travail dont l'emploi est collectivisé, mais aussi fractionné et rationné par les règlements de productivité de l'usine. Un tel pouvoir est politique puisque, sur la base des processus techniques de production, il est exercé en tant que pouvoir disciplinaire.

Il est immédiatement politique. Mais il l'est encore plus de façon *médiate.* Le fonctionnement productif de *l'usine* et l'emploi de main-d'œuvre à l'*usine* ne sauraient être considérés que pour la commodité de la démonstration, en ce sens que c'est à l'usine que peuvent être perçus des rapports concrets de production. En fait, le caractère politique de l'organisation du travail ne tient pas surtout au fait de son intervention immédiate sur les lieux du travail dans une conjoncture locale. Ce n'est pas l'organisation du travail qui crée des rapports inégaux de production. Le caractère politique de son intervention n'est saisissable localement que dans la mesure où le pouvoir des services de maîtrise est la sanction de rapports inégaux de production déterminés par la situation des apporteurs locaux de main-d'œuvre face à la diffusion nationale et internationale du capital. Il faut, autrement dit, que le rapport de force soit d'emblée inégal pour que puisse s'exercer le pouvoir surdéterminant de l'organisation locale du travail. Il faut qu'il le soit dès l'embauche, de telle sorte que le collectif ouvrier, considéré par la société anonyme capitaliste comme le simple produit d'une addition de volontés individuelles librement pourvoyeuses de leur force de travail, ne puisse pas contester l'ordre de fabrique qui lui est imposé.

Cette condition est instituée de deux façons. Elle l'est sur le mode mineur, par le crédit commercial que l'ouvrier individuel est forcé, par le droit bourgeois des contrats, de consentir sans intérêt au capitaliste pour la période (une semaine à un mois) qui court entre le moment de l'embauche ou du dernier travail rémunéré et la date de paiement du salaire[3]. Pendant cette période, l'emploi effectif, mais non encore

3. « Presque toutes les fois qu'il s'agit de marchandises de ce genre dont la valeur d'usage est formellement aliénée par la vente sans être réellement transmise en même temps à l'acheteur, l'argent de celui-ci fonctionne comme moyen de paiement, c'est-à-dire le vendeur ne le reçoit qu'à un terme plus ou moins éloigné, quand sa marchandise a déjà servi de valeur utile. Dans tous les pays où règne le mode de production capitaliste, la force de travail n'est donc payée que lorsqu'elle a déjà fonctionné pendant un certain temps fixé par le contrat […] Le travailleur fait donc partout au capitaliste l'avance de la valeur usuelle de sa force ; il la laisse consommer par l'acheteur avant d'en obtenir le prix ; en un mot, il lui fait partout crédit. » (Karl MARX, *Le capital,* Éd. Sociales, L. I, t. I, p. 176-177.) Ici se joue une fiction juridique qui, légitimée par le caractère marchand de la force de travail, occulte ses caractères originaux de « marchandise pas comme les autres ». La force de travail est une marchandise, et toute marchandise fait l'objet d'un contrat qui

rémunéré, de la force de travail procure au capital : d'une part de nouveaux produits marchands et la possibilité de les réaliser commercialement, d'autre part et surtout le moyen d'économiser des éléments de son capital constant (machinerie) ou de ne pas en engager d'autres pour lesquels il lui faudrait payer un intérêt d'amortissement élevé. Le crédit forcé de l'ouvrier au capital place le premier dans une situation d'emblée désavantageuse par rapport au second. Car l'ouvrier, en contrepartie de ce crédit, est obligé d'emprunter pour vivre jusqu'à l'encaissement de son salaire. La bourgeoisie a très tôt compris le parti qu'elle pouvait en tirer : elle a créé des magasins d'entreprise, elle s'est approprié les maisons ouvrières, elle a constitué des *company towns*, bref elle a vendu au-dessus de leur valeur des articles et services de consommation ouvrière courante. Elle consolidait de la sorte sa plus-value industrielle d'une plus-value commerciale plus ou moins passagère. Ainsi, de créanciers, les prolétaires sont-ils devenus des débiteurs, à raison du caractère non solvable de leur créance. D'autre part, cette situation a permis à la bourgeoisie de faire pression sur les salaires, de pratiquer une politique salariale à la baisse, particulièrement au moment de l'embauche. De cette pression à la baisse, les directions du personnel sont

institue un décalage entre le prix et sa réalisation : le prix de la marchandise est fixé au moment du contrat d'échange, mais il n'est réalisé qu'au moment de la livraison. Cette opération n'implique aucunement un crédit du vendeur à l'acheteur. Cependant, le droit bourgeois légalise une confusion entre travail ou produit du travail et force de travail. Il fait comme si la marchandise vendue était un travail qui, matérialisé dans le produit, ne doit être payé qu'à la livraison de celui-ci. Comme s'il était l'acheteur d'un produit et non d'une force. Le contrat mis en œuvre par la vente de la force de travail ne tient pas compte de celle-ci. Il enregistre sans doute le fait que cette force est une valeur d'usage dont la consommation par l'acheteur – le patron – est « en même temps production de marchandises et de plus-value ». (*Ibid.*, p. 178.) Car si la force de travail ne présentait pas l'originalité absolue d'être consommée en tant qu'elle fabrique d'autres marchandises, le droit n'aurait aucune base pour en privilégier le caractère productif et pour figer ce procès de consommation-production sous les espèces d'un *résultat* ou d'un produit assimilable à toute autre marchandise. Le contrat enregistre cette « réification », mais pour mieux nier le procès qui la constitue. Ainsi l'achat de la force de travail est-il à la fois reconnaissance du prix de son emploi et fiction selon laquelle seul le « travail » est payé au moment de l'achèvement des prestations. En conséquence, cet achat dispense le patron de verser un intérêt sur le crédit que les ouvriers lui allouent. (*NdA*) spécialement chargées. C'est une de leurs fonctions politiques, dans la mesure où cette pression a une valeur de lutte, qui formalise institutionnellement le rapport de force.

Ces diverses pratiques sont idéologiquement justifiées par l'application du droit des contrats. Mais celui-ci n'est recevable, et n'est effectivement institué que parce qu'il stipule des règles également applicables à l'ensemble des échangistes compris dans l'extension du marché intérieur capitaliste, c'est-à-dire du marché national. Ici, l'on voit bien que pour expliquer le caractère politique de l'organisation locale du travail, pour expliquer la nature impérative de l'ordre de fabrique et la nécessité d'imposer un rapport d'emblée inégal aux travailleurs locaux, il faut prendre en compte une médiation majeure : l'État national, lequel est chargé, dans un premier temps, de lever les barrières politico-idéologiques à l'expansion du marché intérieur, et dans un deuxième, sous la forme d'État dominant ou hégémonique, de réprimer tout ce qui s'oppose à la concentration et à la centralisation maximales des capitaux multinationaux. Les dimensions du rapport de forces ne prennent un caractère local, où il peut alors être immédiatement combattu, que parce que son envergure est nationale et internationale. Cela est spécialement sensible dans la période actuelle du capitalisme monopoliste d'État impérialiste.

Le marché est national, et aujourd'hui international, pour les capitaux. Mais il l'est aussi pour la main-d'œuvre dont l'État est précisément chargé d'assurer la mobilité et la concentration. Dans la hiérarchie des pouvoirs politiques directement liés à l'entretien et à l'expansion du système capitaliste de production, c'est en dernière analyse l'État qui est le régulateur des conditions politiques de l'intervention de l'organisation du travail, c'est lui le garant du maintien des rapports inégaux dont elle est l'administrateur dans chaque usine. Le recours à l'État est d'autant plus nécessaire que, dans chaque entreprise et donc sous l'instance de l'organisation locale du travail, les rapports inégaux sont instables.

Nous avons en effet considéré ces rapports comme linéaires, dans la seule perspective du développement mécanique du système et sous l'angle de l'intérêt exclusif de la bourgeoisie. Mais on sait bien qu'il n'en va pas ainsi. Le processus de la production capitaliste se développe sous l'effet d'une concentration toujours plus poussée des capitaux et de la main-d'œuvre. Cette dernière subit donc massivement, et dans toutes ses catégories, une situation d'inégalité. Mais du fait du travail en commun, de la confrontation d'expériences toutes identiques quant au fond, elle apprend à réagir, à saisir son caractère collectif, à le pratiquer, à s'organiser. Le rapport de forces institué par le capital à l'usine est donc fragile. Il y a nécessité de l'étayer sur un ensemble de contraintes institutionnalisées dont la puissance provient de leur réglementation étatique, – c'est-à-dire de la marque nationale des prescriptions établies, et de la garantie universelle que leurs conditions d'application seront jalousement préservées de l'uniformité en tous lieux. Diviser pour régner, mais pour régner sur l'ensemble du marché comme auxiliaire de son maître véritable, le Capital. L'obligation en est d'autant plus impérieuse que l'État, en activant la concentration des forces de travail exploitées, risque instamment à son tour d'accentuer la fragilité du rapport de forces.

Cela étant posé, l'organisation du travail entre en scène pour y jouer son rôle répressif. Comment le joue-t-elle ? Son pouvoir politique est mesuré, localement et à l'échelle nationale, par la marge que lui laisse l'économie monétaire en régime capitaliste. Ce pouvoir disciplinaire est très précisément fonction des variations conjoncturelles qui distancient la valeur de la force de travail et le prix monétaire de son emploi (le salaire). Si l'on simplifie beaucoup, on dira que, globalement et sur la longue période, salaire et valeur de la force de travail coïncident. Mais ils ne coïncident qu'à l'échelle du collectif ouvrier, encore qu'il faille tenir compte d'intensités différentes de travail et de calculs différents pour le salaire au temps et le salaire aux pièces. Ils ne coïncident pas pour les catégories individuelles de travailleurs. Sinon, l'on ne pourrait comprendre comment il se fait que, encore aujourd'hui, l'un des mots d'ordre dominants du syndicalisme demeure : « À travail égal, salaire égal. » L'accomplissement de tâches à valeur productive différente justifie en outre le paiement de salaires différents. En fondant l'établissement d'une échelle de salaire, la division technique du travail peut ainsi être invoquée comme « raison naturelle », c'est-à-dire comme masque, d'une politique salariale par laquelle les uns sont payés en dessous de la valeur de leur apport, les autres à l'égalité, voire au-dessus de cette valeur. On le sait : dans de nombreuses industries, encore aujourd'hui, le salaire des ouvrières est inférieur, à qualification égale et pour une tâche égale ou même supérieure, à celui des travailleurs masculins. Cette différence ou cette ségrégation, proprement politique, est rendue praticable par l'écart conjoncturel qui sépare les salaires catégoriels de la valeur effective de l'emploi. La possibilité de manipulation qui en résulte fonde l'existence d'une aristocratie ouvrière. Celle-ci peut alors être manœuvrée. Elle peut l'être à l'intérieur de ces différences qui sont transformées en un ensemble ségrégatif. Elle est manœuvrée, plus exactement la régie capitaliste la constitue en vue d'une manœuvre qui pourrait être décrite sous trois titres connexes : embourgeoisement, amortissement de la combativité ouvrière d'ensemble, diffusion de modèles idéologiques que, sous le semblant de leur appropriation par les couches supérieures du prolétariat, la ségrégation façonne comme exemples enviables pour la majorité des travailleurs productifs.

Mais une telle politique de régie, une fois encore, ne tient compte que de la mécanique linéaire du système. Elle n'enregistre pas ce qui, en même temps, la légitime et la contredit : la lutte de classes. Elle se garde, surtout, d'inscrire au passif deux faits qu'elle met à son actif : la réversibilité des taux de salaires, la haute productivité du travail fourni par l'aristocratie ouvrière. Le caractère conjoncturel des variations de salaires ne fait pas, en effet, que procurer à la régie du travail une possibilité de manœuvre. Inscrit dans le cycle de reproduction du capital, il est dicté par la nécessité, toujours renouvelée à terme, d'une offensive générale contre les prix de main-d'œuvre. De cette offensive, aucun salaire n'est à l'abri. Bien plus, la haute productivité du travail qualifié, qui est celui des couches développées du prolétariat, expose celles-ci à une exploitation accrue en longue période. L'offensive contre les salaires les touche ainsi, en termes réels, plus durement que d'autres couches. L'occasion leur est alors propice de découvrir, au travers de cette offensive, les formes d'une solidarité effective avec l'ensemble du prolétariat.

Est donc important ceci : le « salaire productif » manifeste sous une forme contractuelle mythifiée, mais par le biais non mythique du paiement qui en est fait aux travailleurs productifs, une situation globale de décalage et de rupture à laquelle n'échappe aucune fraction de la classe ouvrière. Cela dit pour mémoire. Il suffit, pour l'instant, d'encadrer l'effet antagonique et contradictoire du salariat productif sur la situation politique de la classe ouvrière. Cet effet est tel, disons-le dès maintenant pour compléter l'hypothèse qui sous-tend l'exposé, qu'une capacité d'intervention autonome s'esquisse au travers des conflits salariaux.

C'est là le point décisif. Il n'implique, ainsi énoncé, ni spontanéisme gauchiste, ni économisme syndical, aucune des maladies combattues par la tradition léniniste. L'hypothèse ne conteste pas davantage la théorie du parti révolutionnaire, c'est-à-dire la nécessité, confirmée par l'histoire du mouvement ouvrier, d'une politique organisée et centralisée de lutte pour le socialisme comme moyen d'approfondir les conflits de travail, de les généraliser en permanence, de les ouvrir à une stratégie d'attaque contre un État capitaliste sur lequel ces conflits n'ont prise ni directement, ni durablement. Nous disons simplement que l'existence d'un parti révolutionnaire n'est pas nécessaire pour expliquer l'autonomie des luttes *politiques* ouvrières. La réduction stalinienne de la théorie léniniste du parti a conditionné les appareils politiques ouvriers à oublier le fait constant de l'« initiative des masses ». Elle continue de les enfermer sur cet oubli. Ils ne sont alors pas préparés à expliquer, et à élargir, la dynamique des grands courants de lutte qui traversent les pays capitalistes dominants d'aujourd'hui. Une vaste carence stratégique en résulte ; elle est la source, pour le capital, d'un immense profit politique.

Formes de luttes et reconnaissance du caractère politique

La classe ouvrière n'est pas habituellement reconnue pour politique, parce que cette reconnaissance n'est accordée qu'à son parti. On a tendance à confondre deux moments ou deux formes de l'intervention politique.

Elles ne concernent pas, l'une le syndicat, l'autre le parti. Il y aurait occasion de montrer le malaise qui saisit le syndicat dans des situations pour lesquelles il ne dispose pas des outils d'opération. Le syndicat est construit pour la riposte à la conjoncture, – à la conjoncture économique du capital ; il est construit pour une continuité mécanique et répétitive d'intervention, non pour la rupture que signale une autre conjoncture : à savoir la conjoncture politique qui est articulée sur des antagonismes qui subvertissent le mode de production. Engels en rendait compte déjà dans *La situation des classes laborieuses en Angleterre* (1846). La forme syndicale tendant alors à s'évanouir sur la scène politique, n'y demeurait que la forme du parti. Les deux formes n'en feraient plus qu'une, et rien ne subsisterait du polymorphisme des interventions ; rien, non plus, de l'environnement politique qui permet au parti de se greffer sur la classe. Le poisson rouge boirait toute l'eau dans laquelle il nage. Tel a été le sort de maints petits partis communistes, trop petits pour résister à la contagion de leur stalinisme et trop staliniens pour apprendre à nager dans l'eau.

Deux formes d'intervention. En fait, deux scènes différentes, mais reliées l'une à l'autre comme les deux moitiés d'un cercle, ou mieux : comme les ellipses d'une spirale. Deux scènes où se déploient, sur l'une les effets politiques immédiats de l'organisation sociale du travail mise en œuvre, sur la base de sa division technique, pour une production accrue de plus-value ; sur l'autre, les effets politiques stratégiques de la division sociale du travail capitaliste. Au travers des deux, faisant leur unité elliptique, passent l'élargissement et la modification des termes du travail productif, qui est l'occasion constante de la transformation politique ouvrière.

Les deux scènes, ou les deux séries, ont des effets organisateurs pour le prolétariat. L'une, par sa liaison dans l'usine à l'organisation sociale du travail qui informe « sur le tas » son caractère politique et dont elle est l'opposant immédiat. L'autre, sous une forme plus abstraite et plus générale, par la reprise organisée de ces effets contre le mode de production qui légitime la division sociale capitaliste du travail. Chacune a besoin de l'autre. Le développement de la première exige la réalisation de la seconde pour s'abstraire, se généraliser, se nationaliser et s'objectiver. Le développement de la seconde réclame son articulation sur la première pour se concrétiser, se particulariser, se localiser, se conjoncturaliser.

La première série concerne donc les interventions directes ou indirectes qui saisissent « sur le tas » les ravages provoqués à l'usine par l'organisation du travail. Elle concerne aussi d'un même mouvement les interventions ouvrières qui, dans les quartiers ou dans la ville, posent les rapports de l'organisation du travail avec les conditions de la reproduction sociale de la force de travail : avec l'insuffisance ou la cherté du logement, des transports, de la santé, de l'alimentation, de l'habillement, du crédit à la consommation, de l'école, des sports, des bibliothèques publiques et des spectacles ; à la limite, avec le rapport entre cette politique et l'expansion du capitalisme, cela par le biais d'une lutte contre les orientations de l'investissement public et privé en matière de politique dite sociale. Par ce canal, les interventions de la première série posent le problème politique de l'État bourgeois, en ce qu'elles remettent en question l'une de ses fonctions principales : la fonction d'organisation générale des conditions de la reproduction sociale capitaliste.

Elles en appréhendent les incidences à l'échelon local ou régional. Les luttes menées dans cette série s'articulant, en effet, sur les conséquences immédiates et concrètes de l'exploitation. Or, les municipalités et les régions sont des espaces politiques où les relations entre fonctions économiques ont une forme physique qui les rend partiellement visibles. C'est donc là que les résultats collectifs concrets de l'exploitation apparaissent dans leurs aspects les plus dégradés, lesquels nouent un contact direct avec la sensibilité ouvrière, avec le « sentir » des masses dont parlait Gramsci.

La scène de ces interventions, disions-nous, *n'est pas le syndicat.* Sans doute ont-elles un lien avec la lutte syndicale, mais elles ne se confondent pas avec celle-ci. Elles sont à la fois plus restreintes et plus larges. Elles n'ont pas le même objet.

Elles sont plus restreintes : elles ne concernent pas l'ensemble des caractères économiques de la vente de force de travail, salaires, conditions, sécurité d'emploi. Elles ne les concernent qu'en tant que les aspects politiques immédiats de cette vente y sont indiqués, – en tant qu'elles se forment contre les aspects organisateurs du travail capitaliste local, contre ses discriminations et ses ségrégations. La lutte syndicale réagit à cela aussi mais uniquement sur la base de la riposte économique aux formes extrêmes de l'exploitation. Uniquement, par exemple, en tant que la différence de salaire entre ouvriers et ouvrières pour un travail égal crée, dans la progression de la masse salariale, des effets de distorsion préjudiciables à la rémunération et aux conditions de travail de chacun des agents. La lutte contre les aspects politiques de l'organisation du travail est, elle, une analyse pratique de tous les types d'*oppression* qui sévissent à l'usine, *dans leur liaison avec l'exploitation.* Elle devient alors une occasion de mobiliser le collectif ouvrier contre l'apolitisation qu'engendre l'oppression.

À l'usine, la scène de cette lutte n'est pas le syndicat, bien qu'un syndicat solidement épaulé par une organisation politique ouvrière puisse contribuer à une mise en scène efficace des interventions. À l'usine, la scène de cette lutte est le comité d'usine et/ou la cellule d'entreprise qui, dans son rôle immédiat, se distingue de l'action générale du parti.

Mais les interventions de ce type reçoivent ainsi un caractère plus large que la lutte syndicale. Celle-ci n'étant touchée qu'indirectement par les formes politiques de l'organisation sociale du travail, elle n'est pas à même de réagir pleinement à leur déploiement dans les espaces régionaux du pouvoir politique. Les syndicats luttent à l'échelle de l'entreprise : ils ne peuvent présenter qu'à cet échelon leurs revendications. Formulées par les fédérations ou chambres régionales intersyndicales, ces revendications ont une prise plus large. Mais elles demeurent économiquement spécialisées par rapport aux pleins effets sociaux de la reproduction de la force de travail. (Tel est le cas des conventions collectives qui obligent les entreprises à verser des indemnités de transport. Ces clauses sont utiles, mais ne touchent qu'incidemment et fragmentairement à l'organisation des transports.)

Au niveau des effets sociaux, la revendication est nécessairement politique et n'est pas une simple extension des conflits syndicaux. Car elle pose tout le problème des discriminations de classe, selon le tracé des oppressions communautaires : elle le pose en termes d'inégalité de répartition de la fatigue et de la mort, comme en termes d'oppression des langues et des langages du travail concret collectif. Cela concerne, dans leur unité sociale, toutes les incidences locales de la politique fractionnée, départementalisée, de l'État bourgeois. Cela met en question le fractionnement, qui est le mode d'exercice technique du pouvoir bourgeois. Ainsi sont créées les conditions pour une généralisation de la lutte politique contre le pouvoir bourgeois.

Dans le quartier et dans la ville, la scène de l'intervention politique est, non pas le syndicat, mais le comité de quartier et/ou la cellule locale de parti, le mouvement ouvrier municipal, les tentatives organisées de combat au niveau des formes régionales de gouvernement.

Par ce biais, donc, le problème politique de l'État bourgeois est posé. On le voit bien lorsque, à la faveur de graves crises politiques d'envergure nationale, la classe ouvrière fait directement l'expérience du pouvoir ouvrier sous l'aspect d'une gestion directe d'entreprises de production et de services publics. L'expérience est alors limitée : la gestion n'est qu'occasionnelle et éphémère ; elle ne peut pas non plus être généralisée à l'ensemble des secteurs. Mais elle est doublement indicative. Elle l'est, d'une part, de la permanence d'un front politique ouvrier, en tant qu'elle est le résultat de longs efforts d'antagonisation à la politique bourgeoise de gestion ; d'autre part, de la nécessité d'un relais organisationnel qui assure en permanence l'extension et la généralisation de l'expérience ouvrière au niveau de la lutte contre le mode de production.

Ici s'articule, sur la première, la deuxième série d'interventions. De la façon suivante, et sur la base d'un rapport politique-économique que n'explicite pas clairement la tradition marxiste.

Les interventions de la première série ont un caractère politique. Elles l'ont par leur « spontanéité ». Celle-ci n'implique pas un refus de l'organisation. Elle en exige, au contraire, l'accomplissement. Elle en est elle-même, à son propre niveau, l'expression. Car la spontanéité est, en fait, la forme phénoménale d'un véritable travail sur l'expérience de l'exploitation. Ce que, faute d'un terme plus adéquat, on appelle la « sensibilité » ouvrière est la manifestation antagonique collective d'un tel travail sur l'expérience. Elle est une mobilité, une mobilité accumulée et effervescente, – un « instinct de classe », dit Lénine –, qui est le mode politique du *travail concret* : elle modalise politiquement – et réagit à – la dépense physique différenciée de la force de travail sur les lieux sociaux du travail capitaliste. Mais le travail concret ne peut apparaître comme tel qu'en se réalisant dans le *travail abstrait*, qui le déplace en le réalisant : indifférencié et égal, saisissable comme temps de travail socialement nécessaire à la production de valeurs d'échange, le travail abstrait réalise socialement le travail concret utile mis en œuvre par la production de valeurs d'usage, selon le mouvement par lequel la valeur d'échange « réalise », en l'« aliénant », la valeur d'usage *(Contribution à la critique de l'économie politique,* Éditions Sociales, p. 21-22).

Ce sont là des catégories marchandes, des catégories dont le rapport est formé par l'économie marchande. On ne saurait en chercher l'équivalent politique simple dans des luttes de masse et de parti qui, en définitive, sont mobilisées *contre leur reproduction.* Mais elles sont aussi mobilisées *sur la base de leur reproduction.*

Pour comprendre cela, il faut essayer de situer le doublet politique de ces catégories. Ce doublet, c'est l'organisation du travail, à la fois simple et complexe, à la fois particulière et générale. L'organisation du travail concerne, à l'usine, sur le marché et dans l'État, la mise en place institutionnalisée des catégories marchandes et leur reproduction. Sur toutes les aires de la mobilisation capitaliste des ressources humaines, elle a des effets contradictoires dont la gravité politique est contraignante.

On peut les situer ainsi. L'organisation du travail, d'une part, met en œuvre politiquement – en tant qu'elle est la pratique d'un pouvoir réglementaire – le développement technique des forces productives. C'est elle qui réalise la division technique du travail. D'autre part, elle accentue les oppressions liées à la vente forcée de la force collective de travail, elle la fait apparaître « injuste », elle renforce en d'autres termes les caractères oppressifs du pouvoir bourgeois et sert, sous certaines conditions, de mesure à leur intolérabilité.

Premier point : le développement technique des forces productives. L'organisation du travail, qui est chargée de le réglementer, exerce sur la classe ouvrière une pression dont les effets sont doublement formateurs. Premièrement, la division technique du travail institue une « discipline de fabrique ». Lénine y voyait un ferment important de politisation, dans la mesure où le prolétariat est ainsi préparé à « assimiler aisément » la discipline et l'organisation de parti. Deuxièmement, la réglementation du travail développe, ou au contraire amoindrit, la productivité du travail vivant. Dans l'un et l'autre cas, elle entraîne, au niveau de la production interbranches, des transformations dans le travail productif. Elle le fait, soit qu'elle en rétrécisse la base quantitative, le nombre d'agents productifs, soit au contraire qu'elle accélère le passage de catégories de travailleurs improductifs (qui ne produisent pas de plus-value) aux nouveaux secteurs productifs ou aux nouvelles formes de productivité. Elle signale ainsi politiquement – en tant qu'elle est l'instrument d'une mobilisation de la production par le pouvoir – la formation et l'extension d'un rapport entre les aléas du travail productif et la manipulation de l'organisation syndicale bourgeoise dont l'État est le moyen général. D'un même geste, par conséquent, elle induit des modifications dans la composition de classe (quantitative et qualificative) du prolétariat, et elle ouvre le lien qui existe entre ce développement de classe et les avatars du pouvoir politique. Pour le prolétariat, cet effet est formateur. Car il lui permet de saisir, dans le concret, la portée de l'action politique.

Mais une autre condition est nécessaire pour que l'action devienne le support d'une pratique, c'est-à-dire pour qu'elle n'aide pas au renforcement du pouvoir bourgeois, mais au contraire amorce un processus révolutionnaire contre lui. De fait, l'aspect en quelque sorte technique de l'organisation du travail s'accompagne de moyens répressifs qui apparaîtront à la classe ouvrière plus directement liés à la politique dominante. C'est le deuxième point. L'organisation capitaliste du travail fait implicitement le lien entre l'*exploitation* économique et l'*oppression* politique. En effet, les services techniques de maîtrise, de contrôle et de réglementation sont mis en place dans les circuits de production parce que le capital doit accroître la masse de la plus-value relative. L'organisation du travail est donc un moyen d'accélérer l'exploitation. Mais elle ne peut y parvenir qu'en mettant en œuvre les moyens répressifs du pouvoir bourgeois : en l'occurrence, sur le carreau de l'usine, par la réglementation des amendes, des cadences, des compressions de postes, des licenciements, par la police d'entreprise ; à l'échelle de la formation sociale et au niveau de la reproduction, par la politique des salaires, des transports, du logement, de la langue, de l'école, etc. Ce lien mis en place par l'organisation du travail elle-même entre exploitation et répression institue la possibilité, pour la classe ouvrière, de le pratiquer, de le retourner. La politique dominante du travail lui montre comment l'exploitation prend un caractère oppressif ; elle lui révèle l'exploitation. Elle lui montre aussi comment l'oppression se développe sur la base de l'exploitation ; elle la monte contre l'oppression. Ici intervient nécessairement la théorie, pour guider l'analyse, pour instituer le rapport. Elle développe, au plan politique, la catégorie du travail abstrait. Mais elle ne sert concrètement de guide que si, à un plan politique primaire, s'est développée la catégorie du travail concret par les luttes de masse.

Rapports purement économiques ? Non. Mais les rapports politiques y prennent forme et en sont la modalisation (c'est ce qui n'est pas clair, nous semble-t-il, dans les écrits de Lénine sur la lutte contre l'économisme, en particulier dans le *Que faire* ?). Ils n'en sont pas la simple reproduction. Cette modalisation politique tient à l'exploration pratique et à l'élargissement, par la classe ouvrière, des contradictions liées à la vente abstraite de sa force de travail : partant, des contradictions liées au développement du mode de production. Elle tient, en quelque sorte, à un effet de renversement généralisé que le prolétariat négocie sur la *pratique* du mode de production. Sur cette pratique, en effet, la scène du travail politique ouvrier généralisé et abstrait est le licu où, en permanence, le mode de production capitaliste est *investi* de rapports de forces antagoniques, et *inverti* par l'organisation ouvrière de ces rapports de forces. Double rapport d'investissement et d'inversion : définition d'une pratique ouvrière de classe. Pour le prolétariat, le politique est le lieu où la production marchande est, d'un même mouvement contradictoire analysée, agie, organisée, développée, définie en termes de pouvoir antagonique, subvertie par la nécessité organisée d'un passage à un autre mode de production.

Il est évident que les interventions de la première scène sont impuissantes, par elles-mêmes, à organiser l'ensemble de ces caractères politiques ouvriers, à en assurer la permanence et le développement. Mais il est aussi évident que, sans elles, sans leur emprise politique explicite, sans les indications révolutionnaires qu'elles donnent, rien ne pourrait être fait sur la voie du développement d'un parti.

La deuxième scène est, en effet, celle où se déploie l'activité centrale du parti, ce qui, au regard de l'organisation, correspond au besoin d'une centralisation des décisions pour ce qui touche à la coordination de *toutes* les interventions dans *tous* les secteurs de lutte. C'est ainsi le caractère centralisateur et centralisé du parti de classe, qui lui permet, en tant qu'il est ce parti, et sans pratiquer l'amalgame, de ne pas s'adresser uniquement à la classe ouvrière. Car il doit intervenir dans tous les domaines du développement de la formation sociale.

On peut voir le rapport qui existe entre la théorie du parti et celle du matérialisme historique. Un lien nécessaire n'existe pas, au contraire, entre le marxisme et le développement des mouvements de masse locaux qui saisissent le problème politique sous l'angle de la reproduction immédiate. Sans doute ces mouvements sont-ils aujourd'hui, dans la plupart des pays, informés et imprégnés par la pensée matérialiste. Mais cela correspond à un développement historique, qui ne participe pas directement d'un ordre théorique. Cela s'est fait sous la poussée des partis, comme effet international de leur renforcement. Cela a pu se faire, dans la mesure où les partis, aux endroits névralgiques de la domination capitaliste, ont su ajuster leurs rapports organisationnels avec le matérialisme historique ; mais aussi dans la mesure où, pour ainsi s'ajuster, ils ont dû resserrer leur relation organique aux mouvements de masse. Cette double action de rajustement et de resserrement a alors conditionné l'essor des luttes de masse à l'échelle internationale ; elle a eu des effets même dans les pays dépourvus de partis ouvriers de masse.

De fait, si la liaison à la théorie révolutionnaire s'exprime du haut vers le bas et réclame la centralisation, l'élargissement de la pratique exige un rapport inverse du bas vers le haut et requiert la décentralisation. Centralisation et décentralisation sont complémentaires, le degré et les formes de leur équilibre dépendant de la conjoncture.

Du point de vue de la pratique, en outre, si les interventions de la première scène n'avaient pas un caractère politique autonome, on ne voit pas sur la base de quoi s'exercerait la pratique politique centrale du parti. On ne voit pas quelles *initiatives* elle permettrait de rassembler et d'élargir révolutionnairement. À moins, évidemment, d'adopter un schéma idéaliste selon lequel le parti serait l'expression d'une « classe-sujet » (Lukács), et lui-même le véritable « sujet » de toute l'initiative politique ouvrière !

Nos remarques n'ont rien d'académique. Elles sont directement reliées à la critique des survivances d'une pratique stalinienne mécanique dans le mouvement politique ouvrier. Cette pratique a conféré un statut privilégié au *Que faire ?* de Lénine, qui est effectivement un texte de base, mais qui est loin de contenir l'ensemble des interventions stratégiques de Lénine sur la question des rapports parti-classe. Dans une remarquable analyse ponctuelle des écrits de Lénine sur la tactique, le parti, l'État et la question nationale, Jean-Marc Piotte[4] a distingué cinq périodes à travers lesquelles Lénine met tour à tour l'accent sur la centralisation et la décentralisation, « l'organisation de dirigeants stables et qui assure la continuité du travail[5] » et le « parti de masses ». Pendant vingt ans, selon la conjoncture, Lénine oscille entre deux pôles concurrents. Pour Jean-Marc Piotte, la pensée de Lénine, sur ce problème comme sur d'autres, est essentiellement conjoncturaliste :

> Si on considère [...] que la théorie léniniste du parti se trouve dans l'ensemble de ses périodes et non dans une seule, on doit admettre que sa théorie se fonde sur la reconnaissance du fait que le rapport parti-classe et le rapport consécutif, au sein du parti, entre centralisation et démocratisation, *varient* selon chacune des conjonctures. Une situation peut exiger que le rôle dominant soit donné au parti par rapport à la classe et, au sein du parti, à la centralisation par rapport à la démocratisation, tandis qu'une *autre* situation peut exiger l'inverse. Il n'y a donc pas chez Lénine un type de rapport parti-classe et un type de structure de parti valables pour toutes les conjonctures : *la variation de celle-ci est,* chez Lénine, *déterminante en dernière instance*[6].

Mais la pratique stalinienne et ses résidus ont isolé le *Que faire ?*, lui donnant un statut doctrinal figé que ne justifie pas la portée de l'ouvrage. Or, dans le *Que faire ?*, la lutte pour la construction du Parti socialiste ouvrier de Russie (POSDR) se double d'une lutte contre l'économisme. Celle-ci amène Lénine à séparer radicalement le combat syndical, trade-unioniste et réformiste, du combat politique, centralisé et révolutionnaire. Cela devait être dit et fait. Mais Lénine ne procède pas simultanément à une analyse de l'« instinct » politique de classe ; sans l'apport « extérieur » du Parti, estime-t-il, la classe ouvrière ne peut d'ailleurs

4. Jean-Marc PIOTTE, *Sur Lénine,* Montréal, Parti pris, 1972.
5. LÉNINE, *Que faire ?*, in *Œuvres complètes*, tome V, p. 475.
6. Jean-Marc PIOTTE, *op. cit.*, p. 166.

accéder qu'à une vision réformiste. Il n'analyse pas, en conséquence, les formes de lutte qui peuvent se développer sur la base de cet « instinct » de classe. Fait-il une confusion entre la scène syndicale et la scène politique primaire ? Mais alors, comment la lutte économique, qui est exclusivement trade-unioniste, pourrait-elle impliquer des formes politiques ? Ou bien, confond-il ce qui est politique et généralisateur dans les interventions de la première série avec l'action dite « extérieure » et centralisée du parti, où se développent les interventions d'ensemble de la deuxième série ? Mais alors, une fois de plus, comment expliquer l'insertion de l'« extériorité » théorique du parti dans l'« intériorité » des luttes concrètes ? Ce qui manque clairement dans le *Que faire ?*, c'est l'étude d'une courroie politique de transmission qui, opérant au niveau local où se configure la revendication économique, postule en même temps la généralisation et la radicalisation révolutionnaires organisées.

Ici se greffe l'effet de reconnaissance. En simplifiant, en *dualisant* un débat qui demeure polymorphe dans l'ensemble de l'œuvre de Lénine, la tradition stalinienne a séparé le parti des luttes révolutionnaires de la base. Elle a retenu du *Que faire ?* l'esquisse d'un parti exclusivement centralisateur et professionnalisé ; elle en a écarté les éléments qui se prêtaient à la construction d'un parti du « très grand nombre » (Lénine). Elle a ainsi freiné l'essor de partis de masse, et empêché que soit pleinement reconnue, au sein des partis, l'autonomie relative des luttes. Elle a, en ce sens, contribué à leur écrasement politique. Elle a créé un vide que le nouveau ressac du gauchisme est venu, ces dernières années, non pas remplir, mais souligner.

Au contraire, là où des partis de masse ont pu se fixer, l'effet de reconnaissance a joué à tous les niveaux et a aggravé la crise de l'État bourgeois. C'est tout de même ce qui s'est passé en Italie et en France, sur des bases théoriques (Gramsci) ou morales (Thorez) différentes, en dépit d'une dépendance plus ou moins forte à l'endroit des courants staliniens.

Le moment : conjoncture et rapport de forces

Centralisation, décentralisation. Luttes de masse, pratique de parti. Le rapport de ces termes dépend de la conjoncture ou encore est organisé sur elle. Il se peut que le parti soit très centralisé et que les luttes de masses soient rigoureusement inscrites dans la sphère de son intervention. Mais il se peut aussi que le parti soit inexistant ou faible : alors les luttes de la base occupent, pour l'éphémère ou l'obscur, tout le champ de l'intervention politique de classe.

Il se peut aussi que le parti, qui a toujours à négocier son existence, ne soit *déjà plus* sur scène, ou bien que les efforts visant à le constituer n'aient *pas encore* abouti. On ne peut raisonner, malgré des invites théoricistes à le faire, comme si le parti était devenu une réalité transhistorique. Dans la plupart des pays capitalistes dominants, les partis de classe tentent aujourd'hui de s'accrocher entre un « pas encore » et un « déjà plus ». Cette indication est à prendre, non dans un sens finaliste, mais dans celui où l'inscrivent les changements de rapports de forces.

La classe ouvrière belge a connu, à la fin du XIXe siècle, un rapport de force favorable avec l'essor de son ancienne social-démocratie. Pendant la deuxième guerre mondiale et dans l'immédiat après-guerre, le Parti communiste belge a su reconquérir une part des positions politiques ouvrières. Qu'en reste-t-il aujourd'hui ? Au contraire, au Québec, bien qu'un parti communiste extrêmement réduit s'y soit incrusté depuis cinquante ans, la classe ouvrière n'a jamais pu accéder à un niveau d'organisation politique qui lui permette de mener systématiquement le combat contre le pouvoir impérialiste. Des luttes de masse importantes, et peut-être déterminantes pour une possible stratégie politique, s'y sont néanmoins déroulées depuis deux ans.

Qu'est-ce qui détermine les rapports de force politiques entre classes ? Qu'est-ce qui les modifie ?

L'étude des termes théoriques d'une conjoncture politique reste très largement à faire. On ne peut répondre à ces questions que par l'analyse empirique des situations concrètes. Il semble qu'on ne puisse qu'évoquer la présence de quelques éléments constants, mais généraux, qui exercent les uns sur les autres une détermination mutuelle dans le développement des situations de classe au stade du capitalisme de monopole :

1. Les transferts sociaux opérés dans le développement économique du travail productif. Ces transferts se mesurent à une modification des

fractions de la classe ouvrière, définies par leur appartenance au travail productif. Ils sont ponctués par un double mouvement : marginalisation des travailleurs que le procès de production tend à déqualifier ; déclassement de catégories salariales de la petite bourgeoisie que ce procès appelle au travail productif.

2. L'extension de la production de plus-value relative. Elle s'accompagne d'un recours malthusien à la mécanisation de pointe (automation) et d'un sous-emploi des capacités productives. Elle justifie ainsi le maintien, et parfois l'extension, de certaines formes de plus-value absolue qui sont liées à la survivance et au réaménagement d'aspects résiduels mais structurels – pour cette raison, tenaces – du capitalisme commercial. Le réaménagement se fait au profit des branches les mieux placées dans le système de distribution monopoliste du capital.

3. Les variations historiques des taux de salaires en relation avec les conditions politiques et idéologiques de l'emploi. Ces variations sont fonction : de la persistance de modes ou de formes de production antérieurs (par exemple, les salaires payés par une entreprise industrielle qui s'implante dans une région rurale peu ou mal intégrée au marché capitaliste sont inférieurs aux salaires de métropole urbaine) ; du maintien en activité d'industries technologiquement retardées, à forte intensité de main-d'œuvre et à bas salaires ; de la tradition des luttes syndicales ; des formes de la surveillance politique de l'emploi ; des ségrégations dans l'emploi, en particulier de la question féminine et de l'immigration ; des problèmes nationaux ou nationalitaires, notamment des questions linguistiques, du rapport entre langue de travail et langue populaire, etc.

4. Le renforcement totalitaire de l'organisation capitaliste du travail, mais aussi les déplacements politiques opérés par cette organisation. Ces déplacements, compte tenu de l'ensemble des éléments de la conjoncture, peuvent être tels que d'autres rapports sociaux deviennent possibles sur la base d'une lutte, ou bien pour la simple détention politique du capital dominant (réformisme), ou bien pour son appropriation transitionnelle (et révolutionnaire).

5. La part prise par l'État dans le développement de l'accumulation, et les formes de cette participation ; la mesure de son intervention dans

les circuits de production comme agent productif direct (prise en charge étatique d'industries de pointe et/ou d'industries retardées) ou indirect (développement de la capacité étatique d'achat) ; l'existence ou non d'une « programmation » et le rapport de classes qui s'y inscrit.

6. Les formes du contrôle de l'État par la bourgeoisie financière ; les rapports politiques entre bourgeoisie financière et bourgeoisie industrielle.

7. Le déploiement de l'appareil administratif, et en général de l'appareil d'État ; l'intensité de la centralisation du pouvoir et ses effets sur le regroupement politique de la classe ouvrière ; les mesures concurrentes de décentralisation et leur effet possible de fractionnement et de dispersion politiques.

8. Les formes de l'oppression politique, mais aussi les traditions de lutte contre l'oppression et les formes nouvelles de cette lutte.

9. Les effets de la structure impérialiste du capitalisme mondial et les formes de la résistance à son emprise.

10. Le rapport de forces, qui se consolide d'un élément surdéterminant : *son évaluation exacte.*

La liste peut s'allonger. C'est la conjonction contradictoire de ces éléments qui transforme les situations de classe. Mais que sont ces situations de classe ? Et comment la classe ouvrière affirme-t-elle concrètement son autonomie politique dans les pays capitalistes dominants ?

Les classes ouvrières faibles

L'énoncé des problèmes ne les simplifie pas. Revenons, par exemple, à la question des effets politiques du « salaire productif ».

Ces effets sont contradictoires. D'un côté, ils permettent à la bourgeoisie de fixer le prolétariat dans une relation d'appartenance au capital, de le nier comme classe, en instituant une aristocratie ouvrière gardienne de l'ordre idéologique dominant et détentrice des appareils de revendication économique. De l'autre, cependant, le salaire productif, par lequel sont rémunérées les fractions les plus infériorisées du prolétariat *mais aussi* la majeure partie de l'aristocratie ouvrière, est l'expression d'un décalage de situation et d'une reconnaissance négative, par la bourgeoisie, de la classe ouvrière en tant que distinctement productive. Ainsi est construit le moyen pour les ouvriers de nier leur relation en son contraire. Car le prolétariat ne saurait être productif sans produire le capital, c'est-à-dire sans fabriquer les moyens sous lesquels, enchaîné à l'appropriation et nié comme classe, la bourgeoisie le manifeste simultanément comme forme autonome de production qui, seule marchandise capable de se reproduire, n'obéit pas aux lois de l'accumulation du capital.

À cela, à ce pouvoir, on ne le répétera jamais assez, est définissable la classe ouvrière en tant que classe, toute la classe ouvrière, y compris son « aristocratie ». Il suffit d'une crise de structure pour que, si le moment conjoncturel est favorable, les éléments les plus embourgeoisés du prolétariat passent à la revendication politique. On les voit alors s'appuyer sur les besoins nés de leur embourgeoisement et manifester, sur la base de cet appui, leur solidarité de classe. La Belgique a connu cela lors des grandes grèves de 1961. Celles-ci coïncidaient, semble-t-il[7], avec une crise du rapport politique entre bourgeoisie financière et bourgeoisie industrielle.

Mais une telle capacité ouvrière au sein du mode de production capitaliste demeure contradictoire. De fait, elle reproduit les contradictions générales de ce mode, bien que son exercice tende critiquement à en inverser les contradictions *secondaires* (les formes de la propriété, par exemple, sont inversées et niées par les occupations d'usine et par la prise en charge – Mai 68 – des services sociaux d'alimentation, de transport, etc.). La capacité politique « spontanée » est d'un exercice essentiellement spasmodique. Elle se manifeste en crise, sur le modèle des crises du système. Son apparition dépend des rapports de force antagoniques dont l'oscillation redouble les transformations en crise du capitalisme, et dont la dis-

7. Voir André CORTEN, *Matériaux pour l'étude des classes sociales en Belgique*, t. IV : *Luttes pour l'hégémonie politique et formes d'exploitation* (deuxième partie), à paraître. (*NdA*)

tribution sociale est fonction du développement de l'espace de domination défini par le capital. En d'autres termes, l'exercice d'un tel pouvoir dépend des rapports politiques qui se dessinent à l'intérieur de la classe ouvrière d'une formation sociale, à l'avantage ou, au contraire, au désavantage de ses fractions les plus embourgeoisées. Mais ces rapports de forces internes tendent, à leur propre niveau, à reproduire les rapports capital/force collective de travail. Plus grande est donc la domination politique du capital, plus est hégémonique son pouvoir international, plus aussi sont étendues l'aristocratie ouvrière et la relation d'appartenance à la bourgeoisie dans un pays capitaliste dominant ; moins facilement peuvent alors être contestées, inversées, défaites, les contradictions secondaires du capitalisme dans ce pays.

Marx notait dès 1847, bien avant l'apparition des conditions économiques immédiates de l'impérialisme, que la classe ouvrière est plus vulnérable à l'extension de son « aristocratie » dans un pays capitaliste hégémonique, que dans une formation sociale concurrente mais relativement dominée. Le pays hégémonique de l'époque était l'Angleterre. Il n'envisageait pas la possibilité, avant longtemps, d'une révolution dans ce pays. Il l'envisageait, par contre, pour des pays tels que l'Allemagne et la France. Il s'agissait là de formations où le capitalisme était limité, dans sa tentative de réalisation d'un marché intérieur homogène, par la suprématie mondiale de l'exportation des marchandises britanniques. La révolution, sans doute, ne s'y est pas produite. Mais la formation et l'essor ultérieurs, en Allemagne et en France, de partis ouvriers résolument anticollaborationnistes ont confirmé l'essentiel de ses vues sur ce point.

Aujourd'hui, des ensembles hégémoniques déterminés par l'impérialisme définissent l'espace de domination du capital. Ils s'efforcent d'en réglementer la croissance et, de toute manière, ils en ont élargi les limites de pénétration en des proportions jamais atteintes auparavant. Autour des États-Unis et en relation avec la politique américaine, selon un système de concordance qui n'interdit pas, mais au contraire appelle, la concurrence interne, selon un système de fusions et d'échanges d'investissements qui raffermit l'unité contradictoire des ensembles dominants, ceux-ci rassemblent la Grande-Bretagne, l'Allemagne occidentale, les Pays-Bas et ce pion de la contre-révolution européenne[8] que forme l'État belge depuis sa naissance[9].

Dans ces ensembles, le poids de l'embourgeoisement ouvrier s'est considérablement aggravé. Historiquement, cela a été rendu possible par le développement de l'industrie d'armement[10], qui a facilité une mobilisation accélérée du capital, par le renforcement du pouvoir politique de la bourgeoisie financière et par la formation de nouvelles couches ouvrières hautement qualifiées. Ce processus s'est généralisé, dans la phase actuelle qui date de la première guerre mondiale, grâce à l'exportation étatique de ses effets internes vers l'ensemble des formations sociales dominantes; plan Dawes en 1925, plan Marshall en 1948, accords monétaires de l'après-guerre et fondation du Fonds monétaire international, pacte Atlantique, liquidation des guerres impérialistes localisées, Marché commun et Kennedy Round. La crise de ces mécanismes, de ces modes de transmission du monopolisme à l'échelle internationale, ponctue et intensifie la crise générale – constatable par les échecs subis, et les mesures de rétorsion prises, en Chine, à Cuba, au

8. La démonstration, convaincante sur ce point, du caractère contre-révolutionnaire de l'État belge est proposée dans un ouvrage ronéotypé intitulé *La nation et l'État belges, produits de la contre-révolution,* Bruxelles, Le Fil du Temps, 1967. (*NdA*)

9. La France et l'Italie ne rentrent pas pleinement dans les ensembles en question. Cela pour des raisons qui tiennent aux formes de l'exploitation et à celles des contradictions du pouvoir politique. Les classes ouvrières de ces deux pays sont parmi les plus maltraitées de l'Europe capitaliste. L'État italien est relativement affaibli par la persistance endémique de clivages régionaux plus brutaux que dans la majorité des formations dominantes. S'il renforce simultanément sa gestion directe d'une fraction motrice de l'appareil économique capitaliste, ce mode d'intervention étatique est de nature à favoriser la jonction des luttes économiques et politiques de la classe ouvrière, à augmenter la combativité du prolétariat, à instituer un rapport de forces désavantageux pour son « aristocratie ». Quant à l'État français, le centralisme et la cohésion quasi-militariste de ses appareils sont surtout la réponse du pouvoir et des appareils de production à la menace que la tradition quasi-institutionnelle des luttes politiques et idéologiques de la classe ouvrière fait peser sur eux. (Tradition idéologique du mouvement ouvrier français, dans la continuité d'un progressisme de compagnonnage : le *moralisme* et le *démocratisme* jacobins, jaurésiens, thoréziens.) Le développement même du pouvoir d'État est donc, dans la France bourgeoise, l'une des expressions de sa fragilité, de la possibilité de sa conquête politique. (*NdA*)

10. De ce point de vue, l'analyse empirique de Paul A. BARAN et Paul M. SWEEZY, *Le capitalisme monopoliste,* Paris, Maspero, 1968, est probante. (*NdA*)

Vietnam et, au point de vue du fonctionnement central du système, par sa contestation politique en Italie et en France.

Ponctuation de la crise, mais étalement et renforcement des moyens d'une répression *idéologique*, dont l'efficacité mesure l'extension du pouvoir politique de la bourgeoisie financière. Les formes de la répression commencent à se prêter à une classification[11]. On ne la tentera pas ici, dans cet article-cadre. Idéologiques par leur expression immédiate, elles s'articulent sur des aménagements *économiques*: monétarisation maximum de l'économie marchande par la généralisation du crédit; *politiques*: croissance des fonctions économiques d'intervention de l'État; et *idéologiques* proprement dits: essor monopoliste quasi-étatique des moyens dits de « communication » (propagande et publicité généralisées par la grande presse électronique) et justification (McLuhan) de cette idéologie de la communication.

La mise en place de ces formes de répression a pu être obtenue grâce à un marchandage. S'y sont prêtées les directions « aristocratiques », ou bureaucratiques, des appareils de la revendication ouvrière. Celles-ci ont contribué à l'étalement d'une politique conservatrice, voire à la victoire d'une orientation réactionnaire, sous la condition que fussent satisfaits, et légèrement au-delà, les besoins incompressibles de la reproduction moderne de la force de travail.

Cette condition, ce « légèrement au-delà » de la satisfaction des besoins, la production des surprofits monopolistes en assurait d'ailleurs l'aménagement. Tels surprofits s'échelonnant sur la longue période, des rabais peuvent être consentis en courte période pour financer, par transferts monétaires, une rémunération sociale plus complète (sécurité sociale) de la force de travail. Encore faut-il rappeler que le capital monopoliste n'accepte que contraint, sous le poids des luttes politiques, une ponction opérée sur des surprofits dont le réinvestissement social bourgeois s'accommode mal d'une socialisation ouvrière partielle, même minimale. Les transferts

11. Elles ne sauraient tenir toutes dans une analyse que, à la suite des notes de Louis ALTHUSSER (« Idéologie et appareils idéologiques d'État », *La Pensée*, nº 151, Paris, 1970), on voudrait faire des « appareils idéologiques d'État ». L'objet de ces analyses laisse intacte la question des pratiques sémiotiques, verbales, par quoi l'idéologie dominante est à la fois produite et élargie. (*NdA*)

qu'il charge l'État de gérer doivent alors, de préférence, être effectués par une redistribution de la seule masse salariale, sans toucher aux profits[12].

Pour le dire autrement, les facilités laissées par le capital monopoliste n'ont fait que souligner la fragilité de ses concessions. Il peut s'accommoder, financièrement, d'une diminution relative du taux des surprofits, qui ne cessent pas pour autant de croître. Mais il ne peut tolérer que cette diminution soit conquise par l'effet d'une atteinte populaire à son pouvoir, lorsqu'il contrôle exclusivement le pouvoir politique ; à sa capacité d'alliance, lorsqu'il ne le détient pas exclusivement ; et en toutes circonstances, à son aptitude à déterminer seul l'extension la plus grande possible de ses marges de manœuvre politique. La scène principale est politique. C'est pourquoi, pour éviter sur cette scène un échec qui risquerait d'exercer un effet d'entraînement aux conséquences les plus dangereuses pour l'ordre bourgeois, les partis du capital doivent imposer le marchandage aux organisations ouvrières.

Partout, en effet, le marchandage fut l'objet d'un forcing : la guerre ou la crise. À l'occasion, là où il apparut que les directions syndicales ou politiques ouvrières ne pouvaient être conciliées, la bourgeoisie se passa d'elles et procéda par d'autres moyens : le nazisme. Faisons tout de même la part des choses. En Allemagne, l'impossibilité d'une conciliation ne tenait pas seulement à la résistance des appareils ouvriers. Celle-ci était largement entamée par les atermoiements et les défections des sociaux-démocrates allemands. L'impossibilité tenait surtout à la nécessité de subvertir les appareils ouvriers, par suite du danger qu'une diminution grave du taux d'accumulation aurait fait courir à l'ensemble de la bourgeoisie allemande, c'est-à-dire en raison d'une situation où l'appareil d'État devait être renforcé dictatorialement pour garantir l'accumulation *et* les mesures sociales (logement, transport) qui l'accompagnent obligatoirement.

Aux États-Unis et en Grande-Bretagne, la procédure put être différente. La crise de 1929 eut pour effet, aux États-Unis, de renforcer les

12. Cette interdiction de toucher aux profits se double d'ailleurs, en permanence, d'une ponction, celle-là très efficace, qui est opérée sur la masse salariale par le biais de l'inflation rampante. Voir sur ce point le numéro 1, consacré à l'inflation, des cahiers *Critique de l'économie politique*, Paris, Maspero, 1970. (*NdA*)

grandes industries du secteur des moyens de production (notamment le pétrole) et de donner, avec le New Deal, une part décisive du pouvoir politique à la bourgeoisie financière. En outre, Gompers et l'American Federation of Labour avaient su, dès avant la première guerre mondiale, donner la discipline au mouvement ouvrier américain; la révolte et la création du Congress of Industrial Organisations, dans les années trente, n'allait modifier que le cadre professionnel des revendications. Quant à l'Angleterre, dès les années vingt, la collaboration de classes s'y était étendue jusqu'à la collaboration de pouvoir grâce au travaillisme.

Marchandage forcé, discipline imposée, voire dictature. Mais de tels effets ne sont pas produits à sens unique. Il y a eu aggravation de l'embourgeoisement ouvrier, et les conséquences politiques en sont claires. Mais le corollaire en a été l'extension de conditions *précaires* de travail et d'existence pour l'ensemble de la classe ouvrière, y compris pour ses nouvelles et larges couches d'origine petite-bourgeoise. Corollaire surtout actuel. Il caractérise la généralisation du pouvoir de la bourgeoisie financière : les formes en sont opérantes aux États-Unis depuis la fin de la deuxième guerre mondiale et le plan Marshall, en Europe depuis le Marché commun et le début des années soixante. Sous-emploi ; insécurité ; rotation accélérée de la force de travail ; par conséquent, déqualification relative touchant toutes les catégories de l'emploi productif, même les couches nouvelles hautement qualifiées, déqualification qui s'accomplit malgré un coût accru de formation de la main-d'œuvre : tous ces rouages sociaux de la grande production capitaliste moderne ont tendu à neutraliser et à combattre un peu partout les conséquences politiques de l'embourgeoisement.

Ils les combattent dans la mesure où, l'embourgeoisement ouvrier étant directement lié au renforcement politique d'un pouvoir d'État conservateur et à l'expansion de son emprise idéologique, le sous-emploi des capacités productives et de la force de travail met en question le fonctionnement du pouvoir. Comment cela ? La permanence et l'aggravation du sous-emploi forment l'une des contradictions spécifiques dans les formations sociales dominantes impérialistes. Le recours à l'État, à sa capacité fiscale et financière, comme aussi – et c'est le fait de tous les « néocapitalismes » européens et américains – à sa capacité industrielle et/ou commerciale, est le moyen de nier ou de neutraliser ces contradictions internes. Ainsi l'État est-il utilisé simultanément pour acheter des matériels de pointe ou pour en gérer la production, pour subventionner des industries déclinantes où l'abaissement de productivité et de rentabilité menace le niveau général des profits, pour promouvoir des priorités d'investissement à la fois verticales (par secteurs) et horizontales (par régions). Mais en devenant entrepreneur et/ou commerçant sous la pression des monopoles, l'État hérite sous une forme aggravée leur incapacité à résoudre les problèmes de sous-emploi. C'est lui qui supporte, dans les secteurs les plus importants comme dans les plus menacés, le fardeau maximum des capacités inemployées. Pour y échapper, il ajoute ses propres mécanismes d'inflation à ceux qu'exige la croissance des monopoles. Or, l'État entrepreneur reste l'État politique. Ce que fait l'État-patron, ou plutôt ce qu'il est incapable de faire, c'est l'État politique qui en subit les contrecoups. C'est lui qui devient, dans sa subordination au capital monopoliste, l'adversaire immédiat. Ainsi est obéré et dégradé le recours à l'État comme moyen de négation des contradictions internes.

Ce minage de l'État est particulièrement sensible dans les pays (France et Italie) où la tendance à la fusion du capital financier et du pouvoir politique s'est exprimée sous la forme d'une pénétration directe et massive des appareils d'État dans les circuits de production.

En d'autres termes, le sous-emploi stimule mais en même temps entrave un procès d'étatisation extensive du capital qui signale partout, sous des aspects en définitive pas tellement différents, l'affermissement du pouvoir de la bourgeoisie financière. Mais le sous-emploi ne peut stimuler et entraver ce procès qu'à la condition d'être relayé, sur le terrain politique, par des formes de lutte qui lui soient accordées.

Depuis une quinzaine d'années, la classe ouvrière des pays dominants a commencé de mettre au point de nouvelles formes de lutte. Souvent opposées au plan tactique, elles se définissent en fait par une unité d'ensemble qu'un parti communiste pleinement adapté à la lutte contre le capitalisme de monopole[13] serait dans certains pays dominants, ou est

13. C'est-à-dire un parti capable d'assumer la liaison théorique *et* pratique entre des luttes urbaines non syndicales et les luttes nationales de classe, entre la première et la deuxième scène. Cette liaison est caractéristique des *tendances* de l'opposition politique ouvrière au capitalisme de monopole, en raison du double effet d'expansion et de dégradation que ce stade du mode de production dominant fait subir aux conditions

déjà dans d'autres également dominants, susceptible d'organiser au niveau stratégique. Elles offrent la possibilité, non de démentir les formes anciennes, mais d'en relancer l'efficace. Plus précisément, ces

sociales élargies de la reproduction de la force de travail. (Voir à ce sujet une description et un commentaire de luttes urbaines non articulées sur une instance politique englobante dans Manuel CASTELLS, *Les luttes urbaines*, Paris, Maspero, 1973.) En même temps doit être soulignée, car c'est une mesure constamment renouvelée de leur capacité effective de mobilisation et de leur aptitude à « programmatiser » politiquement les luttes ouvrières, l'attention que certains partis de masse, le PCF et son homologue italien, ont apportée historiquement aux conditions politiques locales du combat ouvrier. Dans leur *pratique*, ces partis ont assuré une liaison entre les deux scènes. On ne saurait comprendre autrement le succès de leur implantation dans les municipalités, succès qui s'est réalisé jusque dans la gestion de villes moyennes et grandes. Il est dû au couplement de deux modalités de la pratique locale : un travail politique réalisé par les cellules de quartier sur les conditions de logement, de transport et de récréation en relation avec les activités générales de parti (école de formation politique, diffusion de la presse du Parti, propagande sur les objectifs nationaux du Parti, etc.), vient appuyer le travail législatif, réglementaire et exécutif de conseils municipaux largement investis par l'électorat communiste. La représentation communiste à ces conseils municipaux (on dénombre en France 1100 mairies communistes et 26 000 élus communistes locaux ou régionaux) semble dictée par un double souci : travailler à l'échelle locale le rapport de forces politiques national, et prendre en défaut la légalité bourgeoise en matière d'investissements sociaux, c'est-à-dire réaliser tout ce que cette légalité est forcée de tolérer, jusqu'au point où l'exécution de ses prescriptions la met en demeure de se renier elle-même. Ainsi peut être inversé localement le rapport de forces national. Cependant, cette inversion n'est réalisée que de façon aléatoire, et un hiatus apparaît entre la massivité du travail local des communistes et l'influence de leurs luttes nationales. Car les grands partis communistes d'Italie et de France n'ont pas pensé la liaison *théorique* des deux scènes. Bien qu'ils aient posé la question de l'État à l'époque de sa fusion tendancielle avec le capital monopoliste, ils ne l'ont pas instanciée dans les termes d'un rapport entre, d'une part ses fonctions de consolidation politique et idéologique de l'accumulation générale, et d'autre part l'efficacité, inscrite localement, de son intervention et de sa réglementation sur les conditions de mobilisation de la main-d'œuvre. Ils n'ont surtout pas posé les formes politiques spécifiques des luttes urbaines au stade actuel du monopolisme. Il en résulte, croyons-nous, le hiatus signalé plus haut. Les « effets politiques » urbains (Manuel CASTELLS, *op. cit.*, p. 45) ne sont reconnus pour tels que s'ils sont inscrits, imprimés et diffusés du centre national vers la base locale. Sans doute le parti enregistre-t-il les revendications urbaines non déjà comptabilisées par lui : il peut alors accepter d'esquisser une figure politique locale différente de celle qui est assignée par ses programmes nationaux. Un exemple : l'Émilie. Mais cela confirme une tendance à un déséquilibre entre l'effet des luttes nationales formes nouvelles sont la synthèse discontinue, pour une politique adaptée à la lutte contre le monopolisme, de tous les moyens historiquement mis en œuvre par le mouvement ouvrier des pays capitalistes. Alors, pour l'analyse, un accord se dessine politiquement réalisable entre : d'une part, les grèves « purement » professionnelles (générale, de secteur, d'industrie ou d'entreprise), les grèves sur le tas avec occupation d'usines (1936), la formation de comités d'usine – ou l'extension des cellules d'entreprise – pour l'enquête et l'intervention sur les conditions locales d'exploitation et d'oppression, la grève politique ; et d'autre part, la prise en charge collective mais sélective de services locaux d'alimentation, de santé, de transports, à l'occasion de grands débrayages nationaux, l'intervention organisée dans les moyens locaux d'information (cas québécois en 1971) pour assurer la diffusion des actions entreprises à l'échelon local en des situations où l'ensemble de la classe ouvrière est mobilisé nationalement, enfin une municipalisation ou une régionalisation aptes à relayer en permanence – mais aussi à informer – la dynamique des luttes nationales de classe.

Ces dernières formes sont précisément celles au seuil desquelles un début d'intervention collective ouvrière s'est objectivement greffé sur les actions de parti en France et en Italie, s'est également organisé aux États-Unis avec les Black Panthers de la tendance Huey Newton, au Québec par initiatives locales depuis deux ans, et même en Grande-Bretagne avec la grève des dockers et des transports indirectement liée à la lutte contre l'adhésion au Marché commun, etc. Nous les appelons « nouvelles ». Elles ne le sont pas. De fait, elles renouent avec une tradition de gestion révolutionnaire, celle de la Commune de 1871, celle des premiers Soviets de 1905. Elles renouent, plus généralement, avec l'aptitude historique du prolétariat à poser pratiquement la question du gouvernement ouvrier à l'intérieur d'une situation *dominée* par le gouvernement bourgeois. C'est ce qui en situe l'importance. C'est aussi

de classe sur les luttes urbaines, et l'effet inverse – mais complémentaire – de l'expansion du front urbain sur le déploiement de la scène politique centrale du parti. Bien que les luttes urbaines se développent, elles agissent faiblement, semble-t-il, sur l'affermissement de la politique centrale qui lui donne ses bases. Qui les lui donne parce qu'elle est seule admise à les lui donner. (*NdA*) à maints égards, en raison précisément de la *domination* bourgeoise de ces expériences, ce qui en marque la fragilité.

L'importance, d'abord. À partir de la gestion ouvrière directe expérimentée dans une situation de crise qui n'est pas révolutionnaire, c'est toute la conception de la centralisation et/ou de la fédéralisation des luttes qui, une fois de plus, se trouve au centre du débat.

Faux problème, en vérité. On a dit plus haut pourquoi, ou on l'a redit.

Vrai problème, pourtant. La régionalisation de la pratique politique ouvrière entraîne une réévaluation du centralisme bureaucratique des appareils ouvriers. Elle suscite des méthodes de décision laissant large l'initiative locale pour renforcer la pratique unitaire. Dans les pays où des partis ouvriers ne sont pas solidement implantés, l'expérience de gestion directe locale impose d'ailleurs cette réévaluation. Car elle fournit les raisons empiriques de leur défaut d'implantation. N'ayant d'yeux que pour une pratique internationale vite transformée par eux en une vérité intangible et close (exemples extrêmes : les partis communistes américain et canadien), ces partis n'ont pas fait fond sur les nouvelles formes de lutte. Ils ont ainsi laissé passer toutes les occasions : l'éveil du prolétariat noir aux États-Unis, par exemple.

L'importance, mais la fragilité de ces expériences. Elles sont pour le coup brusque. Elles ne résistent pas à la répression qui suit. La classe ouvrière ne peut en utiliser les leçons, celles de la « fête » pararévolutionnaire et celles de la répression, que si un grand parti ouvrier est là pour lui permettre de les appliquer quand tout est rentré « dans l'ordre ».

Voici alors posée une autre question, mais sous un autre jour. Seules les *formes* de lutte ont ici été évoquées. Elles demeurent souvent opposées. La grève, arme syndicale, ne s'ajuste pas visiblement sur des pratiques qui visent pourtant à en exploiter les possibles leçons politiques. Pour vaincre cette opposition, il est clair que doit être posée la question de la stratégie : analyse de la conjoncture, et pratique médiate de la formation sociale immédiate, en conséquence mise à jour des objectifs, définition programmatique de la transition au socialisme, construction sous ce jour des termes économico-tactiques de la contradiction actuelle. Il est clair aussi que la question de la stratégie pose la question du parti. Et qu'elle la pose jusque dans – il vaudrait mieux dire : à commencer par – la manière de mettre en œuvre les aspects spécifiquement politiques de la tactique stratégique. Opposition à la social-démocratie ou front commun, unité de classe (tactique « classe contre classe ») ou alliance de classes, ces éléments tactiques immédiats du calcul stratégique, ces éléments en variance selon les conjonctures et les pays supposent l'existence d'une organisation politique permanente de classe qui puisse en construire la variabilité.

Mais dans les formations dominantes à classe ouvrière faible, États-Unis, Grande-Bretagne, Allemagne occidentale, Belgique, on n'en est pas là, ou on n'en est plus là depuis longtemps. La question du parti ne peut y être aujourd'hui posée, autrement que comme repère abstrait pour évoquer des tendances problématiques ou pour épargner un vide politique. La question de la stratégie est alors vacante. Seule, en tels pays, est efficace la constatation de l'émergence de formes de luttes appropriées aux effets politiques du sous-emploi. Elles apparaissent nues en quelque sorte, ne s'articulant sur aucune stratégie qui puisse occuper le rôle dirigeant de la classe ouvrière. Mais elles ne sont nues qu'en apparence. Elles renouent, dans les classes ouvrières qui en sont idéologiquement le plus éloignées, avec de vieilles traditions révolutionnaires du mouvement ouvrier international. Cela n'est pas de peu d'effet. Elles instituent ainsi des conditions favorables à la formation d'un nouveau parti ouvrier. Et pour commencer, elles installent le malaise dans les appareils syndicaux en introduisant les syndiqués à des conflits que ces appareils ignorent.

Ainsi, continue de se poser, mais sous des formes développées, la question qu'Engels esquissait dans *La situation des classes laborieuses en Angleterre* : celle de la possibilité à la fois d'une rupture et d'une continuité dans la revendication, par le passage à ce que lui et Marx appelaient « l'Association générale des travailleurs ».

Au XXe siècle, une certaine tradition dite marxiste aurait pu figer sous une figure paternelle et fondatrice, le Parti stalinien, les interventions et apports nombreux que l'Association générale, c'est-à-dire l'organisation politique permanente, est capable de recevoir, d'instituer, de modifier en fonction de la nécessité d'une ubiquité révolutionnaire.

En fait, la pratique des luttes a été plus forte que les effets de la réduction stalinienne. Et le léninisme plus actif que sa caricature, que toutes ses caricatures. Dans les pays capitalistes dominants à classe ouvrière faible, l'apparition de nouvelles formes politiques de lutte adaptées à la crise interne du monopolisme impérialiste rend plus manifeste la nécessité de leur développement dans une stratégie d'ensemble, c'est-à-dire la possibilité de leur culmination dans un parti léniniste capable de théoriser et de pratiquer l'articulation, sur les luttes nationales de classe, des luttes urbaines contre les formes étatiques locales de la reproduction.

Le cas québécois

Mettons à l'œuvre cette thèse. Le cas québécois en sera, dans ses très grandes lignes, l'argument.

Ici, d'emblée, une situation à la fois très fluide et très embrouillée. Embrouillement, cela signifie notamment multiplicité de données contradictoires, mal perçues dans leur contradiction. Mais le chevauchement des problèmes n'est que l'artifice d'une insuffisance de l'analyse. Il est en revanche la marque d'une riche complexité de situation. Celle-ci peut être éclairante.

Éclairant pour notre problème, le cas québécois l'est, premièrement, parce que la question nationale entre en jeu : une texture particulière de la société québécoise sous l'action interne de l'impérialisme ; par là, un durcissement latent des conflits. Il l'est, deuxièmement, parce que la capacité d'intervention autonome de la classe ouvrière – qui n'est ici visible que sous des formes sporadiques mais tranchées – *rectifie* la question nationale, la pose sous une lumière qui tend à rompre avec la brume nationaliste. Mais il l'est aussi, troisièmement, par l'absence d'un parti de classe.

Ce dernier point est surtout significatif. L'absence d'un parti de classe, son absence totale, conduit la classe ouvrière à développer en priorité les luttes urbaines qui peuvent, à des conditions encore peu claires, devenir une importante base d'appui pour un mouvement politique ouvrier.

Nous sommes loin du compte, cependant. On commencera de s'en apercevoir à travers une description sommaire de la société québécoise.

Économiquement: Profusion, en variété et en volume, de ressources naturelles : or, cuivre, fer, zinc, bauxite, amiante, aluminium, molybdène, titane, uranium, hydro-électricité, pétrole, etc., sans parler des immenses ressources forestières. Les grands consortiums américains y trouvent pour leurs productions courantes et leurs productions de pointe des réserves considérables ; car ces ressources sont en effet largement tenues en réserve, de façon à faire pression sur les autres fournisseurs de matières premières, par exemple sur les producteurs chiliens de cuivre. Le Québec est un pays riche. Un pays où la composition organique du capital est très élevée, dans les mines[14], l'aluminerie, l'industrie hydro-électrique, l'électronique. Un pays où la concentration du capital dans les banques, les compagnies d'assurance et les grands holdings nord-américains est poussée[15] ; où le capital bancaire surveille et même dirige tous les projets de l'investissement productif moyen, c'est-à-dire tous les projets autres que ceux des grands consortiums qui sont le plus souvent réalisés par investissement direct et autofinancement. Un pays où l'ensemble des secteurs de production, y compris l'agriculture, est étroitement intégré à l'économie capitaliste. Un pays où subsiste aussi un important secteur relativement autonome de productions disparates, petites et moyennes, entre les mains de la bourgeoisie industrielle autochtone, mais évidemment sous contrôle bancaire. Une économie conforme, par conséquent, à la physionomie des économies capitalistes dominantes. Mais il y a un revers à la médaille du développement. Au Québec, le contrôle américain, et subsidiairement canadien-anglais, est total sur les mines, l'électronique ; il est de plus de 80 % sur l'industrie forestière ; d'environ 60 % sur le secteur lourd – aujourd'hui retardé – des moyens de production (aciérie et métallurgie lourde). Au Québec, le taux de profit moyen

14. En 1968, l'ensemble des industries extractives employaient un personnel total (main-d'œuvre productive et non productive, personnel de maîtrise et cadres) de 25 400 personnes seulement, pour une production d'une valeur de plus de 731 millions de dollars, soit 34 300 milliards de francs belges (*Annuaire du Québec*, 1969, p. 365). L'emploi de main-d'œuvre a encore baissé depuis. (*NdA*)

15. *Bulletin du Bureau fédéral de la statistique*, Ottawa, 3e trimestre 1970. Une étude, actuellement en cours à l'Université du Québec sous la direction de Jorge NIOSI et Emilio DE IPOLA, porte sur ces questions. (*NdA*)

est plus élevé et l'investissement sensiblement moindre que dans l'ensemble du Canada. Les rapatriements de profits opérés par les grands consortiums sont plus importants, cependant que le salaire nominal moyen est d'environ 30 % (de 50 % dans certaines régions) inférieur au niveau ontarien moyen. Les indices officiels de chômage – qui sont incomplets – atteignent fréquemment 10 à 12 % de la main-d'œuvre salariée, 20 à 25 % dans des régions de petite industrie. En 1969, la proportion de main-d'œuvre jeune (groupe de 14 à 24 ans) en chômage était de 19 %[16]. Le pourcentage d'assistés sociaux atteint jusqu'à 40 % de la population dans de nombreux villages de l'arrière-pays.

Le Québec est, en bref, une économie capitaliste du centre – pour reprendre la distinction empirique de Samir Amin[17] –, mais où se reproduisent les blocages du capitalisme périphérique décentré, à développement faussé.

Socialement: Le Québec se caractérise par l'existence d'une classe ouvrière très nombreuse. Plus des huit dixièmes de la population sont salariés. Une identité de conditions de travail permet d'ajouter à l'ensemble des travailleurs productifs (comprenant les techniciens productifs, particulièrement nombreux dans l'industrie de pointe) la masse des petits salariés des grandes entreprises intégrées du secteur de la distribution. Sur cette base, on ne se trompera guère en évaluant la classe ouvrière aux deux tiers de la main-d'œuvre salariée.

Cette classe ouvrière est culturellement divisée. Il serait plus juste de dire que la division linguistique et culturelle entre ouvriers anglophones et ouvriers francophones tend fortement à reproduire les clivages entre « aristocratie ouvrière » de travailleurs hautement qualifiés et travailleurs de base. C'est un fait, les travailleurs francophones sont relativement peu qualifiés, et la déqualification croissante du travail industriel les atteint sensiblement plus, dans leur masse, que l'aristocratie ouvrière principalement anglophone. Leur statut n'est certes pas comparable à celui des immigrants portugais, grecs, turcs et africains de l'Europe de l'Ouest. On ne prétend pas dire que les ouvriers québécois francophones sont des immigrants de l'intérieur. Mais cette

16. *Bulletin du Bureau fédéral de la statistique*, Ottawa, 3e trimestre 1970.
17. Samir Amin, *L'accumulation à l'échelle mondiale*, Paris, Anthropos, 1970, p. 27-35.

figure a l'avantage d'indiquer l'incidence de la question nationale sur la lutte des classes à l'usine : la forme nationale des ségrégations instaurées dans les rapports politiques de production. En revanche, elle n'indique pas spontanément un effet particulier de la lutte des classes dans les conditions d'une domination impérialiste : à savoir que, dans un pays dominé, la masse de la classe ouvrière n'est que très indirectement perméabilisée aux influences embourgeoisantes de l'aristocratie ouvrière. Celle-ci peut être neutralisée à l'usine, voire subordonnée aux revendications de la masse. L'embourgeoisement, lui, est obtenu autrement. Il l'est par la consommation, par le développement d'un marché où l'opposition nationaliste trouve un ferment.

La question nationale se pose donc pour la classe ouvrière. Elle se pose sur le terrain de la division sociale du travail à l'intérieur des rapports de production capitalistes. Mais elle se pose aussi en termes de consommation sur le marché national : en tant, d'une part, que les travailleurs québécois consomment une part restreinte des marchandises offertes sur un marché intérieur capitaliste homogène ; en tant, d'autre part, qu'une petite partie d'entre eux, généralement la partie anglophone, consomme sensiblement plus que la majorité. La classe ouvrière peut d'autant moins se désintéresser de la question nationale qu'elle y est prise en fourchette. Comme consommatrice, elle subit les oppressions nationales et tend à s'opposer aux oppresseurs qu'une fraction de la bourgeoisie lui présente comme nationalement différents, oppresseurs *parce que* nationalement différents. Elle peut en venir à se dresser contre les catégories supérieures du prolétariat. On s'explique alors le sens de certaines actions ouvriéristes. Il y a cinq ou six ans, le nationalisme déguisé de groupes plus ou moins gauchistes se manifestait principalement dans leur volonté de situer la classe ouvrière sur le terrain de la consommation, en dehors de l'usine, en dehors du syndicalisme, sur le seul terrain des quartiers où se saisissent les discriminations opérées dans une collectivité urbaine. Cette tendance a pu être combattue, parce qu'une liaison a commencé d'être effectuée entre la scène du quartier et la scène de l'usine. Sur cette deuxième scène, la classe ouvrière n'est plus prioritairement consommatrice, elle est productrice. La pratique des rapports de production l'amène à voir dans l'aristocratie ouvrière, non plus principalement un groupe étranger, mais une catégorie ouvrière bénéficiant de privilèges plus ou moins fragiles qui sont déterminés par la structure impérialiste de la production inégale, – notamment par le fonctionnement de l'organisation du travail qui en est le régulateur politique immédiat. L'influence dirimante de l'aristocratie ouvrière peut alors être dissoute ou neutralisée.

Les plus graves problèmes sont posés par l'absence d'un parti ouvrier. La classe ouvrière n'en parvient pas moins à se distancier des partis bourgeois. Elle tend à s'affirmer politiquement. L'on va voir comment. Mais le processus d'autonomisation se réalise dans des limites étroites qui en signalent la précarité. Ces limites sont à l'heure actuelle de deux sortes.

Premièrement, la tendance au développement de luttes autonomes n'est analysable, contradictoirement, que sous le signe de leur dépendance à l'endroit du réformisme. Celui-ci, au Québec, est doublement marqué. Sur la scène syndicale, par l'orientation plus ou moins « travailliste[18] »

18. Le « travaillisme » n'est là qu'une allusion, imprécise. Elle veut indiquer à un public européen les aspects résolument pragmatistes d'une action syndicale qui a certaines affinités avec le trade-unionisme britannique : comme le trade-unionisme, elle est tentée, sur le plan politique, par une attitude à la fois d'affrontement et de collaboration, dont le moyen terme est la propension à négocier avec les partis des engagements partiels, dossier par dossier. Traditionnellement, cependant, les syndicats québécois se méfient de tout accord global avec un parti. C'est là une différence majeure avec les TUC vis-à-vis du Parti travailliste en Grande-Bretagne, avec aussi la tendance mitigée du Congrès du travail du Canada à se rallier aux positions du Nouveau Parti démocratique (NPD) dans le Canada anglais. La référence au travaillisme ne doit donc pas donner à comprendre autre chose. En particulier, les anciens postulats doctrinaux ou moraux – fabiens – du travaillisme n'ont jamais été pris en compte par les syndicats québécois, ni d'ailleurs par un parti québécois quelconque. Il y a trois grandes centrales, dont deux sont générales. Compte tenu d'une dépendance autrefois importante du Québec à l'égard des capitaux et des formes politiques britanniques, une seule de ces trois centrales aurait pu être sensible aux traditions idéologiques de l'aristocratie ouvrière anglaise. Il s'agit de la Fédération des travailleurs du Québec (FTQ). Mais cette influence, si elle s'était manifestée, n'aurait pu s'exercer que très indirectement par le biais des rapports d'affiliation à l'ancien Congrès canadien du travail (CCT, expression canadienne du CIO *américain*) ou à l'actuel CTC. Il ne faut pas chercher midi à quatorze heures : les rapports d'affiliation ont été, en fait, déterminés par l'emprise des appareils dirigeants du syndicalisme américain sur le mouvement ouvrier canadien. Il y eut bien, pendant les années soixante, des tentatives de rapprochement de la FTQ avec le NPD, relatif équivalent canadien du Parti travailliste. Mais ces tentatives, purement politiques et même strictement électorales, ont fait long feu. (*NdA*)

– en même temps que peu gompériste[19] – des deux grandes centrales traditionnelles : la Confédération des syndicats nationaux et la Fédération des travailleurs du Québec. Sur la scène politique, depuis quelques années, par l'attrait du nationalisme sur les travailleurs les plus qualifiés : métallos et techniciens, notamment. Le nationalisme a pris, comme courant politique depuis dix ans, une teinte réformiste qu'il mêle à des tendances conservatrices plus anciennes mais toujours vives. Cet alliage, ou cette ambiguïté, est aujourd'hui attribuable aux aspirations politiques de la bourgeoisie industrielle québécoise. Celle-ci, après avoir essayé pendant une brève période de cinq ans (« Révolution tranquille » 1960-1965) de réaliser le pouvoir provincial d'État pour son propre compte, en a été frustrée par le gouvernement fédéral et n'a plus été admise qu'à une fonction de gérante obéissante des intérêts coalisés de la bourgeoisie financière impérialiste et de la bourgeoisie industrielle concurrente

19. Le « gompérisme » désigne un ensemble idéologique hétérogène à dominante réactionnaire qui a marqué le syndicalisme américain depuis la fondation de l'American Federation of Labour (AFL) par Samuel Gompers, en 1904. Gompérisme désigne aussi : syndicalisme d'affaires, corruption, collaboration de classe pratiqués sur une haute échelle. Malgré la domination de la vie syndicale canadienne par les appareils américains, il est à remarquer que le gompérisme a peu imprégné le syndicalisme québécois. L'Église catholique, à coup sûr, a été un frein à son influence. L'Église a inspiré l'ancienne Confédération des travailleurs catholiques du Canada (CTCC) jusqu'aux environs de 1950. De très grandes luttes ouvrières ont alors préparé sa déclericalisation et sa transformation en Confédération des syndicats nationaux (1961). Depuis, la CSN a durci son attitude vis-à-vis des syndicats américains (que, par un effet rétrécissant de l'impérialisme subi, les Canadiens qualifient d'« internationaux »). En fait, deux facteurs ont constamment joué. Premièrement, un anticapitalisme naïf et vigoureux. Repris dans un sens petit-bourgeois conservateur par l'École sociale populaire en 1931, et tamisé par l'Église, l'anticapitalisme a permis à celle-ci de neutraliser, puis d'aider à réprimer, une assez sensible poussée ouvrière en direction du parti communiste. Deuxième facteur : une tradition d'autonomie et de résistance à tout ce qui était « anglais », – ce terme tendant à englober tout ce qui n'était pas québécois. La forme « anglaise » était le plus souvent une forme américaine. Ce chauvinisme de parent pauvre a tôt marqué le mouvement ouvrier québécois. Fait notable : dès les années 1880, sa lutte pour le maintien de l'adhésion aux Chevaliers du travail. Durement combattus aux États-Unis par les grands appareils syndicaux de l'époque, et au Canada par l'Église, les Chevaliers gardèrent au Québec une forte implantation jusqu'au début du XXe siècle. (Charles LIPTON, *The Trade Union Movement of Canada, 1827-1959*, Montréal, Canadian Social Publications, 1966.) (*NdA*)

(canadienne-anglaise). Un personnel politique compétent a été ainsi mis à l'écart. Sa dispersion, son désœuvrement ont compté pour beaucoup dans la formation du Parti Québécois (PQ) « souverainiste » en 1969. À la suite du Parti libéral de la période « Révolution tranquille », dont il a tenté d'être le continuateur, le PQ a tôt compris que l'accession à une autonomie plus affirmée, mais dans le cadre de la domination impérialiste américaine et sous les formes d'un fédéralisme politique canadien renouvelé, passait par une politique de réformes, en particulier de réformes sociales. C'était aussi, pour ce parti, le seul espoir de conquérir une base de masse en milieu ouvrier. La conjonction sectorielle de son propre réformisme et de celui des appareils syndicaux l'a aidé sur cette voie.

Mais l'absence d'un parti ouvrier menace le prolétariat québécois d'un autre danger, peut-être plus immédiat et certainement plus destructeur.

Deuxièmement, en effet, les luttes économiques et urbaines de la classe ouvrière ne se confondent pas avec le nationalisme d'une fraction de la bourgeoisie industrielle québécoise. Ce qui est conforme à l'antagonisme des rapports de classes. Mais ce qui est aussi la source d'une crainte pour la bourgeoisie financière. Celle-ci se méfie du nationalisme, elle est hostile à un partage du pouvoir, mais elle a bien plus encore à redouter un durcissement politique éventuel de la classe ouvrière. En l'absence d'un parti ouvrier, la bourgeoisie financière a les moyens d'organiser une parade puissante. Car dans la mesure où les luttes ouvrières parviennent à s'affirmer sur la scène politique malgré, et même contre, le nationalisme dirigeant d'une fraction de la bourgeoisie, la place vide qui est laissée par l'absence d'un parti ouvrier, et que les luttes ne comblent pas à elles seules, risque incessamment de se prêter à occupation par la bourgeoisie financière, par de nouvelles organisations politiques de masse et par de nouvelles organisations syndicales suscitées à sa commande et sous son contrôle.

Il y a là une nécessité pour la bourgeoisie financière. Il lui faut battre le fer à temps, saisir le moment favorable, ne pas attendre que le prolétariat urbain, très fortement concentré dans la région montréalaise, se soit doté d'un parti opposé à la collaboration de classe. Elle ne doit pas attendre qu'il ait gagné, sur cette base, l'ensemble des fractions régionales de la classe ouvrière.

Il nous semble que cette hypothèse, à vérifier, est actuelle. Le moment favorable, en tout cas, ce n'est pas le nationalisme qui l'a offert. Pour la bourgeoisie financière qui contrôle tous les instruments du pouvoir politique au Québec, le nationalisme est peu sûr, ambigu. Il a été une arme, mais il a été aussi l'indice d'une faille dans le système politique. Et il a fallu se tourner contre lui. La riposte a même été violente. Elle l'a été en 1970. Non pas pour réprimer le PQ. Mais pour viser les nouveaux efforts d'organisation politique d'une partie de la classe ouvrière.

Le nationalisme est peu sûr. Certes, par ses aspects de négation des classes, de transfert de la lutte des classes sur la lutte nationale d'un peuple opprimé[20], le « souverainisme » (autonomisme développé) du PQ sert de digue. Il endigue et neutralise, ou il tente au moins de contrôler, la tendance dans la classe ouvrière à confirmer, par ses mouvements économiques spontanés, l'existence de rapports de forces qui n'ont rien de commun avec l'oppression nationale – rien de commun hormis le fait déterminant pour le nationalisme des bourgeoisies dominées, que dans l'un et l'autre cas il s'agit de rapports d'oppression. Ainsi les militants syndicaux peuvent-ils être amenés à voir l'explication principale des conflits économiques de classe dans le développement d'oppressions nationales imposées de *l'extérieur.* Ainsi encore peut-on escompter qu'ils en viendront d'eux-mêmes à endiguer le cours de leurs propres luttes, à les subordonner au nominalisme des luttes-sans-classes du nationalisme. S'expliquent alors : le caractère constamment résurgent, depuis dix ans, du mot d'ordre nationaliste « Indépendance d'abord ! », et la faiblesse des barrières opposées par le syndicalisme à la diffusion de ce mot d'ordre.

Mais la digue nationaliste a deux versants. D'un côté, elle contient le flot ouvrier, définit les conditions politiques de son embourgeoise-

20. Transfert idéologique, qui, on le sait, peut reproduire les schémas les plus réactionnaires. Un ancien inspirateur du FLQ, aujourd'hui passé au PQ, Pierre VALLIÈRES, a même parlé de « nation prolétaire » (*Nègres blancs d'Amérique,* Paris, Maspero, 1971). Il reprenait ainsi, à son insu, l'un des mythes nationalistes du fascisme italien. Un autre nationaliste qui, lui, se dit marxiste, a identifié plus subtilement le peuple québécois à une « classe ethnique » (Marcel RIOUX, « Conscience ethnique et conscience de classe au Québec », *Recherches sociographiques,* vol. I, Québec, 1965). (*NdA*)

ment. De l'autre, pour le contenir et le contrôler, elle s'est appuyée sur une politique de compensation, c'est-à-dire sur une politique de réformes, qui en conjoncture peut ne pas être avantageuse pour le grand capital dominant. Dans les premières versions du programme du PQ, les réformes portaient sur l'élargissement des systèmes de sécurité sociale. Elles étaient prudentes. En particulier, elles n'étaient consolidées d'aucune mesure de nationalisation qui, dans les secteurs productifs, eût pu entraver l'affermissement de la bourgeoisie industrielle. (Le programme du PQ ne visait, ne vise toujours, qu'à accroître l'emprise du secteur productif déjà nationalisé – l'électricité – et à stimuler les moyens *financiers* d'État par lesquels la bourgeoisie industrielle, se donnant une structure financière autonome, peut espérer se tailler une place plus large dans l'empire de la bourgeoisie dominante.) Mais quelle que fût leur prudence, les réformes envisagées risquaient de porter ombrage aux positions politiques du capital financier. Elles leur portaient effectivement ombrage, dans la mesure où il était possible de payer l'endiguement ouvrier d'un prix moins onéreux pour les exorbitants privilèges historiques du grand capital. Le risque du nationalisme, c'était son réformisme, même timide. Ce l'était, non sur la longue période, mais dans l'immédiat. Car dans l'immédiat, le prudent réformisme du PQ était largement l'effet de la lutte ouvrière, laquelle simultanément se développait en dehors du PQ et menaçait d'apprendre à se passer des partis bourgeois.

Déjà, la CSN s'apprêtait à relayer la lutte politique sur son propre terrain syndical. Elle le faisait sans référence au PQ, par suite des contraintes que lui imposait son développement de centrale ouvrière. La CSN y était d'ailleurs poussée par la conjonction de deux circonstances : l'absence d'un parti ouvrier amenait dans la gauche syndicale la tentation de jouer un rôle substitutif, à un moment où de nouveaux mouvements militants commençaient à poser en dehors du syndicalisme la question de l'action politique dans les quartiers urbains, sur le logement, les transports, la santé, sur les conditions réelles de la reproduction sociale de la force de travail.

On assiste alors à deux développements à peu près simultanés : 1) naissance du FRAP (Front d'action politique municipale) comme tentative de coordination autonome de « comités d'action politique » de quartier[21] ; 2) lancement et consolidation par la CSN de la politique dite du « deuxième front », chargée des mêmes objectifs de lutte, mais pour le compte du syndicalisme et par manière de lier étroitement lutte syndicale et lutte urbaine.

Ces deux essais ont échoué. Le premier, parce que son programme était étroitement réformiste, parce qu'il s'abstenait de tenter un lien entre ses propres objectifs urbains et la lutte syndicale, d'une part ; entre ces deux scènes de l'intervention et l'organisation en parti de la lutte politique ouvrière à l'échelle nationale, d'autre part. Le deuxième essai, celui de la CSN, a également échoué, parce qu'une organisation syndicale n'est pas à l'aise pour développer par elle-même des formes politiques qui échappent partiellement à sa fonction revendicative.

Échec, mais échec qui a eu certains effets mobilisateurs. Il est significatif qu'avant de disparaître comme mouvement autonome, l'une des tendances du FRAP a posé clairement le problème de la transformation en parti politique ouvrier. Il est également significatif, que, dans le prolongement du « deuxième front », la CSN en soit venue à durcir ses positions anticapitalistes et à lancer un appel au rassemblement ouvrier pour un combat contre l'impérialisme américain.

Que se passait-il ? Dans ce pays, la combativité ouvrière est immense. On a vu, tout au long des vingt dernières années, de nombreuses grèves se prolonger pendant des mois et des mois, sans grand soutien financier. L'une de ces grèves, à Louiseville, dans les années cinquante, a même duré treize mois. La répression bien que surtout économique, était dure. Or, ces dernières années, des phénomènes nouveaux sont apparus. En même temps que se resserraient les liens entre organisations ouvrières et entre régions de travail, un anti-américanisme jusque-là diffus et confus commençait à se préciser. Cela n'avait décidément plus rien à voir avec le PQ. Parallèlement, le gouvernement québécois tentait de « ramener l'ordre ». Il essayait de rationner la masse salariale de la fonction publique, de limiter les droits syndicaux, d'en supprimer même l'exercice, sans aucunement toucher aux graves problèmes de l'emploi.

21. Sur l'histoire de cette tentative, voir CASTELLS, *op. cit.*, p. 53-71. (*NdA*)

Un front commun intersyndical fut mis sur pied. L'emprisonnement de 19 dirigeants syndicaux, suivi d'une première arrestation des présidents des trois grandes centrales syndicales, mit le feu aux poudres en 1972. Passons sur le déroulement anecdotique des faits. Un mouvement de grève générale se mit en branle. L'événement est de conséquence. Pour la première fois dans l'histoire du Canada, exception faite de la grève de Winnipeg en 1919, une grève générale prenait corps et se développait sous l'impulsion de nombreuses fractions de la classe ouvrière. Plus indicatives encore sont les formes que prit la grève : gestion directe de services par les grévistes, intervention organisée dans l'information journalistique, paralysie complète de trois villes de moyenne importance, gestion municipale, etc. La grève dura une semaine. Elle permit l'expérimentation, par une classe ouvrière sans traditions politiques, de formes de contrôle ouvrier.

Cette expérience est importante. Mais elle l'est aussi par sa fragilité, en définitive par son échec. Car la grève a échoué. Et une très dure répression a commencé de s'abattre. Cela était inévitable.

La question décisive est celle-ci : existait-il un lien effectif entre l'expansion des luttes urbaines et une transformation politique de la classe ouvrière ? Non. Un tel lien n'existait pas. Car l'un des termes de la relation a continué de manquer, même si la situation tendait à se développer dans le sens de sa manifestation : à savoir l'organisation d'un parti ouvrier de classe.

Ici, sur cette question précise, qui n'avait pas encore reçu un support significatif, la bourgeoisie est intervenue. Elle est intervenue en s'appuyant sur les seules organisations susceptibles d'avoir une base de masse, ou en les suscitant. Elle a visé à la fois la scène syndicale et la scène politique.

Au plan syndical, avec l'appui du Parti libéral fédéral dont l'un des dirigeants est un ancien président de la CSN, elle a organisé la scission de la CSN. Les unes après les autres, les directions de fédérations de métiers ont manœuvré pour arracher le retrait de la CSN et fonder une centrale rivale, la CSD (Confédération des syndicats dits « démocratiques »), à caractère conservateur. La manœuvre a partiellement échoué, la CSD ne parvenant à recruter que 35 000 membres sur les 250 000 que compte la CSN.

Mais en même temps, au plan politique, la bourgeoisie dominante a commencé de faire coup double. D'une part, obtenir du gouvernement québécois qu'il s'apprête à interdire le droit de grève dans la fonction publique et parapublique, et que cette interdiction puisse être généralisée à tous les secteurs de production (il suffirait qu'une grève soit contraire à l'« intérêt public » pour que l'interdiction soit prononcée et que de lourdes amendes et peines de prison soient imposées – Projet de loi n° 89). D'autre part, contribuer à la transformation de l'un des partis politiques québécois de façon à lui donner une véritable base de masse. Ce parti, le Crédit social, est le plus réactionnaire de la province. Il s'adressait jusqu'à présent surtout aux travailleurs semi-ruraux. Il peut aujourd'hui compter sur l'adhésion d'une partie du prolétariat urbain qu'il s'apprête à recruter parmi les chômeurs.

Forte concentration du capital, subversion offensive du syndicalisme, base de masse d'un parti réactionnaire populaire, on a là trois des tendances qui, dans une autre situation, auraient autorisé à envisager l'*éventualité* d'un processus de fascisation. Mais d'autres facteurs doivent être pris en compte : notamment la permanence des formes de la démocratie anglo-saxonne, ce qui n'est pas le moins curieux. De toute manière, la pièce est loin d'être jouée.

L'expérience ouvrière québécoise est concluante. Elle l'est dans sa tendance à l'autonomie. Elle l'est, pour l'instant surtout, dans sa dépendance.

Contradictions, janvier-juin 1973.

Moi, je

I

L'intelligence reconnue, le président la reçoit à sa table. Elle n'a pas le pouvoir de reconnaître ce qu'elle n'a pas les moyens de savoir : la « nouvelle droite » ainsi appelée par elle, et qui est une droite entière, a presque trouvé son président, à l'Horloge près. Car, quand « la France » parle, tous autres peuples ont l'entière obligation de se taire ou de se prosterner. Il y va d'un certain racisme intellectuel. La grande ombre défunte dont le président du « *peuple de gauche* » aime parfois se couvrir, n'allait pas si cardinalement, de son vif, jusque-là. Et puis, la politique économique de « *mise au net* » de la droite, de la Représentée – toujours là pour les recyclages du grand capital –, quand elle vient d'outre-Atlantique ou simplement d'outre-Manche, est également *communiée* à la table présidentielle. L'Intelligence reconnue a le bon ton de ne pas noter ce bout de phrase entendu le 4 avril 1984. Le grand couturier de la « deuxième gauche », dernier en date à découvrir l'Amérique, déclarait alors en substance : Parlons du groupe Apple, son fondateur, ce jeune homme, « *vaut* » aujourd'hui des milliards (ceci est littéral), c'est la preuve de son intelligence... Ah ! L'Horloge, alors à l'heure, ponctue l'agacement peu défensif des commensaux. L'Intelligence reconnue se met à table, et elle réclame. Quoi ? La « post-modernité ». Elle réclame, en effet. Non tant contre les maîtres (de l'Horloge), mais contre ceux dont elle feint d'ignorer qu'elle les *autorise* à répéter l'autorité, seulement alors blâmable, des maîtres de l'Horloge. À tous ceux-là, non pas à ceux-ci, elle demande, impérative : « De quoi parlez-vous ? » Ou exclusive : « Qu'est-ce qui parle de qui ? »

Un Monsieur Quoi quelconque lève un petit doigt de réponse : Honorés Messieurs, vous mettez en bouche à gauche une langue rudimentaire de trois mots : « Je – Moi – L'État ». Cette langue de base (ou « basique » ?) est celle du président légitime. Elle forme aussi, en France, un argument plus ancien que le corps détruit de Napoléon III. Le Monsieur Quoi vous requiert aussi, honorés messieurs, de ne pas soustraire de vos propos le souci que cette langue continue d'être décrétée, pour la répétition du même argument encore. Sans quoi, précisément, vous pourriez continuer de laisser dire, par lapsus, que c'est la langue de base de tous les Français. Il est vrai que les sidérurgistes de Lorraine et ceux de Fos ou des Étangs ne sont pas invités à la table du président. Qu'est-ce, d'ailleurs, qu'eux tous, ou ce Quoi, viendraient y faire ? Ou dire quoi de qui ? Leur politique, sans doute, est ailleurs, bien qu'elle ait de la difficulté à se définir ailleurs que là.

Cela, très certainement, hélas, est un problème pour l'ensemble des Français, puisque la gauche a accepté ce président et, avec lui, le soin de se laisser détruire. Elle y était sans doute préparée. Mais ceux qui ont voté, pour elle plus que pour lui ?

2

Moi je, moi le président,
je dicte à tous la volonté, qui le devient dès lors que je l'appelle politique,
Moi, je réponds aux questions, aux seules questions tolérées de moi,
Moi, j'aime les ouvriers, je leur dis d'aller ici aux loisirs de retraite, à l'herbe, à la solidarité de l'air, au plus sérieux de l'air, au plus sérieux dont je recèle et dis la religion,
Et pour ce motif, j'ai décidé qu'il leur faut m'aimer, moi, puisque j'ai décidé que je les aime, une fois pour toutes plus que pour chacune, mes chers, n'y revenez pas, je n'y reviendrai pas :
J'ai dit, je le répète, je confesse mes prédécesseurs, au titre du pouvoir qui m'est conféré de déclarer la parole et d'intercéder ;
Moi, certains blâmables parmi vous me comparent parfois à quelque précédent qui gît sous les escarres : je dis que je ne suis pas comparable étant l'État, bien que ce précédent le fût aussi et qu'ainsi, peut-être, il fût comparable à moi :
Moi, la France, moi les Françaises Français, Françaises Français, ouvrières ouvriers, fichaises et fichiers, allez au disque répétez-le, vous y trouverez toutes paroles de moi,
« Peuple de gauche », peuple de moi.

Je me suis déclaré socialiste, il suffit de l'entendre et que cela continue
de se dire. Il suffit que, moi, je vous reconnaisse.
Allez à la casse.

3

Honorés messieurs, avez-vous noté que le Club de l'Horloge ne parle plus ? Vous êtes là ! Ainsi, nous en sommes là ? Le président des Escarres en eût fait plus, peut-être : ce n'est pas sûr. Il en eût dit presque moins. Il n'avait, c'est vrai, qu'à laisser dire qu'il était du « centre gauche ». Ah ! la jolie ! On compte sur vous, honorés messieurs, – qui avez, tous et chacun, « découvert l'Amérique » ces dernières années, – pour me lécher moi ça. On cherchera les pelles pour les tombes.

Mais tout de même, est-il encore possible que ce qui reste des gauches ne se laisse plus ainsi contraindre, qu'elle se ressaisisse ?

20 avril 1984.

Remarques sur une actualité

Avril 1984 : François Mitterand, président d'une « modernité » française, donne alors une conférence de presse.

Ses propos confirment une politique. Et ils aggravent celle du tournant pris en mars 1983 : rationnement des forces pour une meilleure « productivité », – laquelle ? –, casse de l'emploi pour la « compétitivité ».

D'une certaine façon, ce président-là avait raison. La modernité, dont il a revendiqué le « courage » dès 1981, est en 1984 le moyen idéologique d'une politique d'« austérité » qui a déjà porté ce nom, ce mot, ou quelques désinences de sa racine, où il y a « mode ». Le précédent, Giscard d'Estaing, pratiquait déjà la « modernisation » avec les mêmes instruments. Et dans la transnationalité du grand capital, modernité, modernisation, mode, nouveauté sont de vieilles lunes : le Japon a transformé depuis longtemps son appareil militaire de production en une discipline « démocratique » de travail à très petit salaire ; Reagan et Thatcher voudraient bien pouvoir l'imiter.

Par rapport à ça, François Mitterand, les forces composites qu'il représente, ou qu'il décrète de s'assujettir, qu'est-ce que ça pèse ? Quelque chose, tout de même, et bien plus que la presse nord-américaine ne le laisse savoir (la seule réussite mondiale du nucléaire civil, notamment, et les capacités de financement appropriées). Cela pèse, oui. Mais pour une solidarité d'intérêts concurrentiels minoritaires, confortée à l'occasion d'une politique dite « Nord-Sud » : le Tchad militaire contre la Libye a pu paraître intéressant, en vue d'une prise de marques sur les États-Unis ; l'appui prudent, non militaire celui-ci, à l'accord de Contadora, visait aussi une négociation d'ensemble avec les États-Unis, au delà ou au devers du Nicaragua et des pays concernés par l'accord. Une solidarité d'intérêts : elle contraste avec le discours de la pieuse solidarité que Mitterand adresse au peuple français. Mais le volontarisme insistant de ce prêche et le caractère vague de son contenu social sont, par eux-mêmes, les indices d'une autre orientation.

Tournant en mars 1983 ? Sans doute. Et puis déjà le portillon ou le tourniquet. Il fallait de savantes doses d'opportunisme, pour passer les contrôles, qualifier cela de rectitude morale ou d'éthique républicaine, former par grands entours de politesse (la classe oblige) l'appel aux droites habituelles, aux droites qui n'ont jamais compris rien d'autre que l'habileté de leurs intérêts et la brutalité de leurs exécutants.

À l'américanisation délibérée du discours d'avril 1984, beaucoup ont réagi, en France et ailleurs. Ce qui se passait en ce pays paraissait encore concerner bien des inquiétudes. Mais les réactions étaient inorganisées, ou si peu organiques. La mienne propre n'a été qu'une réponse solitaire et secrète. Elle est écrite sur le mode approprié à ces circonstances.

Nous sommes en octobre 1985. Le conte-poème reproduit plus haut est la forme nécessaire d'une analyse. Celle-ci est datée. Le texte date déjà. Assez peu, pourtant.

Il ne décrit pas tout ce qu'il contient. Mais ce qu'il contient, aujourd'hui manifeste, est l'amorce d'une autre description, à tenir sur un autre ton. Le puis-je ?

Ici, une simple remarque, je devrai m'en contenter. Elle a trait au moment de la publication, et à son lieu.

La fable du Seigneur Moi-Je est restée en chemise pendant un an et demi. Elle n'est habillée, produite à la vue, qu'aujourd'hui. Et sa publication tardive a lieu ailleurs qu'en France, ailleurs que dans un pays de quelques lecteurs où l'intérêt pris à ce qui se passe là destinait la dérisoire solidarité du texte.

Ce retard et ce déport sont l'effet d'une censure prévue, certes, mais que les appareils médiateurs de la communication n'ont pas eu à exercer. On pointe une autocensure délibérée. Voici en quoi, le délibéré.

Est d'abord à redire la situation politique du temps, alliée à une très médiocre conjoncture intellectuelle en ce pays-là. On indique de la sorte, pour commencer à comprendre, la douleur de tous ceux qui apprenaient à ne plus trouver le moyen organique de combattre le réveil de la vraie droite. La douleur ? Les désarrois fragmentés d'un très grand nombre de gens : contraints malgré eux de substituer aux stratégies l'épellation de procédures faites pour d'autres, ils avaient pourtant à combattre ce réveil-là, plutôt cette constance alors provocante, la constance d'une ancienne droite emmitouflée dans une nouvelle quelquefois « socialiste » qui connaissait assez les appareils de la communication pour savoir neutraliser, brouiller, les effets intellectuels d'un incertain combat politique néo-jacobin de gauche. Pour la première fois depuis Maurras, une intelligentsia professionnelle fortement intégrée aux médias, à la grande édition de masse, assez nombreuse aussi, pratiquait au plan idéologique une convergence effective avec la très vieille droite du mépris, de la France « de toujours », de l'arrogance, de la casse d'ouvriers et d'immigrants, plus simplement de la casse d'ouvriers immigrés.

Une douleur réelle, donc, d'autant plus sensible qu'elle ne parvenait pas à s'exprimer. Il ne fallait pas l'offenser. C'eût été la désespérer davantage.

Dans ces circonstances, aucun organe français un peu éclairé n'aurait pu accepter de publier l'expression d'un seul cri. Il ne fallait pas songer même à le leur adresser.

C'est au Québec, dans une revue accueillante, et par nécessité beaucoup plus tard, que cela se produit. Ce n'est pas un hasard. Nous sommes, ici, tellement plus écrasés idéologiquement que les Français de gauche ne le sont. Un cri peut alors devenir une lucidité, la forme d'un éveil.

Écrit en octobre 1985.
Conjonctures et politique, automne 1985.

L'intellectuel fragmentaire

Quelque chose se passe. L'intellectuel cesse d'être le même. On commence à découvrir qu'il n'est plus un petit potentat d'Église, un servant de hiérarchies traditionnelles, un dispensateur de savoir universel. On ne sait pas encore à quel prix. Car cela ne dépend que partiellement de lui.

Tout commence, au plan sociopolitique, dans le passage d'un slogan à un autre. Après « Maître après Dieu » de Taschereau, de Duplessis, même de Godbout, un nouveau « Maître chez nous ». Le « Maître » du nouveau slogan ne le sera jamais dans la maison indivise que son inspirateur, le Parti libéral du Québec de Jean Lesage, s'efforcera, finalement avec succès, de préserver. Mais les liens avec le capitalisme anglo-canadien et anglo-américain seront réaménagés. À une autonomie provinciale systématiquement dépourvue de moyens succède un nouveau sens de l'État provincial, et cela dans une triple direction ou selon la mise en œuvre de bois moyens complémentaires :

1. la restructuration de l'administration publique, surtout de la haute administration ; l'égalisation et l'uniformisation de l'intervention d'État ; mais le maintien et même l'accroissement des disparités régionales ; c'est l'époque des pôles de croissance ;

2. la prise de contrôle sélective, plus indirecte qu'on a bien voulu le dire à l'époque, dans l'économie et dans l'enseignement : nationalisation de l'électricité, Société générale de financement, Caisse de dépôt et placement (comme levier de mobilisation et aussi de confiscation d'une part importante de l'épargne), intervention risquée dans le domaine de l'aciérie (mais seulement dix ans avant la crise internationale de la sidérurgie classique), ministère de l'Éducation, c'est-à-dire

essentiellement réforme de l'enseignement secondaire et collégial, insistance sur une formation technique adaptée aux nouvelles technologies et aux nouvelles interventions d'État ; peu de changements au primaire, et pas encore aux universités ;

3. enfin, une capacité ordonnée de négocier de nouveaux accords de partage et de péréquation avec le gouvernement fédéral, notamment dans le domaine de la santé et des affaires sociales.

L'ensemble du projet était partiel, ponctuel, hésitant. Les mesures adoptées ont toutes fait l'objet de dures luttes internes, qui n'étaient relayées que par une mobilisation sélective des appareils de pouvoir, de pression, d'information : par tout cela et par un parti de notables demeuré autoritaire. Pour avoir connu en qualité de journaliste Jean Lesage, je peux dire qu'il n'était pas un *liberal,* au sens américain du terme. C'était un conservateur, mais un conservateur intelligent qui savait s'entourer, s'adapter et aussi veiller au grain. Il s'est battu jusqu'à la peau des dents contre chacune des grandes réformes en économie et en éducation. Il savait tout de même accepter l'inévitable. Il savait aussi obtenir gain de cause sur l'essentiel à ses yeux. C'est ainsi que, malgré des compromis subalternes, il n'a jamais accepté de mettre en question la mainmise du grand capital financier, banques, consortiums de courtage, indirectement compagnies d'assurance, sur les finances publiques.

Mais il y avait l'inévitable. Qu'est-ce que c'était ? Quels étaient les enjeux ? Et à quelles alliances fallait-il consentir, pour y faire face ? Quelles alliances fallait-il accepter, juste assez pour les contrôler, éventuellement pour y mettre un terme ?

Sur le fond, la composition du capital avait commencé de se transformer. Mais il s'agit peut-être plus d'un phénomène socio-politique et culturel que vraiment économique. Certes, la coalition de la grande propriété foncière, essentiellement l'Église et la Couronne, et du capital investi dans l'industrie des matières premières, la forêt et la mine, cette coalition avait été assez puissante, longtemps, pour contrôler le pouvoir provincial et orienter son discours autonomiste. Elle gênait de plus en plus les entreprises petites et moyennes du secteur manufacturier, parfois même les grandes comme celle des Simard de Sorel. Il fallait déblayer le terrain, faire de l'air, négocier les pesanteurs du contrôle traditionnel, surtout essayer d'intervenir dans l'organisation d'un nouveau capital de risque et dans la répartition des technologies nouvelles que les lourdeurs du système habituel menaçaient de dévier ailleurs. La participation de René Lévesque au gouvernement Lesage a précisément désigné cet aspect.

Pour faire le champ libre, pour l'indispensable mais le transitoire, il fallait donc renverser les alliances. À la place des notaires, des médecins, des curés, des supports et suppôts ordinaires, chercher l'appui d'une catégorie d'intellectuels mieux adaptés : de façon mitigée, l'appui des petits intellectuels et, dans une mesure conflictuelle, celui des organisations syndicales. Un certain nombre d'universitaires, sans doute, allaient être mis à contribution. Quelques-uns, aux côtés de non-universitaires, commençaient à s'activer dans le Mouvement laïque de langue française, dont il m'est arrivé d'être le vice-président. Mais le MLF n'était qu'un indice, et les universitaires ne cachaient pas la forêt. II y avait les journalistes, il y avait les artistes, il y avait les besogneux petits pigistes de Radio-Canada, les accommodeurs de revues et d'organes d'idées.

On a beaucoup glosé sur la contribution de *Cité libre,* née en 1950. Elle a été largement exagérée. On a souligné l'allant intellectuel prétendument unifié de ce groupe d'essayistes, l'efficacité positive de son *counselling power* (je n'emploie pas à dessein le terme *lobbying power* ou quelque expression française comme « pouvoir de pression » qui, d'aucune manière, ne peut en être l'expression culturelle) auprès du nouveau pouvoir politique. On a peu, mal ou pas du tout évalué la peur obsessive, chez les tutélaires du groupe, d'un dérapage à gauche de la moindre tentative de transformation économique, sociale et constitutionnelle. *Cité libre* s'était formée, certes, en réaction contre certains étouffements cléricaux, mais dans le giron de l'Église. II est vrai que la revue de Pierre Elliott Trudeau et de Gérard Pelletier allait jouer un rôle, *non pas dirigeant mais directorial,* dans les débuts de la Révolution tranquille. L'omniprésence du conseil éditorial ou d'antichambre s'estompe en 1963, au moment des débats sur la nationalisation de l'électricité, trois ans avant le sabordage final de la publication. En 1966, les

« trois Colombes » Marchand, Trudeau, Pelletier viennent d'investir la scène politique fédérale. Ils l'ont fait dans un geste qui désigne triplement une occupation bientôt monopolistique du pouvoir discrétionnaire, un abandon du *counselling power*, le sceau de propriété apposé sur une revue que Trudeau et Pelletier, seuls parmi tous les autres collaborateurs, s'arrogeaient le droit de supprimer. En 1966 également, finit d'échouer – ou de réussir, c'est selon – une « révolution » provinciale que l'on eût pu qualifier autrement : la réforme douce des chausse-trappes.

Il est donc utile, aujourd'hui, de prendre la mesure de tout cela, de pondérer l'évaluation, notamment de ne pas négliger certains aspects conservateurs des interventions de *Cité libre*. En neuf ans, de 1950 à 1960, tout au long de la première série, seulement deux articles sur le capitalisme au Québec, tous deux signés du seul Pierre Vadeboncoeur, militant syndical. En outre, à part Jeanne Lapointe et Guy Viau, parfois Gilles Marcotte, l'accueil des idées nouvelles issues du milieu des arts et autres expressions libres était réduit à la portion congrue. Trudeau n'a jamais eu la curiosité ou la modestie d'apprendre ce qu'est un travail de poète. Bien sûr, la revue avait fait écho à une protestation intelligente contre le totalitarisme clérical et politique. Mais par un mouvement compensatoire, elle s'était ingéniée à censurer l'expression de gauche ou, plus simplement, de libération, dans les débats d'idées longtemps clandestins, néanmoins nombreux et prolifiques. *Cité libre* a servi de frein. En ce sens, elle a eu effectivement beaucoup de pouvoir. Et quand elle a vu que le pouvoir lui échappait, elle s'est préparée à mettre un terme à l'expérience. Tout comme un peu plus tard Jean Lesage a consolidé la sienne en l'abolissant – ou en agissant de telle sorte qu'il ne pouvait être que renversé en 1966.

La forêt était petite, déjà ancienne pourtant. Rappelons le mouvement automatiste. Rappelons aussi la revue *Place publique*, l'hebdomadaire *L'Autorité du peuple* dirigé de 1953 à 1955 par un journaliste inventif, le regretté Jean Vincent. Rappelons la revue *Situations*. Rappelons aussi l'excellent journalisme d'enquête, de reportage et d'analyse, le journalisme critique pratiqué de 1958 à 1965 à *La Presse*, au *Devoir*, de 1961 à 1962 au *Nouveau Journal*. Tout ce petit monde de besogneux s'y retrouvait. Le pouvoir recevait mal la critique, surtout quand elle était informée et minutieuse. Il lui fallait bien l'accepter pourtant, pour la conduite de ses fins hésitantes, presque aveugles. Il y avait aussi les organisations syndicales, leur intégration au mouvement syndical. Mais ici pointe un autre débat, plus complexe encore. Le pouvoir a dû tout accepter. Il en avait besoin. Pas au-delà. Surtout, ne pas déballer sur la place publique les relations complexes mais vitales avec les maîtres de l'argent. La fin de la longue grève de *La Presse,* le 23 décembre 1964, a marqué la fin de l'exercice. Le journalisme ne serait plus ce qu'il avait commencé de devenir, une exigence d'information critique. Par la suite, la régression a affecté d'autres secteurs : l'enseignement secondaire et collégial. L'université allait s'éveiller partiellement, à la faveur des mouvements soixante-huitards. Dans 68-tard, il y a *tard.* L'université venait tard, en effet. Son ébrouement revendicatif, retardataire, ambitieux mais minimal, dans les années 1970, n'allait susciter qu'un mélange timide de sympathie et de méfiance, voire un début d'agressivité dans les secteurs du journalisme et de l'éducation déjà estoqués. Insuffisamment pourvu des appuis qu'il avait à peine commencé de conquérir, par conséquent privé de force face aux pressions technocratiques – dont le code souverain est par définition incommunicable à l'extérieur de la zone spécifique d'application –, n'ayant pas su – c'est la même chose – méditer et pratiquer l'expansion sociale possible du renouvellement des rôles universitaires, la qualité transformante, la communicabilité de cette exigence d'intégration, le mouvement revendicatif universitaire s'est tassé, s'est effrité, s'est laissé gangrener de l'intérieur par les apprentis-patrons immiscés dans le corps professoral.

L'université n'est pas isolée, oh non ! Mais c'est ici, aujourd'hui, que les intellectuels apprennent à se fragmenter, à dépendre de la manne des subventions élitistes qui les détournent de leur devoir critique.

Le mouvement contrasté, conflictuel même, de la Révolution tranquille avait commencé d'enregistrer cette tendance. Les hauts fonctionnaires du gouvernement, enfin devenus compétents, y mettaient la main, avec une souplesse déjà dilatoire. Ne pas l'oublier. Surtout ne pas caviarder les traces de cet aspect-là de la Révolution tranquille.

1989

D'une résistance

Ainsi que le montrent les résultats tragiques des conseils occidentaux à la Russie post-soviétique, les universitaires et consultants honnêtes et intelligents semblent éprouver toutes les peines du monde à comprendre – ne fût-ce qu'un peu – les événements qui surviennent dans des environnements très différents des leurs et façonnés par des cultures et des histoires aussi diverses.

L'exergue choisi convient-il ? L'*Entretien*[1] de Hobsbawm, dense, profus et prudent, justifierait bien des citations. Celle-ci n'est pas exemplaire, n'appelle pas les autres. Mais elle ne les empêche ni n'en préjuge. Et elle a le mérite de rappeler une distinction utile, peu remarquée de nos intellectuels, entre un certain autisme de l'érudition irresponsable et une connaissance à la fois imaginative et intelligemment informée capable d'accompagner les transformations du monde et d'agir sur elles à bon escient.

Il est exact que les idéologues occidentaux, à la façon de l'Américain Francis Fukuyama, – Hobsbawm l'appelle « *le Docteur Pangloss des années quatre-vingt-dix* » – sont convaincus que « *la supériorité du monde riche exprime simplement son habileté à conduire de la meilleure façon possible les affaires humaines* ». Il est exact que cette suffisance obtuse, alliée aux stratégies du Fonds monétaire international, aux exigences américaines et au consentement mou de l'Union européenne, a produit les pires effets de régression dans une bonne partie du monde. Il

1. *Les enjeux du XXI*ᵉ *siècle. Entretien avec Antonio Polito* de Eric J. HOBSBAWM, Éditions Complexe, 2000, 200 p.

est exact que les mêmes intérêts ont prétendu appliquer à la Russie post-soviétique, Hobsbawm le note, l'intégralité de la logique capitaliste du marché, qu'aucun autre État n'a eu à subir une telle rigueur et que les résultats en sont catastrophiques : *« un renversement total des tendances de l'histoire »*, si l'on songe, par exemple, à la chute abyssale de l'espérance de vie masculine au cours de la dernière décennie et à la réduction d'un large secteur de l'économie à une agriculture de subsistance. Il est exact que beaucoup d'universitaires *« honnêtes et intelligents »* ont eu partie liée à ces déformations, à ces prédations, à ces ententes avec une nouvelle classe de grands capitalistes plus ou moins mafieux – je dis beaucoup d'universitaires et je ne songe pas seulement à des professeurs américains de l'économie dite néoclassique. Ils sont honnêtes, on le suppose, mais que signifie l'honnêteté si elle ne s'ouvre même pas au genre de perspicacité que manifeste le financier George Soros ? Il est exact, enfin, que nombre d'intellectuels (ne pas confondre avec les universitaires qui ne sont pas tous, tant s'en faut, des intellectuels) sont restés hors d'atteinte, non contaminés peut-être par ce pourrissement généralisé, mais aussi sans prise sur lui, sans connaissances adéquates, sans aptitude à la compréhension.

Que s'agissait-il, plus que jamais que s'agit-il de comprendre ? Rien moins que l'avenir du monde, en ce qu'il a de prévisible, de plausible et d'évitable. La question étant sérieuse, conjoncturellement grave même, son déploiement suppose l'élaboration d'une stratégie. D'une stratégie quant à la position de la question, ce qui s'entend aussi du moment et de l'endroit opportuns pour la poser, ainsi que de sa méthode et de sa façon, de son style. D'une stratégie d'évaluation quant à l'étendue des problèmes impliqués, ce qui s'entend aussi des risques encourus par ceux qui posent la question. Car celle-ci est un combat, et ce combat est dangereux. Bien des gens, tout au long du XXe siècle, sont morts d'avoir osé, contre les dominants, ouvrir des interrogations semblables. Ils avaient lutté pour avoir le droit de les ouvrir. À l'époque des fascismes triomphants, la violence physique instituée comme force discrétionnaire légitime du « chef » n'admettait pas le moindre écart ; toute question était déclarée subversive et punie d'une mort brève ou lente, sur l'échafaud, à la hache, ou dans les prisons et les camps de concentration. Du moins ces dictatures manifestes avaient-elles un pouvoir déclaratoire : elles n'étaient pas muettes quand elles reconnaissaient leur ennemi, bien qu'elles changeassent en hurlements leurs déclarations et que, avec les coups, les hurlements eussent fonction de masquer l'identité réelle de l'adversaire, son extension sociale à nouveau mobilisable, sa capacité, son intelligence. Ce pouvoir-là pariait, même s'il confondait la parole et le cri, ou pour le dire autrement même si cette confusion qu'il entretenait, et dont la militarisation des masses était le sanglant alibi, lui donnait autorité pour « parler à côté ». Il mentait en somme, et avec cruauté, mais son mensonge – identifiable comme tel – était encore une parole.

L'intégration des leçons du fascisme

Aujourd'hui, les dominants ont intégré les leçons du fascisme. Ils ont appris à en éviter les imprudences, mais à en affiner l'efficacité. La conformisation des esprits, le décervellement de masse que les fascistes imposaient par la force et la propagande au service de la force, les puissants actuels l'obtiennent plus durablement par la « communication » marchande et l'information au service du marché. Surtout, ils ont compris qu'une possession prolongée des instruments de la puissance tenait à l'application stricte de ses codes, en particulier au respect de la règle non écrite qui veut que le pouvoir ne parle pas et que si, pourtant, la parole est nécessaire, il y a lieu d'en déléguer systématiquement l'exercice à des scribes, journaux ou intellectuels spécialisés requis à tel usage. Cette règle a été si bien rodée que ce qui était le contraire de la démocratie (l'exemplaire exfolié d'une démocratie américaine mâtinée de féodalisme et hypocritement censitaire ou élitaire) est devenu la démocratie et que c'est cela qui opère au nom d'une certaine forme de « mondialisation ». Certes, on n'en meurt plus comme au temps du fascisme. Les fascistes avaient le tort, aux yeux de ces « démocrates », de rendre leur mensonge trop bruyant, leurs meurtres trop visibles, et d'avoir un système de commandement-exécution refusant la délégation, le genre de délégation qui peut passer pour un décorum de liberté. De la sorte, les millions de chômeurs privés de secours et acculés à une mort économique au nom d'une liberté du système qui les met au chômage ne comptent pas. Et comptent encore moins, sinon au titre de délinquants ou criminels préjugés, les centaines de condamnés à mort américains généralement pauvres et noirs dont le procès a été bâclé. Reste qu'on n'est plus mis à mort ni même proscrit pour délit d'opinion. On l'était au temps du fascisme, on l'était encore pendant la guerre froide. Et pourtant cela demeure dangereux. Pourtant aussi, la peine encourue non dite, non formellement édictée, est l'équivalent social d'une peine de mort, la condamnation au silence – ou à la clôture de l'accueil, hormis celui des honnêtes formés à la surdité.

Eric Hobsbawm ne décrit pas le danger en ces termes. Peut-être sont-ils encore d'un emploi trop périlleux. Sa stratégie est plus astucieuse. Elle a surtout de l'élégance. Elle en a tant qu'elle demanderait parfois à être décryptée, malgré la clarté apparente de l'exposé. Je ne minimise pas l'éloge en le disant. Celui qui tient discours, qui a le courage d'établir une analyse critique approfondie de la conjoncture et ainsi de ne pas se soustraire au conflit, doit en effet veiller à une droite prudence : il serait vain d'exposer le cou sous des prétextes non proportionnés à la justesse de l'argument. Tous ceux qui ont été l'objet d'une surveillance politique ou d'une forme ou d'une autre de répression et de privation savent cela. L'ancien militant Hobsbawm indique en tout cas l'une des hauteurs désirables de l'intégrité en certaines circonstances : « *Pourquoi suis-je resté* [au Parti communiste britannique] *durant toutes ces années après la crise de 1956 ? Par loyauté envers une grande cause et envers tous ceux qui lui avaient sacrifié leur vie. Quand je suis devenu communiste en* 1932, *nous étions tous prêts à cela. Je me souviens de tous ces amis et camarades qui sont morts pour cette cause, qui ont enduré la prison ou la torture, aussi bien de la part des régimes communistes que capitalistes ; comme je n'oublie pas ces hommes et ces femmes qui ont renoncé à une carrière professionnelle pour travailler sans relâche et vivre dans une relative pauvreté, comme permanents du parti, payés à un salaire d'ouvrier. Moi qui n'ai jamais dû faire de tels sacrifices, je pouvais au moins montrer un peu de solidarité, rejeter les avantages matériels et les opportunités de carrière que j'aurais pu obtenir en quittant le Parti communiste.* »

Quoi qu'il en soit, l'élégance désigne la vérité d'une pensée. Elle est l'accent du style, lequel est l'accompagnement indispensable de la méthode argumentale dont il oriente la progression. Ceux qui ont lu *Nations and Nationalism since 1780* dans l'édition de Cambridge reconnaissent, en plusieurs phrases de l'historien du XIXe siècle et du mouvement ouvrier, Eric J. Hobsbawm, les marques laissées par l'écrivain authentique. Quelques grands chercheurs du XXe siècle en sciences sociales et en histoire ont acquis cette souveraine qualité : je songe à l'exacte beauté de prose du sociologue de la mémoire Maurice Halbwachs, à la délicatesse inventive et conceptuellement rigoureuse de l'écriture de Marc Bloch, cofondateur de l'école des Annales, à la densité emportée mais à la précision lexicale de l'historien du temps long, Fernand Braudel. Ce ne sont pas seulement des chercheurs, ce sont des écrivains, des écrivains importants. Eric Hobsbawm est de leur rang. Quiconque d'attentif, ignorant pourtant son œuvre, aura pu le noter à la lecture de cet ouvrage-ci, malgré les maladresses de la traduction. Il y va d'un mouvement de phrase et d'un ressaut de l'argument, deux aspects d'une alliance expressive de la joie de penser qui transcende la hâte et la médiocrité occasionnelle des tournures retenues par la traductrice.

Une double ligne défensive

Ce mouvement a la sinuosité d'une ruse défensive, on le parierait du moins. Il semblerait qu'une première ligne soit méditée et installée, aisément plaidable auprès de divers publics, acceptant tous le débat d'idées et généralement modérés mais inquiets, des intellectuels libéraux au sens américain, des universitaires éclairés comme on en trouve à New York, à Harvard et à Yale. On n'oublie pas, ce disant, que Eric Hobsbawm, illustre professeur britannique originaire d'Europe centrale, traduit dans toutes les langues internationales mais peu en français, ancien formateur à l'école du Parti communiste britannique, a bien voulu, longtemps après, occuper un poste de prestige à la New School of Social Sciences de New York. Quand il parle, il ne pense pas seulement au monde entier, il s'adresse à lui, à ses divers environnements culturels et notamment à l'américain. Il essaie, j'imagine, de trouver une voie d'entente possible entre eux.

La ligne d'horizon qu'il paraît proposer en premier lieu est à peu près la suivante : défense de l'État national au nom de la démocratie politique (« *L'obéissance volontaire à l'État fut un élément essentiel de mobilisation et aussi de démocratisation des populations* »), évocation du rôle central de la classe ouvrière dans la démocratisation (« *le mouvement ouvrier fut le principal vecteur de démocratisation* » au XIXe siècle), rappel de l'importance de « *l'Âge d'or keynésien* » malgré le conservatisme de l'économiste John Maynard Keynes, enregistrement sans illusions des mérites historiques des partis socialistes ouvriers (« *ils luttèrent pour la démocratie politique, la participation et la prépondérance des masses populaires sur la politique* », mais « *la deuxième gauche prit fin* » dans les années soixante-dix, « *en raison de la réalisation de ses objectifs* »). Le tremblé de cette première ligne situe l'espace approximatif où peuvent se développer les inquiétudes légitimes de ceux que mécontente le « *fondamentalisme du marché* », idéologie quasi religieuse actuellement dominante et source de confusion (« *la mondialisation est incontestablement une dynamique irréversible* [...] *Il n'en va pas de même pour l'idéologie fondée sur la mondialisation, l'idéologie libre-échangiste, néolibérale ou ce qu'on appelle le "fondamentalisme du marché"* »). Le lieu de ralliement qui fixerait les énergies se constituerait dans l'invention « *de nouvelles méthodes de distribution des richesses nationales et internationales* », la solution la plus sûre dans l'immédiat étant « *la redistribution organisée par l'État et les autorités publiques. C'est pourquoi je crois que l'État-nation est toujours indispensable* ». Le plaidoyer autorise de généreuses concessions aux nouveaux moulages de la social-démocratie, pas à tous, ni à Tony Blair ni à Massimo D'Alema, mais par exemple à Lionel Jospin. Le rusé Hobsbawm y croit-il vraiment ?

Ici, pourtant, apparaît une fracture, ou plutôt le tracé d'une deuxième ligne. La première était purement défensive et de regroupement. La deuxième est de résistance, en vue d'une contre-attaque éventuelle. Car il ne faut pas oublier que « *dès le début de son histoire, la gauche était prête à être révolutionnaire* » et que, s'il y a encore la possibilité d'une gauche, cette aptitude historique ancienne et latente continue de la déterminer. Une telle conséquence, toutefois, n'est pas énoncée. Les raisons qui affaiblissent la gauche le sont, en revanche. Parmi celles-ci, l'extension de ce qu'on appelle communément la société de consommation, « *l'identification de la liberté avec le choix individuel, sans référence à ses conséquences sociales* », c'est-à-dire la « *privatisation de la société* » qui a « *durement frappé* » la gauche et, à travers elle, la démocratie : car « *ce qui permettait à la gauche d'agir de manière collective était aussi ce qui permettait à la démocratie de fonctionner. La démocratie existe, parce qu'il est possible – et tant qu'il sera possible – d'organiser les gens et de les faire agir collectivement* ».

Il s'agit, oui, de la démocratie, de sa défense, et cette défense doit être offensive. Il s'agit d'opposer, je dirais, aux Clinton ou aux Bush et aux minables rustres qui nous gouvernent une autre conception du politique, sa notion primordiale, celle de citoyenneté. La théorie du marché – à laquelle ils se rangent – est réactionnaire, « *elle prétend que la politique n'est pas nécessaire, parce que seule compte la souveraineté du consommateur.* [...] *Cette voie dévie le processus politique pour en faire un sous-produit ou un produit dérivé du marché.* [...] *Cela mine la fonction de la citoyenneté* ». Il s'agit donc d'une résistance. Qu'on ne s'y trompe pas ! Cette résistance doit être générale, car elle se fait au nom de la démocratie qu'elle doit réinventer et, non pas restaurer, mais instaurer. Et puisque le développement de la logique capitaliste, de la concurrence au monopole, conduit à miner la politique, la résistance pour la démocratie ne peut prendre force que si elle réapprend, au nom même de la mondialisation, à lutter contre le capitalisme. Si cela ne se fait pas, l'avenir risque d'être celui d'une liquidation.

Mais attention, sur la voie de cette résistance, une immense intelligence et des connaissances approfondies en temps réel sont requises : la fine maîtrise d'un développement stratégique. Et la ruse, si nécessaire.

Spirale, janvier-février 2001.

La politique américaine et son histoire : un déni constant de la loi internationale

On peut se demander si les commentateurs et les médias savent ce qu'ils font lorsqu'ils présentent la version USA-OTAN comme le reflet exact des faits. Elle deviendra les faits *du simple fait de la répartition des pouvoirs et du désir qu'ont les élites intellectuelles de s'y conformer fidèlement.*

NOAM CHOMSKY

Contemplons-la, la « justice sans limites » *au XXIe siècle : des civils mourant de faim en attendant d'être tués.*

ARUNDHATI ROY

Le livre de Noam Chomsky[1] arrive à point nommé. Les circonstances immédiates l'entourent. Mais il les précède et permet de les comprendre. Deux petits éditeurs, l'un de Marseille, l'autre de Montréal, ont eu l'intelligence, pour l'éveil d'un public francophone élargi, d'en publier ensemble la traduction au début de 2001. Ce public repère depuis longtemps l'identité du grand théoricien de la linguistique générative. Mais Jean Bricmont a raison de rappeler en préface que le lecteur de langue française a peu accès à la pensée politique dérangeante du même

1. Noam CHOMSKY, *De la guerre comme politique étrangère des États-Unis*, Marseille/Montréal, Agone/Comeau & Nadeau, 2001, 205 p.

Chomsky, serait-ce pour la triste raison que l'appareil éditorial et ses intellectuels médiatiques la tiennent en discrédit. Aux États-Unis bien sûr, en France aussi, et dans tout l'Occident une fois de plus subjugué, le discrédit frappe un intellectuel américain qui a, lui, l'un des seuls, le courage de dévoiler la hideur de la politique américaine.

Voici un recueil de textes et interventions jalonnant quinze années d'un combat intellectuel et politique pour la méthode, c'est-à-dire pour l'établissement des faits de vérité. Il ne s'agit pas d'un tableau, mais d'une somme d'analyses. La guerre américaine au Vietnam, la guerre américaine en Irak, la guerre USA-OTAN en Yougoslavie, les massacres américains ou parrainés par les Américains en Indonésie, au Laos, au Cambodge, au Guatémala, à St-Domingue, au Salvador, au Chili, en Argentine, le soutien financier et militaire des États-Unis aux ravages de l'expansionnisme sud-africain du temps de l'apartheid, les centaines de milliers et les millions de tués, les économies périphériques durablement dévastées par le minage, les bombes, la défoliation, la famine organisée, ce sont d'innombrables guerres, et des milliers de kilomètres de morts et de ruines, mais c'est aussi une politique articulée sur un discours en trompe-l'œil dont, pourtant, la grossière logique dévoile les failles. Ces guerres, cette politique, ce discours se tiennent ainsi ensemble d'une idéologie, du moins de ce que Chomsky entend par un tel mot. Sans le dire explicitement, ce cartésien rapporte la définition de l'« idéologie » à celle de l'idée manifeste, – position qu'auraient approuvée les premiers concepteurs du terme au début du XIXe siècle, Destutt de Tracy et Cabanis, cartésiens par excellence. On objecterait que si l'idéologie était d'une si affleurante clarté, les seuls moyens d'une logique de l'implicitation et de la présupposition suffiraient à la remarquer. De fait, dans l'analyse politique, Chomsky agit comme dans une grammaire naturelle des idées, en logicien de la phrase. Il reste donc un linguiste, bien que l'enquête réclame une recherche documentaire différente et puisse requérir, au nom de l'efficacité, une orientation polémique de soulignement. Il le sait, il s'en sert, il connaît les limites, il a la compétence.

Est-ce parce que le décalage entre la réalité archivée de la politique américaine et le répertoire de ses hypocrisies justificatives paraîtrait d'une brutale évidence si les journaux et les intellectuels en livraient l'information ? En l'espèce, en tout cas, la méthode de Chomsky est probante. Elle ne le serait peut-être pas autant à l'égard des anciens impérialismes britannique et français, de leur histoire, de la variété de leurs procédés, de leurs ressorts idéologiques parfois discrets, – bien qu'ils aient indiqué la voie de la scélératesse. Il faudrait une définition plus fine de l'idéologie, arme autrement redoutable de la société civile. Mais l'impérialisme américain est, en un sens, l'héritier de l'impérialisme allemand qui a culminé avec le nazisme. Un héritier énorme, monstrueux, terrifiant. La grossièreté des pouvoirs et de leurs alibis moraux ou idéels s'accommode ici de notions rudimentaires. Même violence délibérée, même mépris des lois internationales, même politique du chiffon de papier, même insolence dans la prétention de supériorité, même recours systématique aux moyens hors droit de la terreur d'État, même cynisme dans le traitement des droits de l'homme que l'on dit prôner et que l'on aide à détruire. « *Plus les droits de l'homme sont bafoués, plus notre aide est importante*[2] », constate Chomsky après deux autres chercheurs américains, Lars Schoultz et Edward Herman. Même orientation « géopolitique » que l'Allemagne des IIe et IIIe Reichs, mais sévissant cette fois à l'échelle du monde entier. La référence à l'Allemagne n'est pas de Chomsky, elle est la mienne. Cette image d'histoire n'est toutefois pas outrancière. La démonstration de notre auteur décline des axes qui l'intègrent volontiers.

Quelques exemples, quelques faits. En 1964, les États-Unis appuient le coup d'État militaire au Brésil, le président Lyndon Johnson prenant ainsi « *la responsabilité d'instaurer le premier État de type nazi, fondé sur la sécurité nationale en Amérique latine et doté de moyens de torture d'un haut niveau technologique* * ». Chomsky en fait l'observation et cite Lincoln Gordon, à l'époque ambassadeur américain à Brasilia, qui qualifia le coup d'État d'« *unique victoire importante de la liberté en ce tournant du XXe siècle* ». Le même ambassadeur considérait le nouveau régime des généraux putschistes comme « *pleinement démocratique* [...] *le meilleur gouvernement que le Brésil ait jamais eu* ».

2. L'article contient plusieurs types de citations. Celles qui sont suivies d'un astérisque sont de Chomsky.

La constance d'une politique du crime

Dix ans plus tôt, en 1954, en même temps qu'ils renversaient par la force le régime réformiste de Jacobo Arbenz au Guatemala, les États-Unis de John Foster Dulles avaient réussi à rendre inopérants les accords de Genève qui mettaient fin à la « sale guerre » de la France au Vietnam. Ils installèrent un régime terroriste à Saigon et autorisèrent la suspension des élections prévues par les accords. Au bout de quelques années, en 1961-1962, la résistance des Viêt-congs croissant à mesure qu'augmentait la répression, Kennedy lança une nouvelle guerre au Sud-Vietnam. Le pilonnage intensif, la défoliation des régions agricoles, les « hameaux stratégiques » ou camps de concentration ne suffirent pas. En 1965, les troupes américaines commencèrent à débarquer. Elles arrivèrent de plus en plus nombreuses, tandis que redoublaient les bombardements, sur le Nord – pour la première fois depuis 1954 – et surtout sur le Sud. Quand la guerre s'acheva en 1975, après dix ans d'intervention au sol, les massacres américains se chiffraient par quelque trois millions de morts au Vietnam et un million d'autres au Laos et au Cambodge (ne sont pas comptés les millions de Cambodgiens tués par les Khmers rouges, qui auront l'appui du département d'État). Pour les États-Unis, ce fut une défaite militaire mais, estime Chomsky, une victoire politique à long terme. Les objectifs initiaux étaient en effet atteints : si les ressources de l'Indochine n'intéressaient pas les maîtres de l'économie américaine, un développement socio-économique réussi des pays de la région aurait risqué de devenir un modèle pour toute l'Asie du Sud-Est. Cela était désormais impossible pour très longtemps.

Se rappelle-t-on que, en 1986, la Cour internationale de justice avait condamné les États-Unis pour « usage illégal de la force » au Nicaragua ? Les journaux américains ne publièrent pas les termes exacts du jugement, ils se contentèrent de le discréditer, ils y réussirent. « *Le Congrès, alors dominé par les démocrates, vota aussitôt de nouveaux fonds destinés à intensifier cet "usage illégal de la force"**. » Et il ne fallait surtout pas négocier. George Schultz, secrétaire d'État de Reagan, avait d'ailleurs expliqué en avril de la même année que le mot « *négociation est un euphémisme qui signifie capitulation si l'ombre du pouvoir ne plane pas sur le* *tapis vert*». Le président George Bush, le père, lui fera écho en 1990 : «*Je ne m'excuserai jamais au nom des États-Unis. Je me moque des faits.*» Des faits et, parmi les faits, des lois. Il s'est moqué des lois.

Il s'en est moqué en Irak, et depuis dix ans, depuis la guerre du Golfe, les administrations successives de Clinton et de Bush fils ont continué de s'en moquer. Aucune des résolutions du Conseil de sécurité des Nations unies ne les a autorisées à user de la force de leur propre chef, même pas en 1998, après l'accord intervenu entre Kofi Annan et Saddam Hussein. Le Conseil de sécurité des Nations unies ratifia l'accord et rejeta la proposition anglo-américaine de permettre l'usage de la force en cas de non-respect. Même l'ambassadeur britannique auprès des Nations unies reconnut que la résolution n'accordait pas aux États-Unis et à la Grande-Bretagne le droit d'attaquer l'Irak si ce pays empêchait la poursuite des enquêtes sur son armement. Mais l'ambassadeur américain Bill Richardson assura, contre la lettre même du texte, que celui-ci «*n'excluait pas l'usage unilatéral de la force*» et que les États-Unis se réservaient le droit d'attaquer quand ils le désireraient. On connaît les débuts, et on connaît la suite. On sait aussi, ou l'on peut savoir, que «*la destruction des infrastructures et l'interdiction d'importer ce qui permettrait de les remettre en état sont à l'origine de nombreuses maladies, de la malnutrition et ont provoqué des morts prématurées en très grand nombre**». Une enquête de l'ONU a établi que 567 000 enfants d'Irak en sont morts en 1995.

Les faux-semblants de la liberté

Des justifications sont dès lors surimposées. Elles me paraissent de deux ordres. Les unes sont morales, essentiellement à usage interne, utiles à une propagande de masse pour l'entretien des réflexes conditionnés à une conviction primaire, et se prêtent à un traitement assimilable à de la publicité commerciale de bas niveau : la référence incessante à Dieu ponctuant le prêche des politiciens, le manichéisme du Bien et du Mal et l'appartenance des Américains au Bien, l'ennemi représentant «l'Empire du Mal», forment l'un des éléments peu nombreux de ce langage rudimentaire, – de ce *basic language*, – qui susciterait la risée s'il n'était mis au service de projets monstrueux. Les autres justifications courantes insistent à se présenter comme des concepts. On les croirait reliées à une pensée stratégique. Ce n'est qu'une illusion. Elles ne sont pas sérieuses du tout, en tant qu'idées, et ne résistent pas à un premier examen. Elles ne sont de fait que l'autre volet d'une propagande grasse, à côté de la bondieuserie. À ce titre, elles ne laissent pas d'inquiéter. On devrait les considérer comme des quasi-arguments récurrents et tautologiques structurant la pensée officielle (ce qui correspond à une autre conception de l'idéologie). Telles se situent les interprétations constantes des notions d'agression et de légitime défense.

L'illégitimité d'une certaine « légitime défense »

Il y avait eu la théorie des dominos de Dulles et la notion de *containment*. Dans les années 1960, le secrétaire d'État Adlaï Stevenson inventa, lui, les fumées de l'« *agression interne* ». Cela signifie, à l'époque de la guerre du Vietnam, que « *les Vietnamiens nous agressent, nous et nos clients, sur le territoire même du Vietnam** ». Évidemment, cette agression interne est inspirée par un ennemi qui, d'aventure, est externe. Alors, interne ou externe ? L'ennemi, dans ces années-là, avait la figure du communisme. « *Mais comment faisions-nous lorsqu'il n'était pas question de se défendre contre les bolcheviques** *?* » Rien de plus simple : quand Wilson, au début du siècle, envoyait les soldats américains en Haïti, il protégeait les États-Unis, pas les Noirs, contre les Huns... Vingt ans après Adlaï Stevenson, en 1986, l'administration Reagan ajouta un autre adjectif au mot agression. Lorsqu'elle ordonna le bombardement des villes libyennes, elle osa prétendre à une « *légitime défense contre une agression future* ». Cette référence à la légitime défense n'était pas la première et n'a pas été la dernière. Mais toutes celles qui continuent de meubler le répertoire des justifications officielles américaines se ramènent à une seule et unique interprétation frauduleuse de la notion.

La notion de légitime défense est juridique. Elle excipe du Droit de la guerre, en ce sens qu'elle en est une exception. Contrairement à l'image qui vient de l'association des mots « droit » et « guerre », le Droit de la guerre n'est pas une permission de la guerre, il en signifie au contraire l'intolérabilité, sauf dans certains cas qui, dès lors, doivent être contenus à l'intérieur de limites étroites. Les cas de principe concernent la position de celui qui est attaqué. Peut-il, pour se défendre, contre-attaquer ? Le Droit des gens, depuis les Lumières du XVIIIe siècle, lui reconnaît le droit de se défendre si la défense est légitime, la légitimité dépendant de la question de savoir si la défense est une réponse proportionnée à une attaque préalable. Il faut une antériorité de l'attaque ou de ses plans, et il faut par conséquent poser les conditions d'une évaluation stricte des droits de réponse à l'attaque. L'article 51 de la Charte des Nations unies reconnaît le droit à la légitime défense des États et l'entoure de conditions qui, à défaut d'être strictes, n'habilitent certainement pas une évaluation hors droit de la situation d'agressé. Or, depuis cinquante-six ans, depuis la signature de la Charte, aucun gouvernement américain n'a jamais accepté autre chose que le droit absolu à la primauté de sa propre interprétation. On en ferait ainsi la traduction : la puissance agressante s'estime agressée quand elle rencontre un obstacle dans son entreprise de domination. Et la domination vise le « *grand domaine* » mondial, autre terme du lexique de Washington, mais il s'agit cette fois d'un terme moins public.

George Kennan avait compris et transposé en quelques prescriptions l'unité de la politique étrangère américaine. Directeur de la planification politique au département d'État à la fin des années 1940, Kennan avait la réputation d'un « libéral » humaniste (au sens américain, orienté à gauche), ce qui lui valut d'être inquiété par les maccarthystes qui le contraignirent à la démission. Il n'en avait pas moins défini avec cynisme, dans un document resté longtemps secret, les axes de développement selon lui souhaitables de la stratégie internationale de son pays. Chomsky en cite des extraits :

> Avec seulement 6,3 % de la population mondiale, nous représentons près de 50 % de la richesse mondiale. [...] Dans cette situation, il est impossible que nous n'éveillions pas l'envie et le ressentiment. Notre tâche principale, dans les années à venir, est de mettre en place un système de relations internationales qui nous permette de maintenir ce déséquilibre. [...] Nous devrions cesser d'évoquer des principes aussi irréalistes et flous que les droits de l'homme, l'amélioration du niveau de vie et la démocratisation. Le jour n'est pas loin où nous allons devoir nous positionner en termes de rapport de force pur.

Les États-Unis pris au piège de leurs propres créatures

Les choses sont saillantes. Le livre de Chomsky en confime l'histoire, mais il en instruit l'intelligibilité. Recueil d'articles écrits et publiés bien avant les terribles événements du 11 septembre, il en éclaire après coup les tenants et aboutissants. Chacun peut les lire en perspective. Ce serait l'objet d'un autre article. Quelques lignes l'introduiraient. Les voici.

Une politique américaine de domination a formé, aidé, aguerri des dictateurs (Saddam Hussein, ancien atout maître du jeu américain au Proche-Orient). Une politique américaine d'exclusion qu'une idéologie intégriste amplifie a formé, conseillé, financé, armé des agents secrets fondamentalistes importants dans la bataille pour la domination de l'Asie centrale, région stratégique essentielle (le riche Oussama Ben Laden, ancien agent de la CIA recruté par George Bush père au temps de la lutte contre l'Union soviétique). Les dirigeants américains ont formé leurs doubles et leur ont donné les moyens d'une puissance de contrainte que ces créatures ont toute raison, aujourd'hui, de retourner contre leurs anciens créateurs. Les deux fondamentalismes, les deux aventurismes se rejoignent en s'opposant. D'une horrible manière, le théocrate massacreur Ben Laden fournit même à l'ancien gouverneur-bourreau du Texas l'occasion qui manquait à celui-ci pour relancer l'offensive de mainmise sur l'Asie centrale et le Proche-Orient. Les similitudes sont en haut. Elles s'arrêtent là. En bas, du côté des victimes, rien jamais ne confondra les cinq mille innocents brûlés et soufflés dans l'effondrement du World Trade Center et les seize mille Indiens de Bhopal tués en 1984 par une fuite de gaz due à la méprisante négligence de l'Union Carbide et de son président américain, Warren Anderson. Ces seize mille fantômes de l'Inde représentent les nombreuses populations du monde qui ont connu tous les sévices de l'exploitation, et ils conservent par-delà la mort ce sens-là. Les cinq mille disparus de New York et Washington ne représentent pas leurs patrons, mais il est choquant qu'ils aient été victimes d'une bataille d'incendiaires à laquelle leur mort ne change rien.

Spirale, janvier-février 2002.

Là où est la main

Un déraciné : celui qui n'a pas de racines. Suis-je un déraciné ? Je n'aime pas l'expression. Elle a de la commodité, mais il faut les pincettes. Je prends les miennes, prenez les vôtres. Les métaphores de la botanique ont de l'usure, mais l'usure des images – qui établirait le « sens commun » du langage courant – les rend troubles. Le sens commun, de fait, est toujours trouble : il est idéologique dans sa fausse évidence.

Un arbre a des racines. Il n'en a pas une, mais plusieurs, une multitude, enchevêtrées, noueuses, proliférantes. Cette diversité, cette abondance, la référence usuelle à un déracinement humain l'efface d'ailleurs : l'expression suppose à l'immigré une seule origine, une seule « racine », l'éloignement d'un seul pays.

Si j'ai racine, je suis une plante ou un arbre et j'ai plusieurs radicelles ou rhizomes, fibres, stolons, souches. La référence à la multiplicité doit être retenue, non pas au végétal. Je me connais plusieurs appartenances, disons-le ainsi. Ce ne sont pas des racines, ce sont plusieurs solidarités liées à l'histoire, la mienne – et celle qui me vient de mon temps, des conflits de mon temps, des vives contradictions de la suite des temps qui informent mon temps. Ce sont des pays, des cultures, des usages, des façons de regarder les gens, de les entendre. Ce sont des combats, des expériences, des proximités.

Mes appartenances ne sont guère des provenances, des histoires de sang ou de semence, qui n'ont qu'une valeur anecdotique. Une arrière-grand'mère maternelle venue de la noblesse anglaise, son fils wallon, mon grand-père, né à Varsovie, une grand'mère maternelle d'ascendance espagnole et française, un arrière-grand-père paternel, bon peintre hollandais venu s'installer à Bruxelles vers 1830, un grand-père paternel qui avait participé aux premières expéditions et razzias colonialistes de l'Américain Stanley au Congo dans les années 1870-1880 pour le compte du Roi des Belges, un père, belge lui aussi, volontaire de la première guerre mondiale épris de liberté et installé en France jusqu'à sa mort, enfin ma nationalité française et des enfants québécois : une provenance, des aléas de parcours. Soit. Le résumé de tout cela ne forme qu'un petit tas d'hétéroclites, pas toujours honorables, dont le seul intérêt – résiduel – tient dans le constat que l'internationalisation des familles et leur propension au changement territorial ne sont pas un phénomène propre à notre époque immédiate. Est caractéristique de notre temps, en revanche, l'importance des migrations, leur tendance à la massification des transferts. Nous n'en étions pas là, moi et ceux qui sont ou ont été « les miens ».

Racine, souche, sève : le sang, par une autre métaphore usée, apparentée à celle des racines. Le sang : moins le sang que l'idéologie, la terrible idéologie du sang. Dire de quelqu'un : il est de même souche, ou dire : il est de même sang, c'est remplacer un stéréotype par un autre de même arrière-goût. Ce pléonasme, bien que trouble, n'est encore que véniel, comme le reste momifié d'une tradition nobiliaire d'ancien régime. La « noblesse de sang » désignait le fils aîné pour succéder au seigneur du domaine ; on la réputait véridique, par opposition à une noblesse d'emprunt réduite à imiter ses usages. Cette légèreté reste hélas relativement compréhensible, rapportée à l'étau des structures historiques. Mais quand une métaphore fane, elle devient grossière. Le figement de celle-ci, sa conservation, son durcissement, lui confère un emploi sinistre dans l'histoire contemporaine.

On n'oublie pas que la législation allemande peine encore, aujourd'hui, à libérer le code de la nationalité de sa référence primordiale au « droit du sang ». La racine, le sang. Bientôt, le sang, la race – par un étrange retour au radical. Faut-il rappeler les extrémités de cet enchaînement : l'invention d'une race allemande, l'extermination de millions de juifs (qui n'étaient pas d'une « race » juive, mais d'une tradition culturelle distincte) et des nomades tziganes au nom de l'« aryanité » supposée du peuple allemand ? Et peut-on ne rien dire des ravages d'un racisme « blanc » qui, jusqu'à maintenant et depuis plus longtemps, sévit à travers le monde en l'expropriant ?

Attention aux mots de l'usage courant. Certes, la référence à une souche, québécoise ou non, ne justifie pas en soi les grandes alarmes, et elle a quelque chose de naïf. Mais elle ne fait qu'ignorer la genèse de sa prolifération : qu'elle est un greffon – je jouerais avec ces métaphores de la botanique – d'une tenace idéologie de l'exclusion. Le corollaire de l'appartenance idéologique à la « souche québécoise » et à la tradition des pères, à leur sang, est double : une tendance défensive à l'autoprotection et, d'un autre côté, une certaine complaisance au maintien d'une attitude de supériorité ou de dédain à l'égard des « races inférieures ». La méfiance à l'égard de l'« Anglais » est du premier type. Elle englobe un vieux comportement à l'endroit des étrangers. Elle n'est après tout qu'une réponse défensive locale à l'ancienne politique coloniale anglaise générale de regroupement contrôlé des assujettis, de leur mise à l'écart du monde, de leur infériorisation dans la « réserve », de l'assèchement de leur culture fétichisée. Le racisme de supériorité est le pendant, voire le complément de cette réponse défensive. Il a des victimes et celles-ci sont bien entendu différentes. Je me rappelle la ségrégation exercée vis-à-vis de peuplades amérindiennes au Lac Saint-Jean, le mépris ou le dégoût qui leur était témoigné. Je me rappelle et je vois encore les marques de condescendance ou les regards de côté au passage d'Haïtiens dans les rues de Montréal.

Donc, pas de racines. Pas de déracinement non plus. Je ne me connais pas de racines. Je me connais des connivences. Elles se résument en un mot : je suis un citoyen et je me bats pour une république des citoyens. Je ne suis donc pas le membre d'une communauté, d'une *community*, ce virus ou ce cancer de la société américaine. Ni d'une communauté française, ni d'une communauté italienne si l'on me voit souvent avec des Italiens, ni de quelque communauté algérienne, palestinienne ou juive si l'on me voit avec mes nombreux amis ressortissants de ces peuples ou de ces cultures, tous présents à Montréal comme ils le sont dans le monde entier. Je refuse la ségrégation ou toute division artificielle visant à neutraliser la reconnaissance des luttes nécessaires contre les régimes d'oppression et d'exploitation qui nous minent.

Je suis un citoyen. Je ne le suis pas du monde, bien que je vive dans l'amitié du monde. Je suis un citoyen du pays où je vis, où je travaille, où j'aime. Une précision : je ne suis pas un citoyen de ce pays parce que, moi, j'y vis. Un pays ne se réduit pas à mon petit moi. Il faut à tout prix nous débarrasser de ces miasmes du petit-moi qu'on nous jette avec leurs bubons garantis, de ces refrains qu'on nous serine jusqu'à l'impolitesse absolue. Je suis un citoyen de ce pays dans la mesure où je m'efforce, par solidarité, de conquérir ce titre. Une citoyenneté s'acquiert, cela est vrai pour tout le monde, même pour les natifs, pas seulement pour les immigrants. Elle s'acquiert, elle ne va pas de soi. J'ajouterai qu'en de nombreux pays, en celui-ci notamment malgré la prétention du contraire, la citoyenneté n'existe pas. Ou que son statut cache une absence. Ici, elle n'est ni québécoise ni canadienne. Elle n'est pas québécoise au Québec, elle n'est pas canadienne au Canada. Elle est un faux-semblant, une hypocrisie ; une déclaration de liberté, mais, de fait, une constante soumission – intéressée pour ses commettants – à l'empire du voisin.

Une citoyenneté, ça se construit. Elle est un projet collectif, qu'est censé assumer chacun de ceux qui déclarent y souscrire. Et ce projet concerne les fondements mêmes de la vie en société, de son régime, de son mode de production. Il est donc nécessairement critique et requiert une vigilance contre les atteintes, toutes les atteintes, à la dignité des vivants. Cela est immense, cela engage tous les aspects de la vie. C'est pourquoi j'écris, soit dit en passant : parce qu'écrire relève d'une pensée intégrative, la plus complète qui soit, et parce que la construction d'une citoyenneté exige l'élaboration, les moyens et l'exercice d'une pensée complète.

En ce sens, même dans un pays où la citoyenneté n'est qu'une pelure de papier, certains, parfois nombreux, sont des citoyens. Ce sont les vigilants, les combattants. Les « Mères de Mai » en Argentine sont, depuis la dictature militaire et contre ses survivances, des citoyennes. Les mouvements qui, au Chili, sont parvenus à obtenir la mise en procès de Pinochet sont des mouvements citoyens. Aux États-Unis, les *draft dodgers* qui refusaient d'aller se battre contre les Vietnamiens, dans les années soixante-dix, étaient des citoyens. Au Québec, les courageux qui entravent la casse néolibérale, le retour à un capitalisme sauvage, l'arbitraire d'un patronat au comportement de malfrats, ceux qui se battent pour la dignité d'un peuple, sont des citoyens. Michel Chartrand est un citoyen. Pierre Vadeboncoeur est un citoyen. Madeleine Parent est une citoyenne. Tant d'autres le sont.

Je ne suis pas un déraciné. Ce qui n'empêche pas que, parfois, je sois un exilé. Les deux termes ne renvoient pas aux mêmes réalités.

L'exil est une réalité de l'absence imposée. Le « déracinement » est la perte illusoire d'une appartenance. Je suis un exilé quand on me prive des moyens de ma culture. Je suis un exilé quand on me confine et nous confine à l'isolement, quand on mène une politique systématique d'empêchement de la réception des œuvres, quand une sorte d'*omertà* couvre d'un voile l'espace entier d'une culture nationale authentique, profonde, sérieuse, inquiète, questionneuse, inventive. Il arrive aussi que je me sente en exil quand on détruit mon nom et, surtout, cela survient encore, quand on me traite d'étranger, ou plutôt quand l'on range des gens comme moi dans la catégorie mythique de l'« Étranger », du côté de l'indésirable. Il y a beaucoup de gens comme moi. Il y a beaucoup de Québécois natifs du Québec, beaucoup de gens de « souche » québécoise, qui sont des étrangers, des exilés, des indésirables. Pour eux, peut-être, l'épreuve est pire. Car ils ont connu depuis toujours le poids de l'enfermement idéologique, et ils ressentent parfois que leur résistance est vaine.

Là où est la main, là où elle travaille, là où elle comprend qu'elle travaille avec d'autres, là où elle invente, je suis, j'appartiens à cet espace.

*

Cela se dirait aussi, et mieux, dans un poème. Un poème à thème ? Pourquoi pas, s'il résiste au thème ? Extraits de mon prochain livre, *Mille pas dans le jardin font aussi le tour du monde*, dans la séquence « Un arbre selon le temps », voici quelques mots venir à point nommé :

Une souche n'est que de ses racines
Multiples égarantes dispersées
Une souche accroît le sol
Et le mange
Une souche n'a pas de sang
Goulue boit l'eau qui vient du sol
De l'humus et de l'humide
Monte la sève au faîte
Par-dessous garde l'étang

N'est pas de souche qui l'entend
Un homme n'en est pas
Mais du sol et de sang
Quand le sang n'est que de nom
Et quand le sol est un bâti
De la maison la sienne et des voisines
De l'ensemble des logis
Leurs enfants et les gens
De l'eau bue du vin fait du pain mis
De la parole sous les branches de l'arbre
Annoncée profanée débattue célébrée
Et des promesses du chemin

N'est pas de souche un homme
N'est pas d'entrave
Il est de femme et de cité
Est de parole un homme
S'il apprend le souci
La précision des mains
Le chant des yeux

N'est pas de souche
Est de fenêtre
Si l'ouverture à l'aube
Guide le vent

Exit, 2005.

Bibliographie des écrits politiques de Michel van Schendel

« Le mouvement ouvrier au XIXe siècle », texte de M. van Schendel, réalisation d'Hubert Aquin, à l'émission de Radio-Canada, *Les carrefours de l'histoire*, dimanche 12 février 1956.

« L'espèce de conscience qu'il fallait », *Situations*, vol. 4, nº 2, juillet 1962, p. 20-25.

« Les vertiges de Marienbad », *Situations*, vol. 4, nº 2, juillet 1962, p. 45-48.

« La maladie infantile du Québec », *Parti pris*, vol. 1, nº 6, mars 1964, p. 25-48.

« Le pénible avortement de la réforme à *La Presse* exprime éloquemment toute l'ambiguïté de la Révolution tranquille », *Le Devoir*, 19 avril 1965[1].

« L'essoufflement libéral ou l'apologue de la puce », *Socialisme 66*, janvier 1966, p. 31-37.

« Le Québec à l'heure américaine », *Socialisme 66*, nº 8, mai 1966, p. 7-28.

« Fusion et confusion », *Socialisme 66*, nºs 9-10, octobre-décembre 1966, p. 20-25.

« Ottawa est complice du massacre », *Socialisme 67*, nºs 12-13, avril-mai-juin 1967, p. 3-14.

« Pas de socialisme sans lutte contre l'impérialisme américain », *Socialisme 67*, nºs 12-13, avril-mai-juin 1967, p. 94-106.

« Pour une théorie et un programme socialistes au Québec (I) », *Socialisme 68*, nº 15, p. 3-18.

« La conférence hémisphérique est un modèle à suivre », *Socialisme 69*, nº 16, janvier-février-mars 1969, p. 7-10.

« Pour une théorie du socialisme québécois (II), *Socialisme 69*, nº 17, avril-mai-juin 1969, p. 7-26.

Avec Emilio de Ipola, « Éditorial Socialisme québécois », *Socialisme québécois*, nº 20, avril-mai-juin 1970, p. 2-12.

« Impérialisme et classe ouvrière au Québec (esquisse d'analyse) », *Socialisme québécois*, nºs 21-22, avril 1971, p. 156-209.

1. Une conférence, lors d'un débat avec Eric Kierans sur le thème de la planification tenu à l'Université Laval en 1964 ou 1965, est demeurée introuvable.

« Dépendance et autonomies politiques de la classe ouvrière », *Contradictions*, n° 3, janvier-juin 1973, p. 53-102.
« Moi, je », *Conjonctures et politique*, n° 7, automne 1985, p. 31-36.
« L'intellectuel fragmentaire », in *Jean Lesage et l'éveil d'une nation*, sous la direction de Robert Comeau et de Gilles Bourque, PUQ, 1989, p. 250-254.
« D'une résistance », *Spirale*, n° 176, janvier-février 2001.
« La politique américaine et son histoire : un déni constant de la loi internationale », *Spirale*, n° 182, janvier-février 2002.
« Là où est la main », *Exit*, n° 38, 2005.

Table

Préface de Jean-Marc Piotte
L'intellectuel Michel van Schendel 9

L'espèce de conscience qu'il fallait 15
Les vertiges de Marienbad 20
La maladie infantile du Québec 24
Le pénible avortement de la réforme à *La Presse* exprime éloquemment toute l'ambiguïté de la Révolution tranquille 47
L'essoufflement libéral ou l'apologue de la puce 54
Le Québec à l'heure américaine 62
Ottawa est complice du massacre 87
Pas de socialisme sans lutte contre l'impérialisme américain 101
Pour une théorie et un programme socialistes au Québec (I) 116
Pour une théorie du socialisme québécois (II) 136
Le socialisme québécois 157
Dépendance et autonomies politiques de la classe ouvrière 169
Moi, je 219
L'intellectuel fragmentaire 224
D'une résistance 229
La politique américaine et son histoire: un déni constant de la loi internationale 236
Là où est la main 244

Bibliographie des écrits politiques de Michel van Schendel 251

Autres titres parus dans la même collection

Hélène Beauchamp
Les théâtres de création au Québec

Ollivier Dyens (dir.)
Navigations technologiques. Poésie et technologie au XXIe siècle

Hervé Fischer
Le déclin de l'empire hollywoodien

Guy Gauthier, Philippe Pilard et Simone Suchet
Le documentaire passe au direct

Ursula Mathis-Moser
Dany Laferrière. La dérive américaine

Paul Warren
Fellini ou la satire libératrice

Cet ouvrage composé en Caslon corps 10
a été achevé d'imprimer
le vingt-cinq janvier deux mille sept
sur les presses de Quebecor World
à Saint-Romuald
pour le compte de
VLB éditeur.

Imprimé au Québec (Canada)